发达国家
高等教育评估制度
分析

Analysis of
Higher Education Evaluation System
in Developed Countries

彭 江 等 —————— 著

重庆大学出版社

图书在版编目(CIP)数据

发达国家高等教育评估制度分析／彭江等著.--重庆：
重庆大学出版社,2021.12
ISBN 978-7-5689-3069-7

Ⅰ.①发… Ⅱ.①彭… Ⅲ.①发达国家—高等教育—
制度—研究 Ⅳ.①G649.1

中国版本图书馆 CIP 数据核字(2021)第 240679 号

发达国家高等教育评估制度分析
FADA GUOJIA GAODENG JIAOYU PINGGU ZHIDU FENXI

彭 江 等著
策划编辑:张慧梓
责任编辑:许 璐 版式设计:许 璐
责任校对:邹 忌 责任印制:张 策
*
重庆大学出版社出版发行
出版人:饶帮华
社址:重庆市沙坪坝区大学城西路 21 号
邮编:401331
电话:(023)88617190 88617185(中小学)
传真:(023)88617186 88617166
网址:http://www.cqup.com.cn
邮箱:fxk@ cqup.com.cn(营销中心)
全国新华书店经销
重庆升光电力印务有限公司印刷
*
开本:720mm×1020mm 1/16 印张:15.5 字数:290 千
2022 年 1 月第 1 版 2022 年 1 月第 1 次印刷
ISBN 978-7-5689-3069-7 定价:78.00 元

目　录

第一章　发达国家大学生学习成果评估制度分析

　　"学生学习成果"（student learning outcomes，简称"学习成果"）与高等教育质量保障、学历资格框架、教学、学生就业等存在广泛的联系，是高等教育大厦的基石之一。英国著名博洛尼亚进程专家史蒂芬·亚当（Stephen Adam）指出："学生学习成果是影响欧洲所有教育领域的范式转变的核心，在世界教育范围内，也有重要的地位。"①学习成果评估在发达国家高等教育改革发展中被普遍使用，逐渐发展成为一个影响广泛的新范式。

一、制度背景

　　传统的高校教学模式开始于设计课程的内容，教师决定要教授的内容，计划如何教授这些内容，然后评估这些内容。这种模式对教师的输入以及学生吸收所教材料的程度进行评估。课程描述主要集中在教师讲授传递的内容。这种模式被称为"教师中心模式"（teacher-centred approach）。对这种模式的批评主要在于它很难准确地评估学生成功修完课程时需要拥有的知识和能力。

　　欧洲博洛尼亚进程 2007 年的《伦敦公告》第一次提到"更加以学生为中心的、以成果为基础的学习"。用"学生中心学习"（student-centred learning）代替"教师中心教学"（teacher-centred teaching）的意义在于，它催生了以学习成果为中介、对学生学习所需要掌握的知识、理解、能力和其他特质进行表述、评价的需要。欧洲委员会支持并发起了欧洲教育结构调谐计划（Tuning Educational Structures in Europe，简称"Tuning 计划"），以此作为引入学习成果模式的主要动力。Tuning 计划强烈推荐学生中心模式（student-centred approach），促进了课程改革和相应的课程教学、

---

① Adam S. Learning Outcomes Current Developments in Europe[EB/OL]. [2020-04-18]. AEF-Europe.

学习与评估的变革。

欧洲职业培训发展中心(European Centre for the Development of Vocational Training)对学习成果进行了较为详细的研究。该研究由英国学历与课程署(Qualifications and Curriculum Authority)组织,以学生为中心,将学习成果概念化,涵盖32个参加"2010教育与培训项目"的欧洲国家。研究的主要关注点是职业教育与培训,也包括高等教育。在2007年10月举行的会议上,欧洲职业培训发展中心专门发布了《欧洲教育与培训的政策与实践向学习成果转变》的报告。其后,经济合作与发展组织(OECD)积极开展学习成果国际性比较评估,以此作为高校教育质量保障和提升竞争力的一个有力的杠杆。2008年1月,OECD召开了部长会议,会上集中探讨了学习成果话题,建议设立有效可靠的学习成果测量标准,改进政府、学校和质量保障机构的学习成果评估方法,加大高等教育问责力度。欧洲国家在描述和定义学历、设定教育和培训体系的总体目标时越来越指向学习成果,从强调输入转向强调输出的趋势越来越明显。

洛里斯(Loris)将学习成果称为21世纪第二个十年大学学习的新愿景,[①]她基于美国学院与大学协会(AAC&U)发起的"通识教育与美国的承诺"(LEAP),总结、描述当代大学生在通识教育和专业教育中需要掌握的基本学习成果。在欧洲,学习成果是博洛尼亚系列教育改革的基石,学习成果这种方法论模式是从教师中心的学习向学生中心的学习转变的范式转型的核心。学习成果是建立以学习者中心的高等教育范式和反思教学实践的工具,是促使欧洲所有教育领域发展的范式得以转变的核心。在世界高等教育范围内,学习成果评估也有重要的地位。国际高等教育的趋势是从传统的教师中心模式转向学生中心模式。学生中心模式的关注点不仅仅是学习,还有学生在课程和专业学习完成后具备什么样的能力的预期。因此,这种模式也被称为"成果基础模式"(outcome-based approach)。这里的"成果"指"目标学习成果"(intended learning outcomes),简称"学习成果"。引入学习成果评估,对促进各国学历资格体系的变革起到了重要的推动作用。可以说,当代高等教育改革的主要成果之一就是基于学习成果的更好的学历资格体系的建立,而不仅仅是教育结构的简单调整。

从重视评估教学输入转向强调评估学习成果,背后有多个推动力量。一是高等教育的相关各方都希望使学历和学历资格体系更加精确透明,比如:用人单位可

---

① Loris M. The Human Journey: Embracing the Essential Learning Outcomes[J]. Liberal Education, 2010, 96 (1):44-49.

以更好地了解毕业生拥有的知识、技能和能力,以便招到更合适的候选人;二是向学习者提供更清楚的学习责任、要求、产出的信息;三是使教育更加适合个体的需求;四是促进与劳动力市场和就业的联系;五是推动高等教育的认证、审核等;六是建立高等教育与职业教育之间的联系;七是通过学习成果评估促进课程设计、课程体系建设改革;八是增加学历资格标准间的透明度和可比性,提升高等教育质量保障。

从教学中心转向学习成果中心体现了一种范式转型。随着高等教育系统的全球化特征日益显著,这种范式转型对学生流动、文凭转换和学位认可都产生了影响。自20世纪末以来,发达国家出现了大量关于学习成果范式转型的实践和研究,且主要集中在三个方面:①确定院校间和国家间以及各门学科预期的学习成果;②将学习成果视角与质量保障联系起来;③国家层面和跨国层面的学习成果评估。

总之,自大众化进程开启以来,学习成果这种范式在发达国家高等教育中施行的广度和深度逐渐扩大,地位与作用也日益突出。在欧洲,学习成果被看作是博洛尼亚进程成功推进的"密码"。在美国,学习成果被各大认证机构视为高等教育认证的"公共宪章"。在澳大利亚,学习成果成为制定高等教育标准的核心。学习成果对发展学分制度、加强职业教育与普通教育的联系、促进不同教育阶段的过渡、建立统一的国家学历资格框架与教育标准框架、促进学生和从业人员自由有序地流动等都有重要作用。其中,学习成果评估成为发达国家高等教育发展的基石,是高等教育模式变革的重要推动力量,对高等教育发展具有显著的促进作用。

二、学习成果的含义

(一)学习成果的内涵

教育领域对成果的强调来源于工商领域的"以结果为基础的管理"(results-based management,RBM)概念。OECD将RBM定义为:"聚焦于产出、成果和影响的取得与表现的管理战略。"① RBM 的定义围绕学习和结果的改进这两个主题。②
RBM 的目的是通过组织学习改进组织的表现,并满足问责需求。RBM 是一种广泛
的管理战略,而非绩效监控和评估的同义词。RBM 可以被定义为"输入—活动—
输出—成果—影响"链的结果,背后的假设是一种水平上的行为会引发下一水平结
果的发生。在这个意义上,结果链强调采取一系列行为来取得特定的结果。"输
入"指所使用的经费、人力和物质资源。"活动"指采取的行动和所做的工作,通过
行动和工作,使输入能用于产生特定的输出。"输出"指一个组织或系统所产生的
东西。输入、活动和输出只是一些中间步骤,不一定能带来成果或益处。

    RBM 概念在教育领域催生了"成果基础的教育"(outcomes-based education,
OBE)。OBE 有多种变体,如掌握学习(mastery learning),以表现为基础的教育
(performance-based education)等,表现了以学生为中心的教育思想。这种思想以衡
量学生的表现(即成果)为中心,而传统的教育以学生可用的资源(输入)为中心。
OBE 要求学生证实他们已经学会了所要求的技能和内容。OBE 推动了基于建构
主义方法的课程与评估,弱化了基于直接教学的模式和对经典教材的偏爱。OBE
经常用在中学教育中。在高等教育中,OBE 首先被引入美国、澳大利亚、新西兰和
英国,后来被引入其他 OECD 国家。用预期的成果来规定课程,是学习成果评估重
要的一步。一旦高校详细、明确地表明了预期的、可以测量的学习成果,可比较的
学习成果评估就成为可能。

    在理论界,学习成果的发展历史可以追溯至巴甫洛夫(Pavlov)的经典性条件
反射理论。其后,美国的行为主义心理学家华生(Watson)和斯金纳(Skinner)发展
了巴普洛夫的条件反射理论。行为主义心理学派用人类对外在刺激的反应来解释
人类行为。斯金纳的操作性条件反射理论、程序教学理论催生了大量关于教学改
进以及对商业、工业和军事领域的学习和训练方法方面的研究。行为主义强调应
当清晰地识别和测量学习的结果,产生可观察和可测量的结果。学习成果模式随
后被澳大利亚、新西兰、南非、英国以及其后的丹麦、瑞典、爱尔兰和其他欧洲国家
的教育行政机构进一步发展。在这些发展中,学习成果的重点已经演变到包含所
有学科,从包含职业教育与培训演变到涵盖高等教育领域。

---

① Cummings FH. Logic Models, Logical Frameworks and Results-Based Management: Contrasts and Comparisons[J]. Canadian Journal of Development Studies, 1997, 18(sup1):587-596.
② MacKenzie A. Results-Based Management at Country Level: Systemic Issues that Prevent Good UNDAF Results and the Use Of UNDAF Results Information[R]. Paper presented to the United Nations Development Group's Working Group on Programming Policy.2008.

学习成果有多种形式,其内涵可宽可窄。关于学习成果的定义众说纷纭,不一而足。如英国 2001 年的《学历学分指针》将学习成果界定为对学习者在学习期末被希望知道、理解和能够展示的内容的一种说明。类似地,欧盟"苏格拉底计划"2004 年的阶段性报告将学习成果界定为学习者在完成一个学习过程后被希望知道、理解和能够展示的内容。美国高等教育认证委员会(Council for Higher Education Accreditation,CHEA)将学习成果界定为学生在其特有的学习经历末所获得的知识、技能和能力。美国法律图书馆协会认为,学习成果是说明学习者由于进行某些学习活动而将要知道的或有能力做的事物的一种描述,通常表现为知识、技能或态度。英国赫特福德大学(University of Hertfordshire)认为,学习成果是特定的可测量的成就。欧洲跨国评价计划(Transnational European Evaluation Project,TEEP)指出,学习成果是对于期望一名学生经过一段学习应具备哪些能力的一种表述。"欧洲学历资格框架"(European Qualifications Framework)将学习成果描述为对学习者在完成一个学习过程后所认知、所理解和所能做的事物的一种说明。学者奥特(Otter)将学习成果定义为"作为学习的结果的,学习者的所知或所能。"[1]阿伦(Allan)认为,"学习成果"是用来描述学生所真正获得的一切,而不是学校预计要教的一切。[2]艾斯纳(Eisner)认为,学习成果是"个体通过参与某些形式的活动后从根本上所获得的东西,而这些东西可能是有意识去争取的,也可能不是。"[3]斯贝第(Spady)将学习成果定义为"可以被观察、证明和衡量的事物。"[4]

这些定义的视角、背后的教育观、强调的重点等存在差异,并不存在"定义学习成果的绝对正确的方法"。[5]但这些定义还是大致显现了一个共同点,即以个体由于一定的高等教育经历而获得的知识、技能、才能、态度、理解等要素或者这些要素的不同组合来定义学习成果。本书认为,大学生学习成果即学生通过大学学习经历所获得的积极改变或益处。

学习成果的关注点是学习者的成就而不是教师的教学目的。很多人经常把学

① Otter S. What Can Graduates Do? The Findings of a Collaborative Project[J]. Education + Training, 1992, 34(3):15-16.
② Allan J. Learning Outcomes in Higher Education[J]. Studies in Higher Education, 1996, 21(1):93-108.
③ Eisner EW. The Educational Imagination:On the Design and Evaluation of School Programs[M]. New York:Macmillan, 1979:103.
④ Spady WG. Organizing for Results:The Basis of Authentic Restructuring and Reform [J]. Educational Leadership, 1988, 46(2):4-8.
⑤ Gosling D,Moon J. How to Use Learning Outcomes and Assessment Criteria[M].London:SEEC publications, 2002:5.

习成果与教学目标混淆。教学目标关注教学和教师的目的,而学习成果关注学习。学校对学习成果的申明通常意味着他们的学习成果的质量是可以被测量和评估的。[1]

能力(abilities)是一个与学习成果相关的概念。很难找到关于能力的准确定义。有人狭义地将能力看作通过培训获得的技能。在 Tuning 计划中,能力指知识及其应用、技能、责任、态度等多种特质的组合,以及主体能够运用这些特质的程度。欧洲学分转移和累积系统(ECTS)的《使用者指南》将能力描述为特质、才能、态度的动态组合,认为培养这些能力是高校的基本目标。由于能力在学界缺乏共同的理解,学习成果反而成了更常用的词汇。"从根本上看,学习成果使得原本被称为'模糊概念'的能力变得清晰了"[2]。反言之,学习成果一般也用系列能力或技能进行表述。学习成果指作为学习结果的个人改变或益处。这种改变或益处可以用能力或成就(achievements)来衡量。[3]能力是知识、理解、技能、才能的动态的结合。一个有能力的人是有充分的知识、技能和才能的人。培养能力是学校教育的基本目标。

能力或一套能力意味着一个人可以展示某种才能或技能,执行任务后,可以对成绩的水平进行评估。能力在各种课程单元中形成,可以在各个阶段上进行评估。能力分为一般能力和特殊能力。Tuning 计划归纳总结了学生需要具备的 30 种一般能力。

(二)学习成果的类别

学习成果可以分为不同的类别。最常用的是分为特殊成果和一般成果。特殊成果与特定的学科、专业和特殊的知识、技能有关。一般成果(有时被称为"核心可迁移技能")与所有学科和专业相关,如书写、口头交流、解决问题、信息技术、团队工作等技能。一般成果对于任何专业毕业生的就业能力的提升非常重要。

从教学目标的角度看,学习成果分为目标学习成果(intended learning outcomes)和实际学习成果(achieved learning outcomes)。目标学习成果指希望学

---

[1] Melton R. Learning Outcomes for Higher Education: Some Key Issues [J]. British Journal of Educational Studies, 1996, 44(4):409-425.

[2] Kennedy D.Linking Learning Outcomes and Assessment of Learning of Student Science Teachers[J].Science Education International, 2008,19(4):391.

[3] Nusche D. Assessment of Learning Outcomes in Higher Education[J]. OECD Education Working Papers, 2008, 8(15):0-1.

生完成学习单元后需要知道的、理解的和能够做的事物的一种书面说明。实际学习成果指相比该学习单元的目标学习成果,学习者实际所获得的学习成果。

目标学习成果代表了专业的教育目标,被用来描述教师希望学生因参与教学活动而需要获得的学习成果。目标学习成果必须包括对最低限度的学习成果的说明。从理论上说,目标学习成果应当是可以评估的。

布鲁姆(Bloom)将学习分为知识、理解、应用、分析、综合、评价6种类型。学习成果最好用表示操作的词汇来描述,以使它们能够被评估,可以用"动词+副词"的形式进行表述,其中动词表示动作的展示,副词表示学生展示得怎么样。因此,布鲁姆用一系列动词描述相应的目标学习成果,如:

知识:重复、说明、叙述;

理解:分类、描述、识别、检查;

应用(名词):应用、证明、解决;

分析:计算、分析、评估、评论;

综合:集中、构造、计划、规划;

评价:评价、证明、预测性评估。

预期学习成果(expected learning outcomes)是一个与目标学习成果有关但稍有差异的概念。预期学习成果指以一种一般化的方式对特定的学历学位教育的学习成果的水平进行预计。预期学习成果是学历资格框架以及学科、专业和课程标准所关注的。预期学习成果可以用最低标准和典型标准来定义。①

高校及教师确定目标学习成果的重要依据是本国的学历资格框架。通常的做法是将拟议的目标学习成果与学历资格框架或学历资格标准进行对比,以确定是否满足国家要求的学科和专业标准。学历资格框架一般包括基本学历层次的学习成果参照水平。学历资格框架的参照水平一般用对预期学习成果的说明加以表述,这被称为水平指标(level indicators)。学历资格水平既可以是水平范围,也可以是最低水平。在水平范围中,水平指标可以是与该范围相关的系列指标;同时,水平指标也可以表示典型的学习成果水平。水平指标在不同国家的学历资格框架中是不一样的。"欧洲学历资格框架"的水平指标是围绕常规的知识、技能和能力来组织的。学历资格框架有不同的层次和类别,包括国际元框架、国家框架和学科框架。

① Ala-vähälä T, Saarinen T . Building European-Level Quality Assurance Structures: Views from Within ENQA[J]. Quality in Higher Education, 2009, 15(2):89-103.

国际元框架(meta-frameworks)被设计来校准各国的学历资格框架。元框架对一般的知识、技能和能力进行描述。"欧洲学历资格框架"和"欧洲高等教育区学历资格框架"(Qualifications Framework for the European Higher Education Area)是国际元框架的典型例子。

国家学历资格框架被用来设定国家总体的学历资格标准,可用于学历资格的认可,也可用于专业选择、专业转换和专业进阶。一个国家可以有单一的多目标学历资格框架,也可以有多个用于特定领域的学历资格(如职业教育、高等教育、成人教育)框架。各国的学历资格框架经过沟通协作,就可以产生某种共同的国际元框架。

学科学历资格框架(Discipline Specific Qualifications Frameworks)可以是一个国家的,也可以是国际性的。被应用于具体的学科领域。学科学历资格框架的核心内容是学科学历资格的共同标准。英国高等教育质量保障署(Quality Assurance Agency for Higher Education, QAA)制定的《学科基本要求》(Subject Benchmark Statements)就是这样的例子。某些职业要求对高等教育学历资格进行监管,这可以是国家层面的(通过法律进行规定),也可以由国际层面的协定来规定。

需要对目标学习成果与某个学历资格框架的预期学习成果进行比较。这种比较可以是国际层面、国家层面或学科层面,也可以是学校层面。将目标学习成果与国际上通用的学科或专业标准进行比较是较为普遍的做法。在目标学习成果与学历资格框架相关标准的比较过程中,要注意顾及国家和高校的自主性与办学特色。

实际学习成果是专业学习之后学生所实际获得的知识、技能与能力。如果专业教学是有效的,那么至少应当达到最低限度的目标学习成果,通常还包括额外的成果。

在 Tuning 计划中,学科知识被列为第一位,认知能力在各个学科中加以发展,或者说学科背景决定了能力的形成和发展。Tuning 计划关注的能力有两类:第一类为学术专业能力,这是构成特定专业和提供专业身份的能力要素;第二类为一般能力,是适用于所有专业的共同特质。一般能力分为工具能力、人际能力和系统能力。其中工具能力包括四个方面:①认知能力,即用分析和综合来理解和操控思想与观念的能力;②方法能力,即用组织和规划来操控环境的能力;③技术性技能,如计算、信息管理、操作复杂设备等;④语言能力,包括阅读中的复杂推论、口头与书面交流、第二语言的流畅性等。

关于工具能力,发达国家高等教育关注的重点是认知能力,其中包括受到高度重视的批判性思维。受博洛尼亚学历资格框架的影响,三所荷兰应用科技大学达成了一个共同的指导方案,其中将认知能力分为分析能力、综合能力、抽象能力和具象能力四个维度。美国公立大学和赠地学院联盟(Association of Public and Land-grant Universities,APLU)于 2010 年发布了《迎接挑战:对学生学习的有意义的评估》的报告,宣布实施"本科教育学习有效性评估"(Valid Assessment of Learning in Undergraduate Education,VALUE)。VALUE 将本科生学习成果分为三大类和十五小类。[①] 第一大类即智力与实践技能,包括探究与分析、批判思维、创造性思维、书面交流能力、口头交流能力、数学素养、信息素养、团队能力、问题解决能力、阅读能力等十类。第二大类即个人与社会责任,包括公民知识与地方和全球参与、跨文化知识与能力、伦理思考、终身学习的基础与技能等四类。第三大类即综合性学习,包括综合性学习能力。

2011 年 1 月,美国鲁米那基金会(Lumina Foundation)发布了"β 版本"的《学位学历框架》(Degree Qualifications Profile,DQP),相当于民间版本的美国国家学历资格框架。该框架聚焦于学生学习,提出了副学位、学士学位和硕士学位的五类学习成果基准框架。[②] 第一类是一般和综合性知识;第二类是专业知识;第三类是智力技能,包括交流的熟练程度和定量应用的熟练程度,分析性探究是这种技能的核心,还包括理解和应用不同的文化、政治、技术视角的能力,被称为"参与多样性视角"的能力;第四类是应用性学习能力;第五类是社会性学习能力。

在 DQP 中,学习成果在每个学位层次上都是概况性的,学生可以在学习经历的不同时间点上获得这些成果。学习是累积性的,但很少遵循严格的顺序,学习的证据也是累积性的,反映了专业和个人的差异。高校可以使用主动动词对这些学习成果进行具体的、多样化的描述。DQP 并没有规定学习成果必须要掌握到何种程度,而是对能力的基本描述,高校的教学质量评价必须基于明确的绩效指标进行具体情况下的判断。

麦克马洪(McMahon)等人认为,认知活动越高级,对学习成果的表述就越不需要精确。[③]从学习成果的明晰度和精确度的角度看,高等教育学习成果可以分为四类:第一类,背景明确、相对无争议的知识与技能的概念,如"说明除草剂和杀虫剂

① Jenny M, David G. Rising to the Challenge: Meaningful Assessment of Student Learning[R]. Association of Public and Land-grant Universities, 2010,25(10):60.
② Adelman C, Ewell P, Gaston P, et al. The Degree Qualifications Profile. Defining Degrees: A New Direction for American Higher Education to Be Tested and Developed in Partnership with Faculty, Students, Leaders and Stakeholders[R]. Lumina Foundation for Education, 2011:34.
③ McMahon T, Thakore H. Achieving Constructive Alignment: Putting Outcomes First[J]. Quality of Higher Education, 2006, 3:10.

的化学作用方式及关于这些物质的相关法律。"第二类,内涵不精确的概念。这常常是由于它们与动态情景而不是与静态情景相关,如"说明品牌建设中有效的市场定位的作用",这里的"有效的"就是高度背景依赖的。第三类,内涵存在争议的概念,如"构想一个新奇的食物产品",这里的"新奇的"一词,不同的人会有不同的理解。第四类,既不精确、又充满争议的概念,如"为一个产品方案提出最恰当的检测计划",这里的"最恰当的"内涵不精确,是背景相关,充满争议。

在现实中,学生学习的往往是这些知识类别不同的组合,且每个学生的知识组合都不一样。随着学习的深入,学习成果逐渐由明确变为"缄默"。学生需要积极学习专业能力和一般能力所必需的缄默性知识。缄默性知识即深度嵌入主体内心的知识,以至主体不能意识到它的存在,就像是主体习得的本能。

随着经济社会的持续发展,各行各业对高技能型人才的需求越来越强烈,高等职业教育越来越受到重视,产业界和教育界都更加强调表现型技能(performance-type skills)的重要性。表现型技能也被称为"软技能",莫森(Mohsen)等将其分为六类①:第一类,在多学科小组履责的能力;第二类,理解专业与伦理责任;第三类,有效交流的能力;第四类,识别终身学习的需求,有能力实施终身学习;第五类,关于当代问题的知识;第六类,应用技术、技能和工程实践的现代工程装备的能力。

德怀尔(Dwyer)等教育评估专家则将学生在大学期间应当掌握的学习成果分为四类:第一类,工作准备和一般技能,包括语言推理、量化推理(包括基本的数学知识)、批判思维、问题解决能力、交流能力等,是通识教育所要求的学习成果。第二类,内容性知识,或学科知识与技能,是专业教育所要求的学习成果。第三类,软技能,即非认知技能,如团队工作能力、交流能力、创新意识等。第四类,参与性学习技能。

(三)学习成果的表征

学习成果是一个抽象概念,需要通过一些步骤和手段使其由抽象变为具体,由理论概念变为实际操作,以便于评估。这就需要对学习成果进行表征,以使相关人员能理解学习成果的含义,交流和推动工作。

学习成果的表征是通过一些基本步骤逐步实现的。例如,美国为实施 Tuning 计划,为各个学科和各类学历学位拟定能力体系,明确学习成果的含义、维度和内

---

① Keshavarz M, Baghdarnia M. Assessment of Student Professional Outcomes for Continuous Improvement[J]. Journal of Learning Design, 2013, 6 (2):33-40.

容体系,实际上也就是对学习成果的表征。其基本步骤为:①定义学科核心;②规划职业路径;③与相关各方商讨;④确定核心能力和学习成果;⑤考虑学校的具体情况,确定《学位说明》(Degree Specifications)。

其中定义学科核心是对学科内涵和核心概念的描述,识别学科中不同学位层次的知识与能力,说明学生如何展示他们的知识与能力。简单地说,定义学科核心就是说明每个学位层次的基本学问的知识与能力体系。定义学科核心从四个方面进行:

第一,《学科简介》(Discipline Profiles),是对学科领域、学科重点、新兴的或已有领域模式的一般性说明,是学生学习的学问背景。

第二,核心概念体系,用于识别专业的核心学习目标——知识与技能的一系列基本的概念,是对学科核心的解释。

第三,《能力说明》(Competency Statement),是对学科知识与学问体系的简要描述。能力说明与一定的学位层次对应,每个学位层次都会有关于能力的简短说明。能力说明取自核心概念体系,描述了学科中学习的水平。

第四,《学习成果说明》(Learning Outcome Statement),是对学生学习的表现情况的说明,是学位专业要求的一部分。学习成果说明揭示了学生掌握的知识与技能的熟练程度,而知识与技能构成了能力。对学习成果的说明使学生的学习通过能力变得可以测试。能力是知识与技能的熟练程度(从新手到能手)的参照标准。

能力和学习成果都可以分为学科专业性的和一般性的两类,《能力说明》是以教师为中心进行的,关注构成一个学科或职业领域的知识与学问的体系。而《学习成果说明》则是以学生为中心的说明,用明确的词语说明一个学生通过做什么来展示他获得的在《能力说明》中描述的学问。好的《学习成果说明》应当是SMART 的:

第一,是学生中心的(student-centered)。《学习成果说明》应当使学生清楚地知道他们在成功地修完学位时需要知道什么和会做什么。而《能力说明》则是说明教师希望学生学会什么知识与技能。

第二,是可检测的(measurable)。《学习成果说明》应当有助于明晰评估手段。写得好的《学习成果说明》很容易就可以设计相应的评估手段。这里的评估包含从形成性评估到终结性评估在内的一系列广泛的评估方法,具体包括考试、正式的书面测试、非正式的课堂测试等。

第三,是行动导向的(action-oriented)。《学习成果说明》应当用主动动词来表述。布鲁姆关于学习的分类体系提供了使用这类动词的好的参考。

第四,是结果驱动的(results-driven)。《学习成果说明》应当说明学生学习活动的结果或学生修完学位时的成果。

第五,是与学位层次对应的(tailored to specific degree levels),例如,加拿大圭尔夫大学(University of Guelph)为全校的本科学位和研究生学位制订了明确统一的《学习成果说明》(见表1-1、表1-2)。

表1-1　圭尔夫大学本科学位学习成果说明(2012年版)

能力类型	内容	说明
批判与创造性思维	探究与分析; 问题解决; 创造性; 认知的深度与广度	批判与创造性思维指学生运用逻辑规则,经过大量的分析与探究,创造性地解决问题。具有这种能力的学生能将知识融会贯通,并在各种学科边界下加以运用。学科理解的深度与广度是这种成果所必需的。
文化素养	信息素养; 数学素养; 技术素养; 视觉素养(visual literacy)	文化素养是从多种资源中抽取信息、对材料的质量和有效性进行评估的能力,学习者通过这种能力来发现新知识。
全球化思维	全球化思维; 历史发展意识; 社会知识与社会参与; 跨文化能力	全球化思维包括对文化相同点与差异出现的背景(历史、地理、政治、环境)、在现代社会中的表现的认识。全球化思维在实践上表现为社会参与、跨文化能力、对一个学科进行超越本国的理解。
交流	口头交流; 书面交流; 阅读理解; 综合性交流	是与各种个体和群体进行有效互动、通过各种形式成功传递信息的能力。交流还包括注意和倾听。
专业与伦理行为	团队; 道德推理; 领导力; 组织与时间管理	用团队和领导力方面熟练的技能完成任务,同时牢记各种决定背后的伦理道德规范。组织与时间管理技能是将管理个人与他人的各个方面综合起来所必需的。学术诚信是这种能力的核心。

表 1-2　圭尔夫大学研究生学位学习成果说明(2012 年版)

能力类型	内容	说明
批判与创造性思维	独立探究与分析； 问题解决； 创造性； 认知的深度与广度	批判与创造性思维指学生运用逻辑规则,经过大量的分析与探究,创造性地解决问题。具有这种能力的学生能将知识融会贯通,并在各种学科边界下加以运用。学科理解的深度与广度是这种成果所必需的。在研究生层次,要求知识应用(硕士)和从事科研(博士)的原创性。
文化素养	信息素养； 数学素养； 技术素养； 视觉素养(visual literacy)	文化素养是从多种资源中抽取信息、对材料的质量和有效性进行评估的能力,学习者使用这种能力来发现新知识。
全球化思维	全球化思维； 历史发展意识； 社会知识与社会参与； 跨文化能力	全球化思维包括对文化相同点与差异出现的背景(历史、地理、政治、环境)、在现代社会中的表现的认识。全球化思维在实践上表现为社会参与、跨文化能力、对一个学科进行超越本国的理解。
交流	口头交流； 书面交流； 阅读理解； 综合性交流	是与各种个体和群体进行有效互动、用各种形式成功传递信息的能力。交流还包括注意和倾听以及阅读理解,这是一种交流与综合信息和观点并进行准确可靠的分析的能力。
专业与伦理行为	团队； 道德推理； 领导力； 组织与时间管理	用团队和领导力方面熟练的技能完成任务,同时牢记各种决定背后的伦理道德规范的能力。组织与时间管理技能是将管理个人与他人的各个方面综合起来所必需的。学术诚信是这种能力的核心。在研究生层次,专业、学术发展和参与需要保持学术独立性(intellectual independence)。

　　《学位说明》采用标准的格式,但在内容上要具有学校自己的特征。《学位说明》有五个方面的内容:①学位目的,对学位路径的总体目标的说明;②学位特征,对学位专业特征的描述,每个学校的描述不一样;③就业能力,对学位的职业路径的总结;④教育方式,该专业如何进行课程教学;⑤专业能力与成果,该专业所预期的系列能力与学习成果。

英国高校的学习成果主要通过《就业能力陈述》《专业说明》《学科基本要求》等材料进行表征。

英国高等教育拨款委员会（HEFCE）、商业、创新与技能部、英国大学联合会（Universities UK）和英国高等教育机构协会（Guild HE）合作，于 2011 年发起并实施改进学生就业能力信息呈现的项目，推动将就业能力和就业信息纳入"教学质量信息系统"（Teaching Quality Information，TQI）和"全国学生调查"（NSS）中。该项目的一项重要内容是对高校进行指导，要求高校拟定规范的《就业能力陈述》（Employability Statements），将其纳入英国高等教育质量保障体系中。[①]

《就业能力陈述》是高校提供给学生、支持学生就业能力发展和向就业过渡以及后续发展的一个简短材料。该陈述不会重复高校通过学校网站提供的信息，而是希望向学生提供更容易比较、方便获取的就业能力信息，增强这种信息的图像感和可见度。高校通过 Unistats 网站、学校网站和其他网站公布《就业能力陈述》。《就业能力陈述》集中呈现学校可以向学生就业提供的支持，而不是对就业成绩进行宣传。《就业能力陈述》的主要内容包括职业生涯、工作经历、课程支持、认证等四个方面。在遵循统一规范的基础上，高校可以在陈述中反映自己的创新性和独特性。

《专业方案》（Programme Specifications）是高校提供的关于其教育专业的基本信息。每个《专业方案》都会陈述学生成功修完学位专业后在知识、理解、技能和其他品质方面有什么发展。它还提供教与学的方法、评估、职业机会方面的信息，并说明专业与国家学历资格框架的关系。

高等教育质量保障局（The Quality Assurance Agency for Higher Education，简称 QAA）在《专业方案指导手册》中指出，"一般来说，课程和其他学习单元都有规定的学习成果，通常由学校通过手册向学生提供，帮助学生做出选择。这些预期的学习成果直接与课程、学习与评估方法、评估指标相关。专业说明可以显示专业如何与整个学历体系联系起来。但是，专业方案不仅仅是课程学习成果的集合，它与专业所发展的整体的学习与品质相关，在高等教育中，这些方面是整体大于部分的。"[②]

---

① HEFCE.Counting What is Measured or Measuring What Counts：League Tables and Their Impact on Higher Education Institutions in England［R］. Report to HEFCE by the Centre for Higher Education Research and Information. Bristol. 2008.

② The Quality Assurance Agency for Higher Education. Guidelines for Preparing Programme Specifications［M］. Gloucester：International Institute for Educational planning，2006：115.

QAA 没有规定具体的《专业方案》的模式或样式,但要求《专业方案》提供十五个方面的信息:①授予学位的机构或院校;②教学的机构(如果与学位授予机构属于不同的机构);③专业机构或政府机构认证的详细情况;④最终文凭的名称;⑤专业名称;⑥UCAS 代码;⑦专业招生指标;⑧专业目标;⑨用来对专业学习成果进行参照的相关的《学科基本要求》和其他外部参照点;⑩知识、理解和其他品质等专业学习成果;⑪获取和说明专业学习成果的教学、学习与评估策略;⑫专业结构与要求、层次、课程模块、学分和文凭;⑬学习模式;⑭学习语言;⑮专业方案的日期。

《学科基本要求》(Subject Benchmark Statements)是对一系列学科领域的学位标准提出的要求。《学科基本要求》描述了显示学科一致性和身份的概念框架,说明了毕业生需要具备的理解该学科的技能与技巧,表明了对毕业生在广泛的学科领域内的期待。QAA 指出,“学科基本要求为学术社区提供了一种手段来描述一个具体学科专业的内涵与特点。它也提出了授予某个层次学历的一般性标准,表明了学历拥有者应当具有的品质与能力。”“《学科基本要求》提供了表达与专业相关的学习成果的一般性指导”。《学科基本要求》由学科组织负责制定,由学科专家进行评议,由 QAA 负责监督。

《学科基本要求》的主要内容包括五个方面:①学科范围;②学科的含义和内容;③学科知识、思维和技能;④学科的教与学和评估;⑤学科基本标准。

《学科基本要求》的详细程度不一,但都会对毕业生预期学习成果的范围和水平进行描述,包括毕业生需要掌握的一般的和专业的知识与技能,或者是需要发展的“品质”(特质),提出毕业生预期学习成果的基本标准(threshold standards)和一般标准(typical standards)(如表 1-3)。

表 1-3 生物科学学科基本要求:基本标准与一般标准

一般技能(迁移技能)	专业技能(学科领域:有机物)
• 基本标准:生物科学学科学位获得者应当能够从各种渠道获取生物科学信息,能够用本专业的方式交流学科信息	• 基本标准:生物科学学科学位有机物专业毕业生应当学会基本的与有机物相关的生物学知识
• 一般标准:生物科学学科学位获得者应当能够从各种渠道获取和评估生物科学学科信息,能够用口头和书面方式(如论文、实验报告)交流学科信息。这种交流应当组织得当,能够认识到当前各种理论的局限性	• 一般标准:生物科学学科学位有机物专业毕业生应当能够描述和分析生物遗传的模式和与生命和有机物进化相关的复杂的遗传相互作用

三、学习成果评估制度安排

当学生学习成果被有效设计和评估时，就可以帮助教师、学生、高校管理人员确定如何更好地促进学习。学习成果评估是学习成果形成、维持、发展提高和改革创新路径中不可或缺的支持性条件之一。评估不论采取何种形式，都是教与学的工具，也是一种证明工具，可以让学生展示对知识和技能的掌握情况。

正如阿莫特（Admodt）和霍夫达根（Hovdhaugen）所坚持的：评估和学习成果的关联毫无疑问是大学、学位体系和高等教育发展的引擎。①欧洲高等教育质量保障机构协会（European Network for Quality Assurance，ENQA）前主席威廉姆斯（Williams）说："学习成果的价值已经得到了质量保障机构、学校、学生、政府机构等所有各方的认同，但是在将来，评估学习成果将会被证明是最大的挑战，但是也会带来最大的收获。"②学生学习成果评估目前还有不少问题需要解决。但利用学生学习成果评估来促进教育教学质量提升是不可逆转的趋势。

（一）评估原则

发达国家开展的学生学习成果评估普遍遵守教育性、学生中心、整体性、持续性等基本原则。美国高等教育学会（AAHE）1992 年发布了《学生学习评估的九条原则》，提出要提升评估的代表性，打破管理人员和教师之间、各个院系和专业之间、学术事务和学生事务之间、学校之间、员工和学生之间的界限，采用一种整体性的观点看待学生学习评估。九条原则分别是：①学生学习评估开始于教育价值；②当把学习理解为一个多维的、整体的过程、并显示在随时间变化的表现上时，评估最有效；③当评估所希望改进的专业有清晰明确的目的时评估效果最好；④评估要求关注最后的成果，但也同样要关注导致这些成果的过程；⑤评估是持续的、不是片段式的，这时评估的效果最好；⑥当教育社区的各界代表都参与到评估中时，评

---

① Admodt H. Assessing Higher Education Learning Outcomes as a Result of Institutional and Individual Characteristics[R].Paper for the General Conference of the Programme on Institutional Management in Higher Education. Paris. 2008.

② Gallavara G，Hreinsson E，Kajaste M，et al. Learning Outcomes：Common Framework—Different Approaches to Evaluation Learning Outcomes in the Nordic Countries[R]. Joint Nordic Project 2007-2008，ENQA Occasional Papers,2008.

估可以带来最大的改进;⑦当评估针对的是人们真正关心的问题时,它才能真正起作用;⑧当评估成为更大变革的系列条件的一部分时,它才有可能带来改进;⑨通过评估,教育者履行对学生和社会的责任。

对学生学习成果的评估应当以学生为中心。克里斯汀(Kristin)提出了"学习者中心评估"(learner-centered assessment)的概念:学生设定自己的学习目标,确定实现目标所需的资源和活动,参与对自己学习成果的评估。① 与该模式相对的是教师中心(teacher-centered-assessment)评估,强调作为专家的教师向作为新手的学习者传授学习内容、评估学习成效。教师中心评估模式经常采用记忆型考试来测试学生对陈述性知识的记忆程度。记忆型考试测试的重点是学生的再认或再现能力。再认或再现能力往往又是机械学习的重点,是教师主导下通过不断的训练和练习获得的能力,很容易衰减。

建构主义理论是学习者中心评估模式的理论基础。维果茨基(Vygotsky)、皮亚杰(Piaget)等建构主义者将学生的积极探究作为中心,将教师定位为必需的指导和帮助的提供者。皮亚杰认为,知识不是独立产生的,而是随主体的经验世界而调整的。格拉斯菲尔德(Glasersfeld)说:"知识可以不被看成是外部事物、情境、事件或多或少的准确的代表,而是根据主体的经验对行为的规划和观念的操作。"②学习者注意到相关的信息,把信息加以组织,进行有逻辑性的陈述,并把这些陈述整合进现有的知识体系中。③ 建构主义理论强调内部动机的作用,内部动机下的行为是为了满足其自身的需求,个体在内部动机作用下渴求新知识与技能,这时候学习者学得最好。内部动机是创造力的关键。建构主义理论认为,学生不需要掌握科目,而是要"鼓励学生探究它、操作它、将它与自己的经验联系起来,而且,不论他们的知识与技能的水平如何,都可以质疑它。"④

相比传统测试,学生中心评估模式更关注迁移能力测试。迁移性学习要求学生创造性地运用所学信息。迁移性学习更多是建构主义学习或积极学习。建构主义方法鼓励学生通过知识技能发展参与自己的评估过程。在建构主义学习中,学

---

① Gerdg KB. Teacher, Coach, Cheerleader, and Judge: Promoting Learning through Learner-Centered Assessment [J]. Social Science Electronic Publishing, 2002, 94(1): 59-88.

② Fosnot CT. Constructivism: Theory, Perspectives, and Practice[M].New York:Teachers College Press, 1996:3.

③ Reugluth CM. Instructional-design theories and models: A new paradigm of instructional theory[M]. New Jersey: Lawrence Erlbaum Associates.1983:5-29.

④ Sharkey S, Weimer M. Learner-centered Teaching: Five Key Changes to Practice[M]. San Fransisco: Jossey-Bass,2002:13.

生必须创造自己的评估。学生中心评估模式可以促进学生对自己学习的归属感。[①] 通过帮助学生对自己的学习做出更加合理的判断,学生中心评估模式聚焦于对未来学习的评估,可以促进学生的短期学习成果和长期学习成果。[②]

参与性原则是学习者中心评估模式的核心原则,学生要能完全参与到学习和评估过程中。[③]"评估与学习必须被看成是同一个活动:评估必须变成学习过程的重要组成部分……当教师与学生分享评估过程,即放弃控制,分享权力,引导学生行使评估自己的权力,这时候教师与学生的专业判断都得到了提高;评估不是对学生做什么,而是与学生一起进行的活动。"[④]在学生中心评估模式中,评估成为教学设计和学习过程的重要组成部分。在这种评估中,教师与学生合作确定学生成果质量指标,教师与学生共同分担学习责任。

学习成果评估应有利于推动学生深度学习和高阶思维发展。恩特威斯尔(Entwhistle)区分了表面学习和深度学习。表面学习是针对不相关的知识片段,通过机械记忆学习这些知识,而深度学习涉及发现关系和样式,认识到材料背后的逻辑,形成理解的感受。[⑤] 在学生的智力发展模式中,学生最初的学习模式是对错二元观下的绝对性学习,后来逐步形成以高度发展的、内化的价值结构为基础的多样性和相对主义学习模式。雷斯尼克(Resnick)归纳了高阶思维的特征:不规则性、复杂性、多解、细微判断、多准则、不确定性、自动调节、意义生成、充满努力等,认为学生不但要会应用知识和技能,还要有优良的个性品质,如自律、首创精神、环境适应能力等。[⑥]因此,对学生学习的评估不能只提供一些没有背景的信息片段,鼓励速度、回忆和考试技巧,而要能有利于开发学生的问题解决能力或思维能力,提供机会给学生展示自己的特点,如坚持不懈、创造性、思想开放性等。

针对不同的学习成果类型、内容及其组合,要开发和使用适宜的评估方法与工

---

① Pedersen S, Liu M. Teachers' beliefs about issues in the implementation of a studentcentered learning environment[J]. Educational Technology Research & Development, 2003, 51(2): 57-76.

② Thomas G, Martin D, Pleasants K. Using self- and peer-assessment to enhance students' future-learning in higher education[J]. Journal of University Teaching & Learning Practice, 2011, 8(1):1-17.

③ Duncan T, Buskirkcohen AA. Exploring Learner-Centered Assessment: A Cross-Disciplinary Approach[J]. International Journal of Teaching & Learning in Higher Education, 2011, 23(2):246-259.

④ Brown S, Glasner A. Assessment Matters in Higher Education: Choosing and Using Diverse Approaches[M]. Buckingham: Open University Press. 1999:169.

⑤ Entwistle N. Motivation, Styles of Learning, and the Academic Environment[J]. ERIC Document Reproduction Service, 1979, 3(1):1-19.

⑥ Greeno JG, Collins AM, Resnick L B. Cognition and learning[C].Dc Berliner & Rc Calfee, Handbook of Educational Psychology. 1996.

具。一般来说,结构化的评估工具更适合评估只有少量正确答案的技能,非结构化评估工具比较适合评估有多种任务需要完成的技能。较复杂的评估可用于衡量学生是否掌握解决复杂问题的一系列技能。

重视学生学习价值增值评估。要知道大学学习给学生带来的价值增值,需要进行三个方面的测试,①学生输入测试,即入学测试,目的是对学生入学前的能力进行测试;②在入学和毕业间的某个时间点进行测试,这既可以是形成性评估,也可以是终结性评估;③学生输出测试,即成果测试,目的是对学生毕业时的能力进行测试。输出测试也可以直接采用研究生入学考试成绩。比较两个时间段之间学习成果的变化,就可以对大学教育带给学生的"价值增值"进行估算。学生输入和输出之间并不是简单的单向线性关系。根据阿斯汀(Astin)的I—E—O(input-environment-output)模型,输入与学生学习结果有直接关系,大学学习环境也可以直接影响学生学习结果。[1] 因此,对学习成果增值的估算必须考虑到大学学习环境带给学生的影响。

以证据为基础开展学生学习评估。学习成果评估的基础是以证据为中心进行评估设计(evidence-centered design,ECD)。ECD即将评估结果、过程与评估目标相协调,以保障评估效度。[2] ECD的基本程序为确定学生学习成果→识别必须收集的证据→以提供的证据为基础选择评估工具和评估活动。ECD的基本步骤如下:

(1)确定预期的学生学习成果。这里要考虑学生情况、学校使命、学校类型、学生学习成果数据的使用目的等因素。

(2)审核现有的评估,确定现有什么证据可以用于所确定的学生学习成果目标。盘点学生学习成果现有数据的类型,以此作为基点,确定还需要什么证据;判断这些数据与所确定学习成果目标的相关性或有用性;判断现有数据是不是需要使用的数据;确定现有评估的信度和效度。

(3)进一步完善证据。考虑到方方面面的证据,以使"证据链"尽量完整、翔实。

(4)改进评估系统。引入新的评估,继续进行有价值的现有评估。

(5)评估活动总结。从总体上分析学校评估活动的结果,看看有没有重复、交叉,评估工作量、精力和时间的分配是否合理等,确定预期的学习成果与实际测试得到的成果之间的差距。

---

① Astin AW.What Matters in College:Four Critical Years Revisited[M]. San Francisco:Jossey Bass.1993.

② Millett CM, Stickler LM, Payne DG, et al. A Culture of Evidence:Critical Features of Assessments for Postsecondary Student Learning[R]. Educational Testing Service,2007:32.

(6)学校需要采取什么措施来应对学习中的不足,确保学生学习持续的进步。交流与分享数据分析结果,确定成功与欠缺的一面,确定应对问题需要采取的措施,选择下一轮评估中最合适的评估工具。

(7)在学校中创立证据文化,保证持续改进学习成果。

证据文化(culture of evidence)是质量文化的重要组成部分,在高校建设证据文化是学生学习成果评估的基本要求。在这方面,美国教育考试服务中心(Educational Testing Service,ETS)做了非常好的探索和总结。ETS 发布了三份专门报告,大力提倡和推行高等教育学习成果评估证据文化。2006 年,ETS 发布了《证据文化:高等教育评估与学习结果》,这是第一份关于高等教育界向外界提供学生学习成果评估证据的报告。2007 年,ETS 发布了第二份关于评估学生学习成果的报告《证据文化:高等教育学生学习评价的批判性特征》。2008 年,ETS 发布了第三份证据文化白皮书《证据文化:以证据为中心的学生学习成果问责方法》,集中关注学生学习成果评估的透明度和问责问题。

(二)评估分类

学生学习成果评估可以分为直接评估与间接评估。直接评估是对学生实际的知识、能力和行为的评估。直接评估方法包括标准化考试、自主研发的考试、模拟、口试、行为观察、访谈等。间接评估是指可以用来推断学习发生的评估方法与工具,是对直接评估的补充,如校友调查、入学考试分数、毕业率、转学率、就业数据等。间接评估不能直接测试学生学到了什么和能够做什么,只能提供学生学习的间接证据。只有通过对直接证据进行检查才能揭示这些问题的答案,即有关学生作品和成绩的现实的样本。但直接评估所获取的证据的有效性也存在问题,如考试分数经常不是基于学习的数量和质量给出;教师和教师之间评分的变化很大;分数太总括了,不能反映学生个人或专业层面的优势和缺陷以及需要改进之处等。因此,直接评估与间接评估应当结合起来使用。

黛博拉(Deborah)从评估实践的角度将学生学习成果分为认知成果和非认知成果两大类。[①] 不同类型的学习成果需要用不同的评估工具和方法来评估。

第一大类为认知成果。认知学习指知识的回忆或识别以及发展智力技能。认知学习成果涵盖了从特定知识的学习到最一般的推理和问题解决技能在内的学习

---

① Nusche D. Assessment of Learning Outcomes in Higher Education [R]. OECD Education Working Papers, 2008, 8(15):7.

成果。认知学习成果分为知识和技能两类。

（1）知识。包括两小类：第一，一般内容性知识。指某些核心课程的学习所须掌握的知识。所有的学生，不论什么专业，都应当掌握这些基本知识。对课程、专业、院校的一般内容性知识进行评估，有助于比较不同院校所有学生都必须掌握的共同学习内容的异同。但一般内容性知识只是教学内容的一部分，将它作为教学质量评估的指标是不充分的。第二，特定领域或特定学科的知识。学科知识成果评价对于比较不同院校的学生在特定学科专业上的学习质量很有用。让学生掌握所属学科专业领域的知识是高校的基本职责。

（2）技能。技能又分为一般技能和特殊技能。第一，一般技能。一般技能是跨学科的，适应于不同的专业领域和问题情景与特定的课程不直接相关，而是与所有学科相关，允许学生在新的问题情景中使用。一般技能应当用应用性测试而不是知识性测试来评估，应侧重检测学生解决智力问题的能力。一般技能成果的评估可以在院校之间进行比较。第二，特殊技能。涉及对特定知识如何使用、为什么使用、什么时候使用等问题的理解。特殊技能与学科领域相关。可以从专业领域中选取新材料，要求学生进行评价、分析、综合、应用等认知操作，从而测试学生的特殊技能。

第二大类为非认知成果。非认知发展指观念的改变或某种价值观的转变。非认知成果既可以通过课堂教学加以发展，也可以通过课外活动加以发展。非认知成果主要有两类。

（1）心理发展。心理发展包括自我发展的各个方面，如身份、自尊，也包括关系发展，如学生与他人、学校的关系的发展。相关的心理发展成果包括人际关系技能和跨文化技能、自主能力等。

（2）态度与价值观。态度与价值观紧密相关，但有区别。态度是针对特定对象的观念，而价值观是众多态度的一般化标准。态度与价值观成果包括社会责任、学习动机、对多样性的看法等。学生态度和价值观的积极程度对学生的发展、教学质量的提升有重要影响。阿斯汀（Astin）认为，学习成果不仅仅是学校教育的结果，更是学生积极把握学校提供的学习机会、积极融入学校教育的一种功能。[①] 美国开展的全国学生投入度调查（National Survey of Student Engagement，NSSE）就重在测试高校提升学生投入度的情况。

---

① Astin AW. Student involvement: A developmental theory for higher education[J]. Journal of College Student Development, 1984, 40(5):518-529.

相比认知成果,非认知成果的评估存在不少困难。对非认知成果的准确界定本身就较为困难,因为涉及文化背景、个人境遇等。这些因素在评估高校对学生的影响时很难加以控制。非认知成果很难用外在行为数据加以衡量,通常通过问卷调查进行间接的测试,包括学生自我报告、教师与雇主调查等。这种间接评估既以事实也以个人认知为基础。

对大部分学习成果的直接评估针对认知性学习成果。有一些评估工具可以同时评估一般性和特殊性认知成果,如美国的专业现场测试(Major Field Test)和大学生学习评估(Collegiate Learning Assessment,CLA)可以对自然科学、社会科学、人文学科和艺术中的以现场表现为基础的任务完成技能进行测评。有些考试和调查不包括特定领域的题目,主要关注一般性的知识和技能。澳大利亚的毕业生技能评估(Graduate Skills Assessment)和课程体验问卷(Course Experience Questionnaire)关注批判性思维、问题解决、书面交流等技能。澳大利亚教育研究协会(Australian Council for Educational Research)考虑将基本的管理技能、信息技术技能与研究技能纳入毕业生技能评估中去。一些研究生入学考试,如美国的研究生入学资格考试(GRE)也考察一般技能,如语言与数学推理能力、信息技术等。

态度、价值观、参与度等非认知成果或能力测试通常采用学生问卷调查。澳大利亚课程体验问卷要求学生对自己的团队技能、规划能力和应对不熟悉情景的能力打分。在美国和加拿大使用的全国学生投入度调查(NSSE)聚焦于学生在就学过程中的参与度,关心的问题包括本科生是如何进行时间分配的,他们从课程中获得了什么,他们如何使用高校的服务等。此外,美国高等教育研究所(Higher Education Research Institute)提供的合作院校研究项目新生调查(Cooperative Institution Research Program Freshman Survey)、社区学院学生投入度调查(Community College Survey of Student Engagement,CCSSE)、学生投入度教师调查(Faculty Survey of Student Engagement,FSSE)等调查工具,也都能提供关于学生非认知成果方面的信息。

里兴(Rychen)把作为学习成果核心的"能力"定义为成功满足要求或圆满执行任务的能力(ability),包含认知和非认知维度。[①] 能力可以被定义为某种环境中的行动、知识、价值与目标的整合。对学习成果的分类需要充分理解学习成果的整体性和背景性。整体性的学习成果融合了不同学科专业领域的技能为真正的专门

① Rychen DS, Salganik LH. Highlights from the OECD Project Definition and Selection Competencies: Theoretical and Conceptual Foundations[J]. Definitions, 2003, 37(12):10.

知识与技能。因此,学生成果最好是在现实问题、任务背景下进行界定、观察和评估。对学生能力的评估应当注意综合性,评估工具的开发要注意学生的认知、情感与行为特质的结合。因此,学生学习成果评估既可以采纳学习成果的直接证据,如书面作业、现场表演、面谈、实验报告、实习报告等,也可以包括一些间接证据,如用调查问卷要求学生对自己的能力发展打分,对学生的多种学习作品综合评价,以支持学习成果的整体性。

能力也可分为一般能力和职业能力。职业能力是指用于特定职业,范围较窄的能力。职业能力也被称为"就业能力"。[①] 让学生提升就业能力是高等教育的一个主要目标。高校要培养学生满足工业、商业和服务业组织需求的能力,其中包括发展学生在就业中受到重视的技能。但是,如果高校仅仅以职业能力为重点,那么学生的深入学习和发展潜能可能就会受到影响。而且,很难为每个专业制订明确的职业目标,因为毕业生可能在多个职业就业。在一些学科中,很难界定明确的职业角色。最后,就业能力更关注眼前的就业需求,而学生可能更有志于发展终生受用的智力技能以及满足长远的劳动力市场需求的技能,而不仅仅是为了初次就业。因此,高校要重视学生针对外部就业市场而发展的就业能力的培养,但不能过度偏废,要注意协调一般能力和就业能力的关系。在现代社会,即使是高等职业教育所集中培养的技术技能型人才,也应当在认识、情感、态度、行为等领域全面协调发展,否则很难适应经济社会的发展。

一些国家的学历资格框架会对期望的就业能力进行规定。如英格兰学历资格与课程发展局(Qualifications and Curriculum Development Agency)就规定,高校颁发的学历学位应当是"对明显与工作相关的能力的一种说明,便于学生就业、继续教育与培训,它的评价整合了特定的技能、相关的知识与思维以及应用与特定任务相关的技巧、知识和经验的才能。"[②]对就业能力的评估需要考虑到其综合性。可以建立能反映毕业生在真实或模拟工作场所表现的综合性档案,其中的证据来源可以包括对学生的直接观察、音频、视频、学生活动的电子记录、学习作品等。

一些国家专门开发了针对毕业生的调查,如澳大利亚的毕业去向调查(Graduate Destination Survey)。加拿大的毕业生过渡期调查(Youth in Transition Survey)和英国的毕业生毕业去向调查(Destinations of Leavers from Higher Education

① Nusche D. Assessment of Learning Outcomes in Higher Education[R]. Oecd Education Working Papers, 2008, 8(15):11.

② Lester S. The UK Qualifications and Credit Framework: A Critique[J]. Journal of Vocational Education & Training, 2011, 63(2):205-216.

Survey）关注的是已走出校园的毕业生发展就业能力的情况。

澳大利亚工商会和商业理事会共同开发了就业技能框架（Employability Skills Framework），并于 2002 年发布了《未来就业技能》，提出就业技能不仅是为了获得工作，更重要的是帮助毕业生在公司里获得发展，发挥潜能，对公司的发展做出贡献。就业技能框架总结提炼了八条大学生所需的就业能力：①交流能力：有助于员工与顾客之间建立富有成效的和谐关系；②团队工作能力：有助于富有成效的工作关系的建立和工作成果的提升；③问题解决能力：有助于提升工作成果；④主动精神和事业心：有助于产生创新性的成果；⑤规划与组织能力：有助于长期和短期的战略规划；⑥自我管理能力：有助于提升员工满意度，促进员工成长；⑦学习能力：有助于员工、公司运行及工作成果持续地改进与扩展；⑧技术能力：有助于有效执行任务。针对这些就业技能，澳大利亚工商会和商业理事会除了推荐选用毕业生就业能力评估外，还推荐使用"就业技能分析"（Employability Skills Profiler），后者更适合专业性不明显的毕业生。此外，毕业生的自我评估也可以提供一些补充信息。

另一些经常用于评估高校学生就业能力的方法是查看就业率、就业去向、起薪数、升学率、升职状况等。但是，就业市场成果并不能保证准确反映学生事实上所获得的就业能力。不少研究都表明，就业率不仅依赖于通过高等教育获得的成绩，也受经济、社会因素、就学前的经历、行业发展、高等教育成本、就学高校的社会声誉等众多因素影响。

根据斯彭斯（Spence）的就业市场信号模型，[①]用人者倾向于从社会声誉佳的"好"大学中寻找毕业生，因为他们假定这些高校能力强的毕业生的比例更高。在该模型中，用人者不太关注高校的教育质量，或者说没有办法在短时间内很好地了解高校的真实教育质量状况，因此，他们通常采用最直接、相对可信的高等教育质量"识别标志"——高校的品牌来推断高校的人才培养质量，综合其他因素，进而做出选聘决定。也就是说，他们把高校看作具有分类功能的机构，可以传递关于申请者就业能力的信息。这种就业能力评价模式在信息不对称的情况下确实是迫不得已的一种次优选择，但在高等教育信息透明度要求越来越高的今天，加上各种现代信息技术手段的综合使用，以及用人单位选人用人不再那么短期化的情况下，学生就业能力识别信息不对称的状况可望缓解。总的趋势是，对高校毕业生就业能力的评价越来越综合化和多样化，准确性会越来越高。

① Spence M. Job Market Signaling[J]. Quarterly Journal of Economics, 1973, 87(3):355-374.

（三）评估的使用

1.使用层次

从使用范围来看,学习成果评估可以分为国际、国家、学校、课程、任务等五个层次。以博洛尼亚进程高等教育体系为例,学习成果评估使用的五个层次分别是:最高层的欧洲高等教育区学历资格框架;国家学历资格框架,欧洲高等教育区国家的高等教育法律中有关学历资格框架的规定;各个高校和专业对学习成果评估的使用;课程中对学习成果评估的使用;教学、学习、管理活动中对学习成果评估的使用。其中后三层属于学校内部层次。

在学校层面,学习成果评估主要在课程、教学、学习中使用。课程可以用学习成果进行表述,学生就知道需要获取的知识、技能和能力。对于教师,学习成果可以让他们知道课程单元需要教授什么,并据此选择合适的教学模式和评估方法。将学习成果与学习和评估联系起来,可以促进专业学习的改进。学历也可以用更广的与外部参照点相联系的学习成果来描述。

发达国家实施学生学习成果基础模式,可以改进专业教学。该模式包括四个基本步骤:定义目标学习成果;收集学生达到成果目标的数据(成果评估);利用评估数据促进专业的改进;设计课程、教学、学习、评估策略,支持学生获取学习成果(计划与调整)。这四个步骤间的关系如图 1-1 所示。

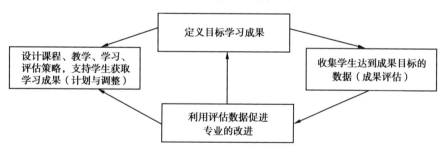

图 1-1　学生学习成果使用模式

目标学习成果来自学校的使命、功能定位和发展战略目标。该校的使命为:通过应用导向的专业,培养能将理论运用于实践的毕业生,实现专业背景中学术卓越。该校的功能定位为:强调高度的价值增值教育,同时注重学生的专业能力和全面素养的发展。该校的发展战略目标为:促进学生的全面发展,尤其是在全球视野、批判与创造性思维、社会与自然责任、文化认知、终身学习、双语、企业家精神与领导力等方面。根据确定的办学使命、功能定位和发展战略目标,学校对全校所有专业的学习成果进行了如下界定：①专业的首要成果：拥有专业能力全面发展的学生。②学科专业的基本成果：专业与学术性知识技能得到发展；全面的特质得到培养。③功能性知识：能够判断需要应用什么知识与技能，并能够有效应用这些知识与技能。④条件知识。其中功能性知识以条件知识为基础，而条件知识以学术性知识和程序性知识为基础。以这些目标学习成果为基础，高校开展教学评估，并依据评估数据开展教育教学改革创新。

在国家层面，学习成果评估主要用于学历资格框架与质量保障。学习成果渗透在国家学历资格体系的描述方式和工具中。基于层次描述、学历描述和专业基本要求的对于质量标准的引导，可以促进教育质量的发展。

在国际层面，学习成果的定义更为广泛，主要用于增强国家间高等教育的透明度，推动学历学位的认可，增强高等教育在国家间的可比性。在国际层面，一些国家在自己的国家教育体系中采用了共同的模式，如欧洲的博洛尼亚高等教育体系，学习成果使透明度、流动和公平的认可成为可能。

2.使用方式

学习成果在高等教育系统的不同层次和领域都可以广泛采用，扮演教育教学层次、水平、内容、结构、质量等方面的描述工具、标准、指示器、基本要求等角色，以发展出各种相应的保障和促进高等教育质量的手段和方法（见表1-4）。①

表1-4　学习成果在高等教育中的多种运用

使用的模式和领域	特征
课程模块或学习单元说明 （学习成果用在该领域，是对学习者需要知道、理解和能够做什么的说明）	——关注学习者的成就； ——不同于教师的教学目标； ——直接与有效传授学习成果的教学策略相联系； ——在广泛的内部和外部的参照点与影响下得以发展。
评估和评定指标 （在课程层次，学习成果可以作为指标来描述学生成就和表现）	——评估指标描述了学习者需要做什么来展示已经取得的学习成果。通常被表述成基准指标； ——评定指标用于评价学习成果的质量状况，区分每个学生的相对成绩。

① Adam S. Learning Outcomes Current Developments in Europe：Update on the Issues and Applications of Learning Outcomes Associated with the Bologna Process[R]. Scotland，2008.

续表

使用的模式和领域	特征
具体学历的指标 （学习成果用作描述高校所颁发的学历学位的工具）	——由学术人员个人或集体写成的针对一个具体的学历和学校的； ——包括对专业技能、能力和理解的具体说明； ——可以包括雇佣者重视的一般可迁移或横向的技能； ——不仅是各个课程单元学习成果的总和； ——产生于一定的国家和国际外部参照点和学历资格体系背景下。
国家学历指标（qualification descriptors） （学习成果作为一般的学历学位的描述工具）	——说明了国家认可的学历类型的一般成果（非专业成果）； ——在咨询利益相关者意见的基础上，由一定的国家行政机构制定； ——包括对典型的学历拥有者的一般技能或迁移技能的说明； ——与学习水平指标相关，以显示教育的进阶； ——一般描述学生在学历教育末应当获得的学习成果； ——是学校层面的具体学历指标的外部参照点。
国家学科基本要求（subject benchmark statements） （用学习成果来明确专业的专业性学术特点和标准）	——提出一系列专业领域学位标准的要求，描述什么构成一个学科的一致性和身份，并定义预期的毕业生应掌握的专业技能和技巧； ——是课程设计的外部参照点，具有内部或外部的质量保障功能。
国家学习水平指标（level descriptors） （学习成果被用来描述一般性学习的特征和困难）	——凝聚每个水平的共识，方便学历间的比较，促进每个水平上的学习质量，各个学习水平构成了学习进阶； ——其数量和复杂性由各个国家自己决定； ——经常用知识、理解、认知技能、实践技能和学习者自主性等来描述； ——代表了一种发展序列，可以作为课程设计者和学习者的引导； ——可以表述最优秀的成果水平，或者最低标准的成果水平，或者居于二者之间； ——是具体的学历、专业和课程发展的外部参照点，在学历资格体系中扮演中心角色。

续表

使用的模式和领域	特征
层次指标(cycle descriptors) (即根据学习成果描述学历 学位的层次)	——是对与每个层次教育期末的文凭相联系的典型成就和能力 期待的一般性说明; ——可以成为国际指标,指导各国制定自己国家学历资格体系和 国家水平指标。

以爱尔兰科克大学学院(University College Cork,UCC)为例,UCC 于 2003—2005 年参加了欧洲大学联盟"实施学习成果基础的教学"的质量文化项目。共有六所大学参加该项目。项目完成后,UCC 于 2005 年召开了一次有关学习成果的国际会议。这次会议后,UCC 在所有专业中正式实施学习成果基础的教学模式。该模式邀请教师参与讨论和协商,并最后由 UCC 学术委员会批准通过。为了帮助实施该模式,UCC 专门组织专家编写了《描写和使用学习成果——操作指导》。指南被学术委员会指定为全校教师实践学习成果模式的指导用书,包括一套简单明了的术语表。同时,UCC 建立了教学支持中心,在午餐时间举行关于学习成果基础教学模式的研讨会和工作坊,为教师教学提供持续的支持。讨论的主题涉及所有与学习成果相关的教学方法、工具、质量评价等方面。

UCC 将所有以学习成果为基础的教学模式相关的文件和资源在学校网站上公布出来,其中包括课程和专业建设规定。学校开设的所有专业和课程都被要求用规定的形式进行完整的描述。文件规定了专业和课程描述的基本学习成果及其评估要求。这一过程由学校学术委员会下设的一个专门小组进行监督。学校鼓励所有教师参与课程描述和课程建设并进行积极的反思。课程建设的基本过程为:确定课程目标→根据学校的标准指南拟订课程的学习成果→确定教学策略,以使学生能取得预期的学习成果→设计考核评估策略,以检查学生是否取得了预期的学习成果→根据考核评估的结果,调整课程内容和课程考核方式。

UCC 的一个主要目标是使学校的专业与爱尔兰国家学历资格框架一致,这是爱尔兰院校评估的要素。确定学习成果是改进爱尔兰传统学历资格描述和学历资格体系的必要活动。在院校评估中,课程和专业层面质量保障的主要考察点是:学习成果描述与法律要求的一致性;学习成果描述与学校制订的指南的一致性。

学校有责任在教学中引入学习成果基础的模式,并做到:所有的专业与课程都有学习成果描述;学习成果达到了某种标准;学生和教师要有机会和途径了解需要获取的学习成果；学校有书面的学习成果文件来支持和指导员工；学校要让教师实质性地参与学习成果模式的引入和实施；学习成果的质量要进行评估；课程与专业的学习成果要与爱尔兰国家学历资格框架一致。

四、经验与启示

发达国家高等教育学习成果及其评估的理论与实践，可以为当前我国高等教育的深化改革给出一些启示，也可以对我国高等教育未来的科学发展提供一些借鉴。

（1）要重视学习成果的地位与作用。自学习成果模式推广以来，学习成果在发达国家高等教育中使用的广度和深度逐渐扩大，地位与作用也日益突出。在欧洲，学习成果被看作是博洛尼亚进程成功推进的"密码"。在美国，学习成果被各大认证机构看作高等教育认证的"公共宪章"。在澳大利亚，学习成果成为制定高等教育标准的核心依据。学习成果对于发展学分制度、加强职业教育与普通教育的联系、促进不同阶段教育的过渡、建立统一的国家学历资格框架与教育标准框架、促进学生和人员自由、有序流动等都有重要作用。学习成果业已成为发达国家高等教育大厦的基石，是高等教育模式变革的重要推动力量，对高等教育的发展具有明显的统摄作用。我国高等教育在规模上正在向普及化过渡，要提高高等教育质量、走好内涵发展之路、建成高等教育强国，就应当正视、认可和主动提升学习成果在高等教育改革与发展中的地位，发挥好学习成果的独特作用，努力办好人民满意的教育。

（2）要加强对学习成果的研究。第一，对在国际层面以学习成果为导向开展高等教育交流与合作、加入相关国际组织、学习借鉴国际上影响大、反响好的相关理念、标准、制度进行有针对性的研究。第二，在国家层面对学习成果使用进行系统深入的政策研究。其中的重大议题包括：国家政策中使用学习成果的必要性和可行性；学习成果使用的政策目标与导向；以学习成果为基础建立国家学历资格框架和教育标准；学习成果国家框架、国家标准的规定性与指导性的平衡；各专业教学指导委员会识别基本的学习成果要素，构建本专业学习成果框架；以学习成果为核心的国家学科专业评估和院校评估制度建设；学习成果评估与教育资源配置。第三，学校层面学习成果使用的中观和微观研究。其中重点议题包括：学习成果使用与学校发展战略对接；学习成果与人才培养方案修订；学习成果与学校组织结构优化;学习成果与学校教学要素、教学资源配置;学习成果与课程发展;学习成果与教师教学发展;学习成果与学生学习发展。同时,要对学习成果在我国高等教育中使用所面临的压力、困难、技术障碍和可能的负面影响进行分析和评估。

(3)要找准学习成果使用的着力点。对我国高等教育来说,学习成果使用的首要问题应是推动教育模式转型。应以学习成果为抓手,大力推动从以学校、教师和教学为中心到以学生和学习为中心的教育模式转型,重视学习环境、学习支持、学习投入与学习要素,重视"自主学习""自我管理学习""积极学习""合作学习""终身学习"等方法和理论,深化学分制改革,支持多样化学习,以教育模式变革带动整个高等教育系统的发展。其次,就业能力发展应当成为我国学习成果使用的着力点之一。相比发达国家,学习成果在我国的现实性、实践性需求大于理论需求。需求导向的就业能力发展、各专业就业能力模型构建、就业能力描述、就业软技能识别、培养与评估等实际问题在我国当前高等教育发展中应受到高度重视。同时,高等教育质量保障与问责应当成为我国学习成果使用的另一个着力点。这里的基本任务包括国家教育质量标准体系要充分体现学习成果、国家学历资格体系与质量保障体系通过学习成果加强联系、高等教育学习成果"证据文化"和"评估文化"建设、学习成果第三方评估、学习成果绩效问责平台、机构和制度建设、学习成果评估与教学改革的配合等。

(4)要客观清醒地认识学习成果实践。首先,学习成果的实施是一项复杂庞大、艰巨且充满挑战的任务。发达国家推行学习成果,成效显著,影响深远,但也付出了不小的代价。他们经历了近一个世纪的艰苦探索,期间伴随着争论、不满、异议和技术困难,也经历了起起伏伏,政府和高校投入了大量的人员、时间和金钱,一线教师和管理人员普遍面临巨大的压力。其次,与任何事物都具有两面性和有限性一样,一方面,学习成果对推动发达国家高等教育改革与发展功不可没,另一方面,它不是解决高等教育面临的所有问题的灵丹妙药,它自己也存在不容忽视的问题。但是,我们绝不能放弃学习、借鉴和探索学习成果。如同 Stephen 所言:"这并非不好的情景,因为学习成果是巨大的一揽子改革的一部分。这些改革将会从宏观到微观层面带来剧烈的结构和过程的改变,其中包括学历资格框架、质量保障、学校和课程改革等。这种变革需要仔细缓慢地实施。"[1]只要我们虚心学习、冷静思考、仔细分析、小心检验、稳步实施,学习成果将带给我国高等教育的一定是满满

---

[1] Adam S. A Consideration of the Nature, Role, Application and Implications for European Education of Employing "Learning Outcomes" at the Local, National and International Levels[R]. Scotland, 2004.

的正能量。

（5）利用学习评估促进教师教学和学生学习。把学习成果作为中介，使教师教、学生学和评估紧密结合在一起，形成一个有机整体。教师要确保教学方法、评估方法、评估指标与学习成果一致。很重要的一点是，评估要能反映学习成果。因为从学生的角度看，评估就是课程的一部分。[①] 学生在准备评估的同时，也会学习课程。学生将会学习他们认为会评估的，而不是课程所提供的，甚至是教师所讲授的。而对于教师而言，评估处在教学活动序列的最后，但对于学生而言它则位于开端。从促进学习的目的而言，教师得学会转换视角，用学生的眼光看待评估（如图1-2）。[②] 教学活动、学习活动、评估任务与学习成果之间相互协调、配合，形成"建构性联合"（constructive alignment）。[③]

> **教师视角：**教学目标→预期学习成果→教学活动→评估
>
> **学生视角：**评估→学习活动→学习成果

图 1-2　教师和学生视角的差异

（6）加强评估机构建设。在美国，独立的评估机构在学习成果评估中扮演着重要角色，这些机构都旨在提高学生学习成果在高校教育教学中的作用，向高校和高等教育提供评估工具和信息。例如，成立于 2008 年的全国学习成果评估研究所（National Institute for Learning Outcomes Assessment, NILOA）提供多种资源帮助高校实施学生学习评估、解读学习成果。NILOA 开发了一个综合性的透明度框架，该框架包括六种学生学习评估要素。这个框架对增进人们对评估过程和评估实质的认识起了重要作用。NILOA 还总结分享美国高校开展学生学习评估好的做法和成功经验，建设学习评估实践案例库供高校参考。成立于 2009 年的学生学习和问责领导新联盟（New Leadership Alliance for Student Learning and Accountability）引领和支持高校收集、报告、使用、分享本科教育学生学习成果的证据和经验，为高校提供咨询服务，帮助高校将学生学习成果评估整合进学校教育工作。有超过 100 所高校的校长成为该机构下设校长联盟（Presidents' Alliance）的成员。2012 年 1 月，该联盟发布了《高等教育评估和问责指南》，同年 10 月发布了《学生学习成果优秀实

---

① Ramsden P. Learning to Teach in Higher Education[M]. London：Routledge. 2003：280.

② Moinoddin SH. Aligning Teaching and Assessment to Curriculum Objectives [J]. International Journal of Advanced Education and Research, 2017, 2(4)：239-245.

③ Cowan J. Book Review：John Biggs1999.Teaching for Quality Learning at University：What the Student Does[J]. Higher Education, 2000, 40(3)：374-376.

践活动的院校自我评估工具》,为高校开展学生学习成果评估提供指导。2011 年 6 月,高等教育学习评估协会(Association for the Assessment of Learning in Higher Education, AALHE)正式成立,在肯塔基大学召开了第一次全国大会,讨论在学校、专业与课程层面切实推动学习成果评估,希望能从下往上影响高等教育的改革发展。此外,成立于 2005 年的汉普郡雄鹰协会(Hampshire Teagle Consortium)和瓦巴什全国通识教育研究会(Wabash National Study of Liberal Arts Education)等都致力于推动高校教师和管理人员协作收集、分享、利用学习评估数据。

(7)加强评估信息的披露。评估信息的披露可以增强评估的透明性,促进信息交流与分享,推进教育教学绩效问责,有利于高等教育质量的发展进步。以美国为例,美国公立和赠地大学协会与美国州立大学协会发起的自愿问责系统(Voluntary System of Accountability, VSA)对高校的入学成本、校园安全、班级规模、学生在校经历、学生保持率、学生学习成果等进行评价、分析和比较,将评估信息公布在"大学肖像"网站上,这些信息的透明度很高,而且是可以比较的,有利于高校间相互学习借鉴,也有利于学生的学习选择,还有利于政府和社会的监督问责。类似地,美国社区学院协会(American Association of Community Colleges, AACC)开发的自愿问责框架(Voluntary Framework of Accountability, VFA)也通过在线工具来为社区学院评估学生学习提供"导航图",向社会分享学生学习评估和学校基本情况信息。QS 世界大学排名、泰晤士高等教育世界大学排名、上海交大世界大学学术排名等影响力巨大的国际大学排名机制大多以输入、活动和科研成果为中心,其评估指标很难显示高校培养学生知识和技能的程度。因此,这些排名工具并不适合向学生、政府和公众提供关于教学质量的有用信息。但由于高校之间缺乏比较性的学习成果评估信息,这些排行榜被广泛看做可以相对地反映学习质量,吸引了大量的媒体关注,显著地影响了公众对高校及其毕业生的认知。VSA、VFA 等信息披露工具和平台,对推动高等教育问责和高校教育质量发展具有极大的价值,值得借鉴。

(8)创建全国性高等教育学生学习成果评估系统。我国不少高校已经开展了各具特色的学习成果评估探索,均取得了不少好的经验,但由于高校间缺少交流和分享,妨碍了我国高等教育学习成果评估整体的进步。可以基于各个高校的使命和资源状况,以及已经探索形成的各具特色的评估模式,构建一个重在协同、整体优化与信息共享的全国性高校学生学习成果评估信息系统。系统可以使用抽样程序,避免测试所有学生,同时开发模块化测试工具;以学校为中心开发校本性测试,构建校本测试库；只有标准化测试才能比较院校间学生学习成果的差异，要积极开发标准化测试工具，推动对学生学习的增值性评价，为高校间的比较提供可靠的测试数据。

第二章　美国高等教育认证制度分析

　　"认证"(Accreditation)源于对公众健康和安全的保护,服务于公共利益。"高等教育认证"(Higher Education Accreditation)是一种外部性的教育质量保障程序。在美国,高等教育认证及其制度已有超过100年的历史了。美国"高等教育认证委员会"(CHEA)将"高等教育认证"界定为了进行质量保障和质量改进而对学院、大学和专业进行审核的一种外部质量审查过程,成功通过审查则获得认证。美国的高等教育认证制度具有自律性、非营利性、多样性、体系的复杂性和完备性等,是世界上独一无二的。由于美国高等教育认证制度相对较高的合理性和有效性,它成为世界上其他国家学习的对象,影响较广泛。

一、认证制度变迁

　　弗雷德(Fred)形容美国的认证制度是一个"通过自发组建新的社会组织来解决新的社会问题的美国方式"。① 美国的高等教育认证制度是在美国社会和高等教育中自然成长起来的。认证制度在发展的过程中,随时将美国高等教育内外的合理成分吸收进来,并进行相应的调整。

　　1870年,美国教育局公布了获得官方认可的大学名单,教育认证活动及其制度建设开始萌芽。教育认证最先是被大学作为衡量高中教育质量的工具。后来,大学自身也开始参与认证,以保证学生在升学或转学时所获得的学分能被接受。1885年,新英格兰院校协会成立,这是美国第一个地区性的民间高等教育认证机构。随后,其他五大地区性认证机构——中部院校协会(1887)、中北部院校协会

---

① Fred FH. Accreditation: History, Process, and Problems [R]. AAHE-ERIC/Higher Education Research Report, no. 6. Washington, D.C.: American Association for Higher Education, 1980:1.

(1895)、南部院校协会(1895)、西北院校协会(1917)和西部院校协会(1924)也逐步成立。各个地区认证协会的成立一般是由本地区基础相对较好、具有一定威望的学校发起。当会员学校增加后,认证协会就会变得更有影响力,因为作为其基础的有声望的会员学校会扩大其力量。1905年,卡内基高等教育基金会公布了获得认可的大学名单。1910年,关于医学教育的《福勒克斯纳报告》发布,提高了标准,导致将近一半的医学院关闭。1913年,中北部院校协会设立了大学资格标准。1922年,美国教育委员会召开了"标准化"大会。1925年,美国图书馆联合会公布了经过认证的大学名单。1934年,中北部院校协会采用"使命导向"的模式开展认证活动,标志着认证的多样性和统一性的矛盾得到了初步的协调。至此,认证演化为一种私人的、非政府性的高等教育机构的自律制度,目的是确保公立和私立高等教育机构及其专业能够达到被认可的质量标准。

虽然新英格兰协会是第一个认证协会,但直到1929年该协会才提出了明确的入会标准,直到1952年,才明确使用"accreditation"一词。认证机构早期阶段的主要工作焦点被放在判定学院的合法性上。明确严格的标准与高度教育机构越来越多样化之间的矛盾一直存在着。直到1934年,中北部协会构建了使命导向的认证模式(mission-oriented approach),情况才有所好转。而这一模式一直沿用至今。

二战后,认证制度开始改变。1944年,《军人安置法案》通过,决定向大学生提供直接的资助。1949年,全国认证委员会成立,目的是以减少认证的重复和负担。20世纪50年代,认证机构逐步建立了"构建基于目标的指标体系—自评—小组考察—认证委员会做出决定—定期再认证"的认证程序。1964年,高等教育地区认证协会联盟(Federation of Regional Accrediting Commissions of Higher Education)成立,地区认证机构加强了协调。1965年,《高等教育法》通过,极大地增加了对学生的经费资助。随着联邦学生助学金及其他联邦拨款的大量增加,联邦政府开始利用非政府性认证制度来决定高等教育机构获得联邦拨款的资格。州政府也采用了类似的策略,将认证作为州政府经费的"看门人"。

从1950年到1965年,地区认证机构形成和采用了如今被视为关键要素的认证程序:使命导向的模式、标准、院校自评、同行专家小组现场走访并形成报告,而最终决定由监控认证活动的认证协会成立的专门小组做出。有了这些基本的构件之后,地区认证协会适应环境和期待的变化,在总结已有经验的基础上,对认证制度进行提炼和加强。从20世纪60年代中期开始,从认证的角度看,高等教育机构已经变得更复杂了。认证制度和认证活动也都有了相应的变化:形成了一套程序来培训和评估认证小组成员和组长,来监督分校和其他地区的教育活动,对远程教育进行评价,对营利性办学实体和宗教性教育机构进行分类评估,对招收留学生的高校的教学质量进行监控等。同样是从 20 世纪 60 年代开始,信息技术的广泛使用使人们可以用更精确的方法进行数据分析、报告撰写和电子通信。

20 世纪后半期,联邦政府逐渐加强了对认证的控制。1968 年,联邦政府"确认"(recognizing)认证机构的认证程序正式确立,标志着联邦政府加强了对认证机构的监管。1975 年,"全国认证委员会"和"高等教育地区认证协会联盟"合并成为"高等教育认证理事会",来承担非政府的确认职责。1984 年,全国教育学会发布的《参与性学习》呼吁用对学生进行教育的效率来衡量学校的教学质量,这标志着来自民间的认证问责呼声的出现。1993 年,"高等教育认证理事会"被解散,组建了"高等教育确认委员会",后者于 1996 年被 CHEA 取代,非政府性的确认机构正式固定下来,并延续至今。2006 年,由时任教育部部长斯佩林斯(Spellings)任命的"高等教育未来委员会"(也称"斯佩林斯委员会")发布《勾画高等教育的未来》的报告,对认证制度提出了较为激烈的批评意见。2008 年,再次授权的《高等教育法》进一步加强了对认证的问责。至此,认证制度演化成了一个巨大且复杂的公共—私人制度体系,被用来保障高等教育质量,同时充当联邦和州政府拨款的"看门人",但认证过程仍然保持了很大程度的志愿性和自治性。

21 世纪初,美国面临的高等教育国际竞争越来越激烈,高等教育变得越来越昂贵,教育问责和组织绩效等越来越受到学术界的重视,加上受国内经济下滑、两党政治斗争、新自由主义思潮的涌现等因素的共同影响,美国国内发生了一场持续至今的高等教育认证制度变革大讨论,议员、政府官员、认证机构人员、大学校长、专家学者等都参与其中,各自阐明自己的观点。批评者认为美国的高等教育认证制度就像一块疯狂的毯子,历史性大于逻辑性,越老越不中用。支持者则认为"仍然处于变化中的认证制度在高校和政府间提供了一个缓冲地带,既为学生获取联邦经费资助提供了一个渠道,也极大地保护了学校的自主权。"①这些争论直接影响到认证制度变革的走向。目前,美国认证制度变革的一般趋势有:在保密性原则的基础上,适当增加认证的透明度;在重视投入和过程认证的同时,逐步加大结果认证;增强认证功能发挥的时效性;兼顾内部和外部问责等。认证的总体趋势就是从以输入或资源为中心,向注重过程、结果或效率转变。高等教育的焦点从教师教学向学生学习转变,在这个背景下,高等教育认证更加关注学生学习。

---

① Brittingham B. Accreditation in the United States: How Did We Get to Where We Are[J]. New Directions for Higher Education,2009(145):7-27.

高等教育认证制度的发展反映了美国社会的文化价值观。托克维尔（Tocqueville）1835 年在《美国的民主》中指出，美国人喜欢组成社团来处理大大小小的事情。认证机构就是这样的例子。新英格兰院校协会成立于 1885 年，由一群中学校长和以哈佛大学的艾略特（Eliot）校长为首的大学校长一起发起成立的，初衷是保证高中毕业生为进入大学学习做好准备。认证协会是一种会员制组织，通过会费和收费来维持运转。认证协会为自我约束提供了基础，也提供了独立性，帮助高效认证以维持高校的自主权。

美国社会重视问题解决和企业家精神。美国人在西进过程中，定居者开办了商业、教堂和学院。到 19 世纪 60 年代，已经建立了超过 500 所学院。[①] 追溯美国高等教育历史是件很困难的事情，因为"college"一词可以应用于多种类型的机构。事实上，早期新英格兰院校协会的一个任务就是分辨出每所学院到底是哪种类型的机构。有些横跨中等教育和高等教育的 "academies"的存在，使这项分辨任务变得很困难。

美国社会也相信每个人都有达成目标的能力。这种乐观主义为这个国家历史上一直存在的扩大教育参与度的努力奠定了基础，尤其是二战后。高等教育机构地区性认证的历史反映了高等教育机构的日益多样化，也反映了高等教育机会的日益增加。例如，新英格兰院校协会记载了 1929 年对 21 所独立院校以及缅因州和佛蒙特州的公立大学进行第一次机构认证的情况，随后的记载反映了高等教育机会的增加：新英格兰地区 1947 年建立了第一所州立学院，1964 年设立了第一所社区学院，同年设立了第一所营利性学院，1981 年开设了第一所海外学院，1989 年建立了海军战争学院，2004 年设立了第一所由大型营利性教育公司所运营的高校。

认证基本上是由志愿者来实施的。志愿活动和志愿者是美国的一大传统。学校、医院、消防站、移民聚集区等，都有大量的志愿者。在认证活动中，志愿者是工作的核心，考察小组是由志愿者组成的，同行评议者也是志愿者，他们志愿服务于政策和决策机构。

美国社会也很重视自我改进。这需要进行自我评价，找出哪些需要改进的地方。这一价值观在认证活动中的体现是相信院校会根据标准坦诚地审视自己。在地区性认证中，自我诊断活动作为一个分析性活动，表明院校有能力和意愿坦诚地

① Cohen AM. The Shaping of American Higher Education: Emergence and Growth of the Contemporary System[M]. San Francisco: Jossey-Bass, 1998: 20.

进行自我评估,有自我约束和持续改进的基础。

二、认证制度安排

美国的高校分为学位授予高校和非学位授予高校、公立和私立高校、两年制和四年制高校、非营利和营利性高校等类型。认证制度涵盖了这些类型的高校。

(一)认证机构及认证类型

美国全国共有将近 100 个公共和私人的认证机构。这些认证机构分为地区性、全国性和特殊/专业性三种类型,所开展的认证活动分为六种类型:

(1)六个地区性认证机构对区域内高校所进行的"普通认证"或机构认证(institutional accreditation)。这六个地区性认证机构是高校发起和运行的非政府性志愿组织。在 3 000 余所获得地区性认证的高校中,绝大部分是传统的、非营利的、有学位授予权的高校。认证标准在各个地区之间存在差异。地区性认证机构的经费来自成员单位的会费和认证费用。六大地区性认证机构基于地理区域进行机构认证。虽然它们之间相互独立,但相互之间有很紧密的协作,并相互承认认证。

(2)十一个全国性认证机构对特殊目的高校如教会学院、单科性学院所进行的认证。这些认证机构也是由高校所发起成立和运行的,经费也来自成员单位缴纳的会费和认证费用。在约 3 500 所获得全国认证机构认证的高校中,约五分之一是非营利性的,五分之四是营利性的。

(3)66 个特殊或专业认证机构对大学内的专业所进行的"特殊认证"。在法律、卫生等专业,学生需要从获得认证的专业毕业才能获得执业资格证书。有些学术专业有多个特殊认证机构,学校可以根据自己的需要进行选择。特殊认证通常被看作"行会中心的"。

(4)州政府通过发放许可证和设立职业资格标准来管理某些职业或专业。州政府通常要求申请获得专业资格证书的学生要毕业于经过认证的院校和专业。各个州的职业资格标准是不一样的。

(5)联邦政府对认证机构进行的"确认"。只有获得由联邦政府确认的认证机构所发出的认证,学校或专业才有资格获得联邦政府拨款。美国教育部基于联邦法律建立确认标准。在组织机构方面,教育部高等教育办公室下设认证机构评估中心,教育部部长任命全国院校质量和诚信顾问委员会(National Advisory

Committee on Institutional Quality and Integrity，NNACIQI）。NACIQI 根据《高等教育法》有关规定，制定和实施确认标准。认证机构评估中心向 NACIQI 提供各种支持性服务。

NACIQI 和认证机构评估中心在认证中的主要责任和角色（即联邦政府在认证中的责任和角色）是，根据《高等教育法》的规定制定和实施认证机构确认标准。具体包括四项职责：一是对特殊认证机构或特殊的州政府批准的认证机构的确认；二是公布通过联邦确认的认证机构名单；三是根据《高等教育法》的规定确定高等教育机构接受联邦资助的合法性和资格；四是为特殊类型的职业培训机构和那些没有获得确认的认证机构进行认证的高等教育机构设立指标和标准，使这些高等教育机构能够参与到联邦拨款计划中来。

认证机构评估中心向 NACIQI 提供支持，负责对教育部的认证责任和相关标准、政策、程序和问题进行持续的检讨；对认证机构确认进行过程管理；扮演教育部与认证机构之间的联络者；向院校、协会、州政府机构、联邦机构和国会提供认证方面的咨询服务；实施和促进相关研究。

（6）由全国性的认证协调组织 CHEA 对认证机构所进行的非政府性"确认"。CHEA 是一个有大约 3000 所大学的会员制单位。CHEA 的角色是通过确认来保障和加强学术质量，强化认证机构间的协作。CHEA 会列出获得教育部确认的、获得CHEA 确认的、教育部和 CHEA 都确认的三种类型的认证机构名单。CHEA 的确认为认证机构提供了一种学术合法性。CHEA 确认认证机构的标准包括：①促进学术质量。认证机构应当对学术质量进行明确的描述，对它们所认证的院校或专业有明确的质量期待，促使被认证者满足所提出的学术质量标准。②显示问责。认证机构要有明确的标准来要求被认证的院校和专业提供连贯可靠的关于学术质量和学生成绩的信息，以促进公众持续的信心和投资。③在合适的地方鼓励被认证者开展自我诊断，对变革与改进进行规划。④运用恰当公平的程序做出决定。⑤对认证活动进行持续不断的自我评估。⑥拥有足够稳定的资源。

CHEA 和联邦教育部对认证机构的确认制度有相似之处。①强调公众信任，都要求公众的参与；②基本过程都是"确立标准—认证机构自查—专家审议考察—做出判断—定期再审议"；③专业人员在确认过程中都扮演重要的角色；④尊重认证机构的自治，强调认证的自愿性。

同时，CHEA 和联邦教育部对认证机构的确认制度也存在一定的区别（见表 2-1）。

表 2-1　CHEA 和联邦教育部对认证机构的确认制度的比较

确认的维度	CHEA 确认制度	联邦教育部确认制度
认证过程中需要考察的学校资源	提供保障学生进步、健康和安全所需的充分的资源	课程、教师、设施、设备和物质、财务和管理能力、学生支持服务、招生和招聘活动、校历、学校概览和其他出版物、专业年限和所授学位或文凭的目标的考察、认证机构收到的学生投诉记录
对学生学习的期待	学生成为恰当的有准备的人	课程完成率、州资格考试通过率、就业率
认证决定周知公众	制定了将认证决定告知公众的政策和程序	要求发布详细的公告,包括要求地方政府的即时性公告

CHEA 和联邦教育部对部分相同的认证机构进行确认。认证机构寻求 CHEA 或联邦教育部的确认出于不同的原因。CHEA 向认证机构提供学术合法性,帮助巩固认证机构、学校和专业在全国高等教育界的地位而联邦教育部的确认使认证机构所认证的学校和专业有资格获得联邦学生援助资金和其他资金。

认证机构的经费主要来自受认证的院校提供一年一度的资助费用,以及院校和专业支付的认证活动的费用。在某些情况下,认证机构会收到认证主办机构的财政援助。有时,认证机构会获得政府或私人基金资助的特殊经费。

(二)认证价值观

美国的认证制度是建立在一系列核心的传统学术价值和观念的基础上的。罗伯特(Robert)认为,美国高等教育认证的核心价值包括以下四点:[①]

(1)自我管理和自治。美国高等教育固有的观念是自治。对学术人员来说,自治就是教师拥有何种学术自由。人们可以自由探求真理,这对教学、学习和学问来说至关重要。学术是反对教条的。自治和自我管理的共生关系是认证的固有印记。

(2)以使命为中心的评估。美国高等教育一直追求多样化的价值取向。由于美国高等教育的历史和演化,其类型、层次、章程等非常多样。多样化的使命及完成使命的方式构成了衡量绩效的基本标准之一,这被看做美国高等教育的国家

① Dickeson RC. Recalibrating the Accreditation-Federal Relationship [Z]. Washington: Council for Higher Education Accreditation: 2009.

优势。

（3）自我审查。认证机构鼓励高校开展系统的自评。自评通常由学校的教授委员会成员实施,对学校的专业、制度、活动等进行集中的审视,分析学校的优点、缺点、危机和机遇。好的自评类似于战略规划与分析,对学校发展很有帮助,是学校的自我反省。

（4）同行审议。认证评估由同行专家进行。从学术可信度的角度看,由谁来审议显然比怎么审议更重要。擅长某一特定领域的同行专家,可能并不擅长对学校整体的分析和组织层面的观察。非学术人员对同行审议的参考价值表示怀疑。因此,在认证主体结构中,要发扬同行审议的优点,减少其弱点。

2008年,美国高等教育认证委员会（Council for Higher Education Accreditation,简称 CHEA）和美国院校协会（AAC&U）共同发布了《学生学习和问责新领导:原则声明和行动承诺》,提出了六项原则:[①]

（1）获得优异成绩的首要职责应当由大学自身承担。认证机构在推进教育评估中扮演重要的角色,今后会继续扮演这一角色,同时也要鼓励学校设立尽可能高的标准。慈善组织、专业协会和对高等教育感兴趣的其他组织和个人,也有责任鼓励和坚持系统地改进。州政府和联邦政府、学校董事会也有责任支持高标准和高等教育的持续改进。但是,在这些责任分担主体中,高校应当在维持美国高等教育在全球的领袖地位上起主导作用。

（2）为了达到这一目的,每所高校都应当根据自己的使命、资源、传统、学生团体、社区环境等状况,设定远大的、具体清晰的办学目标。虽然这些办学目标随学校不同而不同,但应当包括个人生活和自然科学、社会学科、人文、艺术等方面丰富的内容。通过设立清晰远大的目标,每所学校就可以确定怎样最好地服务于所有学生潜能的挖掘。

（3）每所学校都应当收集证据来表明各个专业的学生各门课程学习目标的完成情况,以及其毕业生在充满挑战和变革的世界中成功的可能性。通过这个过程收集的证据应当被每所学校及其教师用于制订连贯有效的教育改进策略。认证机构应当根据学校的目标和发展战略相应地对学校业绩进行评估,并将评估结果公布。

（4）每所学校都应当提供有其基本特色的信息,清晰表述其教育使命,描述其

---

① CHEA, AAC&U. New Leadership for Student Learning and Accountability: A Statement of Principles, Commitments to Action[R]. Washington: council for Higher Education Accreditation, 2008.

实现教育目标和绩效的战略。这些信息和证据将会帮助公众更好地了解大学学习的多重目标和学校加强学生学习的优先事项,也会使教师和员工一道聚焦于提升学生学习质量这一共同的目标。

(5)联邦政府有责任确信其投入的资金得到了良好的使用。联邦政府对资金花费的严格监督具有重要意义,它依靠独立的认证机构来促进系统的教学结果的改进也很有必要。但质量标准必须由学校自身而不是外部机构来设定和达到,要减少由不必要的政府管控带来的代价和干扰。

(6)作为教育类社团,我们对高等教育机构和其学生承诺我们会维持高标准。为了建设强调透明和问责的美国高等教育事业,高校需要继续从政府机构、慈善基金会、公司、私人捐助者那里获得支持。但我们需要竭尽全力证明,这些支持的结果换来的是知识的增长、更有创造性和适应能力的毕业生和美国作为一个整体的更强的竞争力。

各个认证机构都确立了各自的价值观,如南部院校协会负责高校认证的"学院委员会"的使命为"提高地区内的教育质量,提升机构效率,确保他们达到高等教育界为满足学生和社会需求而设立的标准。委员会扮演区域内学位授予高校中共享价值和实践的公分母的角色。"①这反映了南部院校协会的认证哲学。

中部院校协会的"中部高等教育委员会"的使命声明为:"中部高等教育委员会是一个志愿性的、非政府的、会员制协会,对拥有不同的使命、学生群体和资源的众多高校的教育卓越性进行定义、维护和提升。委员会经由同行评估进行的认证致力于质量保障和提升。通过严格的认证标准及其实施,中部高等教育委员会对高校的认证建立起公众对高校的使命、目标、绩效、资源的信心。"②

中北部院校协会是一个涵盖亚利桑那州、阿肯色州、科罗拉多州、伊利诺伊州、印第安纳州、爱奥瓦州、堪萨斯州、密歇根州、明尼苏达州、密苏里州、内布拉斯加州、新墨西哥州、北达科他州、俄亥俄州、俄克拉何马州、南达科他州、西弗吉尼亚州、威斯康星州、怀俄明州等 19 个州的高校和中学的会员制单位。协会负责高等教育认证的高等教育委员会追求的核心价值包括质量、诚信、创新、多样化、包容性、服务、合作、学习等。

观察美国高等教育认证制度可以发现,美国高等教育认证在思想和实践中遵

---

① Commission on Colleges of the Southern Association of Colleges and Schools. The Principles of Accreditation: Foundations for Quality Enhancement[R]. Georgia, 2010.

② Middle States Commission on Higher Education. Characteristics of Excellence in Higher Education: Requirements forAffiliation and Standards for Accreditation[R]. Philadelphia, 2011.

循着一些基本原则,可以概括为:①参与认证过程是志愿的,需要学校自己申请,认证地位需要定期更新。②由全体成员单位来发展、修订和批准认证标准。③认证过程是代表性的、支持性的,适用于所有类型高校的认证。④认证是一种自律形式。⑤认证要求组织承诺和参与。⑥认证以同行评议过程为基础。⑦认证要求高校对学生学习及其成就的组织性的承诺。⑧认证承认高校有权利表达其使命,但也有责任表明其正在完成该使命。⑨认证要求高校通过持续的评估和改进来致力于质量提升。⑩认证期待高校构建一套平衡的治理结构来提升组织诚信、自治、运行的灵活性。⑪认证期待高校通过支持性结构和资源来完善专业,促进学生的全面成长和发展。

这些原则背后的思想是:在过程和结果上,认证依赖于诚信、精心设计的标准的运用和对高校的信任;认证过程是对高校实现使命的效率、遵守认证标准的情况、提高学生学习以及提升其服务质量等方面进行评估;基于合理的判断,认证过程激发高校进行改进,同时向其成员和公众提供持续问责的手段;认证的结果是对高校基于一致同意的标准持续地提供有效的专业教育服务的能力的公共声明。

总之,自治和自律是美国高等教育认证制度最核心的价值取向。自治、自律是传统的美国哲学,认为一个自由的个体可以且应当通过一个有代表性的、灵活的和支持性的制度支配自己。美国高等教育认证制度体现了自治和自律哲学观,认证通过教育机构间自愿性的协会很好地实现自律。相关的价值观还包括:高校对教育质量负有首要责任;高校是学术事务的领导者,是学术权威的主要来源;组织使命对判定教育质量至关重要;机构自主权对维持和提升教育质量意义非凡;学术自由只在一个学术领导权得到保障的环境中才能繁荣昌盛;高等教育事业和社会的兴旺发达有赖于高等教育的分权化和高等教育机构使命与目的的多样化。

(三)认证的作用

美国高等教育认证是质量保障和改进方面成功的制度,是有效的公—私伙伴关系,是可靠的、负责任的自律的杰出榜样,在美国的高等教育系统中扮演重要角色,发挥着重要的作用。

提供质量保障。认证成为高等教育合法性的主要公共标志已经超过 100 年了。认证是学术质量的关键门槛,认证是院校、专业向学生和公众提供质量保障的最基本的手段。获得认证是向公众和学生传递一种信号:学校或专业达到了经费、教师、课程、学生服务、图书馆等基本的标准。

公共经费的看门人。认证与联邦政府和州政府建立了长期的关系,是学术质量可信的权威,为学校获得联邦和州政府经费提供了渠道,认证是联邦和州政府资助高等教育的重要依据,认证是学生获得联邦和州政府的资助和贷款所必须的,认证是学校或专业获得联邦科研和其他拨款、州政府的运行经费所必需的。

增强社会对高等教育的信心。学生和公众依靠认证来识别学校的质量,判断学分成功转移的可能性。学校或专业所获得的认证对雇主很重要。当他们在评估求职者的资格证书和决定是否向现有员工的在职学习提供经费资助时,就需要参考认证。认证是私人部门向高等教育提供资助的可靠权威。学校或专业要获得私人基金会、公司、个人的捐赠,需要有认证。

向学生提供学术保障。认证是反对欺诈、伤害学生和消费者,向他们提供保护的主要手段。认证是反对文凭工厂和认证工厂的主要堡垒。

为学分转移提供方便。认证对院校之间课程和专业的顺利转移非常重要。接收院校会注意学生想转入的学分是否是在经过认证的院校获得的。

促进教育变革。认证在保障质量的同时,成功地促进了教育变革,如社区学院的发展、远程学习的出现和发展、营利性高等教育的增长、跨境高等教育的发展等。

为职业证书制度提供支持。认证对州政府实施职业证书制度很关键。很多州要求高校的应用型专业(professional programs)获得认证,规定参加职业资格证书考试的学生所在的专业要通过认证。

促进国际流动。认证是国际流动所必不可少的。认证是国际学生、政府和高等教育机构对转移学分、资格和学位的确认,是对从其他国家进入美国高等教育系统进行判断的关键。

促进教育问责。认证响应了政府、高等教育自身、社会公众等对问责的需求,推动高等教育进行政府问责、公共问责和自我问责,使学生学习成果评估、增强教育的透明度、办学绩效等受到重视。

促进教育综合竞争力提升。在国际上,认证是美国高校和高校专业最看重的标识。认证是维持美国高等教育系统领先于国际社会的地位的关键。这些优越性包括高等教育机构的多样性、以学校使命为基础的高等教育制度、学校对学术判断负责任的独立性和学术自由等。

(四)认证目标

美国的高等教育认证主要有两个目标:机构目标和公共目标。其中机构目标包括:高校的自我改进;提升高校的学术质量;将认证与高校的发展规划联系起来;促进高校之间学分、学生、教师等的交流。公共目标包括:保护消费者;保证公共利益得到维护;保障公众对高校教育质量的知情权;保护学生、家长、捐助者、毕业生、用人单位等高等教育的利益相关者。

在美国的认证实践中,机构目标通常超越公共目标占主导地位。其原因在于:第一,各种非政府认证机构都是由学校发起成立的。第二,认证由高校来维持运转。虽然认证机构会雇用一些专业人员来协调认证活动,但大多数工作是由志愿者承担。第三,认证费用由学校支付。被认证的学校向认证机构支付费用,加上会员单位缴纳的会费,认证机构获得了稳定的经费来源。第四,在认证的整体利益上,机构利益超过公共利益占优势。这并不是说高校就会忽视或敌对认证的公共目的。只不过一个由高校来创立、维持、资助和治理的制度必然会更多地关注机构利益。

CHEA 对认证机构进行确认的目的有三个方面。第一,提升学术质量。确保认证机构设立了提升高等教育质量的标准,这些标准强调学生进步和对教学、科研、服务的高期待。这些标准是在学校使命的框架下设立的。第二,展示履责情况。确保认证机构设立了问责标准,将教育活动的结果与公众和高等教育界进行连贯一致、清晰的交流。问责还包括认证机构让公众参与认证决策。第三,鼓励、审查高校变革和必要的改进。确保认证机构设立了标准来鼓励高校规划变革和改进,采取连续性措施来实施变革,促进学生进步。

(五)认证标准

认证制度反映了美国高等教育的多样性和分权化的结构,不同的认证机构制定和实施不同的标准以及程序。分类认证是地区性认证的基本特征。所有的地区性认证机构都建立了分别适用于两年制高校、四年制高校和独立的研究生院的认证标准体系。

例如,新英格兰院校协会的高等教育委员会确立了十一条认证标准,每一条反映机构质量的一个维度。高等教育委员会根据标准进行评估,并对机构效率进行总体评定。十一条标准分为四个方面:①高校要有明确定义的适合自己的机构目标。②高校要能够筹措和配置好实现机构目标所必需的资源。③高校正在努力实现目标。④高校有能力持续实现自己的目标。这些标准的确立经历了较长的参与性过程,会员单位有充足的机会和时间阐明自己的观点,公众也被邀请参与认证标准的讨论。可以说,这些标准是认证机构、会员单位、社会公众关注点和共同智慧的表达。十一条标准分别是:

(1)使命和目标。机构的使命和目标要适用于高等教育,与其章程一致,在实施方式上要遵循高等教育委员会所指定的标准。机构的使命为其活动指明了方向,为评估和提高机构效率奠定了基础。

(2)规划和评价。机构通过规划和评价来完成和促进机构使命和目标的实现。机构要确定发展规划和评估的重点,并有效实施。

(3)组织和治理。机构要有一个治理结构来促进其使命和目标的实现,来支持机构的工作效率和完善性。通过组织和治理结构,机构创设和维护鼓励教学和学习、提供服务和知识、有利于开展研究和创造性活动的环境,保证为每个组织要素恰当功能的发挥提供充分的支持。机构可以充分独立于发起单位,但需要满足高等教育委员会的认证标准。

(4)学术专业。机构的学术专业要一致服务于其使命和目标。机构系统地工作,有效地规划、提供、监督、评估、促进和保障其学术专业及其所授予的学分和学位的学术质量。机构要建立一套适用于所授学位的学生学习成就的标准,要构建系统的手段来理解学生怎样学习和学习什么。

(5)教师。机构要建设一支有利于实现机构使命的师资队伍。师资队伍的结构、数量和绩效要能充分实现机构的使命和目标。师资队伍要胜任专业教学,承担分配给他们的适当的任务。

(6)学生。根据自己的使命,机构基于其所服务的学生的特点,营造环境来促进学生智力和个人发展。机构通过招录、登记等,致力于保障学生的成功,提供充分的资源和服务,使学生有机会实现专业目标。机构与在校学生和未来学生的互动要讲诚信。

(7)图书馆和其他信息资源。机构提供充分的图书馆和信息资源,提供渠道利用这些资源,提供教学和信息技术,来充分地支持其教与学。

(8)物质和技术资源。学校有达成其目标所需的物质和技术资源。对这些资源的管理和维护要能够促进机构目标的实现。

(9)经费资源。机构的经费资源要充分地维持其教育专业的质量,支持机构当前和未来的改进。机构要通过内外部证据表明其财务能力足以保障入学学生能够顺利毕业。机构能够妥善管理其财务资源。

(10)信息公开。学校代表在校学生、未来学生和其他感兴趣的公众成员,向预定的群体提供准确完整、及时清晰的信息,以告知学校的有关决定。

(11)诚信。学校在各项事务的管理中倡导高尚的道德标准,在处理与在校学生、未来学生、教师、员工、董事会、外部机构和组织、公众的关系时也要倡导和实践高尚的道德标准。通过制度和实践,学校致力于证明其在使命和其他陈述中的价值。

中部院校协会的高等教育委员会制定了十四项高等教育机构认证标准,其中前七项标准用于说明组织背景,后七项标准用于说明教育效率。每一项标准由标准的含义、背景、基本要素、选择性分析和证据四部分组成。十四项标准分别是:

(1)使命和目标。学校的使命清晰地定义学校在高等教育背景中的规划,表明学校的服务对象、将要完成的规划。学校描述的目标要与高等教育的期待和理想一致,要具体描述学校如何实现其使命。学校使命和目标的实现和验证要有其成员和治理机构的参与,使命和目标被用于推动学校的计划与实践,并用来评估这些计划和实践的效率。

(2)规划、资源配置和组织更新。学校基于使命和目标进行持续的规划和资源配置,设立具体的指标来实现使命和目标,评估战略规划和资源配置的成就,将评估结果用于组织更新,支持维持或改进学校质量所必需的发展与变革。

(3)学校资源。人力、财力、技术、设施和其他实现学校使命和目标必须的资源要可得可用。在学校使命的背景下,对学校资源使用的效率和效益进行分析成为学校进行结果评估的一部分。

(4)领导和治理。学校的治理体系要清晰地规定学校成员在政策制定和决策中的角色。治理结构包括一个拥有充分自主权且活跃的治理机构,以保证学校不断完善,履行其在政策和资源上的责任,与学校的使命保持一致。

(5)管理。学校的管理结构和服务要为学习和研究/学术提供便利,促进质量的提升,支持学校的组织和治理。

(6)诚信。在涉及学校所服务的公众和学校成员的学术成果上,学校要表明自己遵守了道德规范和学校制订的规范,为学术和智力自由提供支持。

(7)学校评估。学校建立和实施评估程序,评估其实现使命和目标的总体效率,以及达成认证指标的情况。

(8)招生和在学。学校招收那些兴趣、目标和能力与学校的使命一致的学生,并通过努力实现学生的教育目标来维持学生在学。

(9)学生支持服务。学校提供学生支持服务,这些服务对帮助每个学生实现学校设定的教育目标是必须的。

(10)教师。学校的教学、研究、服务项目要由合格的专业人员进行设计、监督和支持。

(11)教育产品。学校的教育产品要展示学术内容,要符合学校的高等教育使命。学校要为所提供的教育产品设立学生学习包括知识和技能在内的目标。

(12)通识教育。学校课程体系设计要使学生能够展示大学水平通识教育的知识和基本技能,包括基本的口头和书面交流、科学和逻辑推理、批判性分析和推理、技术能力等。

(13)相关的教育活动。学校的专业和活动,不论其内容、核心、地点、传递模式如何,都要满足一定的标准。

(14)学生学习评估。学生学习评估要在毕业或其他特定的时间节点,证明学生拥有的知识和技能与学校的目标或是高等教育的目标一致。

中北部院校协会高等教育委员会的认证标准有五项,每一项包含指标描述、核心要素、证据范例三个要素。① 五项标准为:

(1)使命和诚信。学校运行要具有诚信,通过包含董事会、管理机构、教师和学生的结构与过程来确保实现学校使命。

(2)为未来的发展做好准备。学校的资源配置、评估过程、规划都表明学校有能力实现其使命,提升教育质量,响应未来的机遇和挑战。

(3)学生学习和有效教学。学校有关学生学习和教学效率的证据表明其能够实现自己的教育使命。

(4)知识的获取、发现和应用。学校通过塑造和支持与其使命一致的探究、创造、实践、社会责任,延长其教师、管理人员、职员、学生的学习周期。

(5)参与和服务。根据使命的要求,学校对其成员提供有价值的服务。

这五大标准突出了四大主题:①未来导向的组织。第一,重视规划工作;第二,由使命驱动;第三,理解社会和经济变化;第四,重视学校成员的未来;第五,融入新技术。②以学习为本的组织。第一,评估学生学习;第二,支持学习;第三,支持学问;第四,提高终身学习的能力;第五,加强组织学习。③联结型组织(The Connected Organization)。第一,服务于公益;第二,服务学校成员;第三,创立服务文化;第四,协作;第五,健康的内部交流。④特色型组织。第一,有明确的使命;第二,重视多样性;第三,负责的;第四,自我反思;第五,致力于改进。

六大地区认证机构的认证评估标准在形式、重点、术语等方面虽有差异,但对评估教育质量有共同的关注和相似的理念,显示出了八大相似的关注点:①学校使命与目标;②组织和管理/治理;③财务资源、物质资源、图书馆/信息资源等基础性保障;④学生支持与服务;⑤教师;⑥教育专业;⑦学生学习及其结果评估;⑧组织

---

① The Higher Learning Commission of the North Central Association of Colleges and Schools. Handbook of Accreditation[R].Chicago, 2003.

诚信。有的认证协会还使用了关于科研、研究性学习、校外教育等特殊活动的指标。

对认证机构的认证(确认)是认证体系的重要组成部分,有其明确的标准,主要有联邦教育部的确认标准和CHEA的确认标准两类。

联邦教育部对认证机构的确认标准有十项,分别关注认证机构在认证中所评估的高校教育教学的十个方面:①根据学校的办学目标来看学生的学业成就;②课程;③师资队伍;④设施和设备;⑤特殊运行领域中的行政和财政能力;⑥学生服务;⑦招生和入学活动,校历,日志,出版物,分数,广告宣传等;⑧专业的学习年限、将要颁发的学位和证书;⑨认证机构可以获取或直接收到的学生投诉的记录;⑩《高等教育法案》第四款下关于机构专业责任履行的记录。

这些确认标准的重点是看学校或专业是否有充分的教学质量来获取联邦学生资助资金和其他联邦资金。要求认证机构建立学生成绩、课程、教师、设施、财政和管理能力、学生支持服务、招聘和入学活动、授予学位或文凭的目的和时限、学生投诉记录、《高等教育法案》所要求的专业责任履行的记录等特定领域的标准或指标。综合上述标准也可以发现,地区性认证机构认证标准的关注点与联邦教育部确认标准的关注点是一致的。

CHEA设立了六条认证机构确认标准,这些标准将重点放在高等教育机构和专业的学术质量的保障和改进上。CHEA要求认证机构促进学术质量发展,展示问责性,鼓励有目的的变革和改进,在决策中使用恰当公正的程序,持续地对认证活动进行审核,维持经费的稳定性:①提升学术质量。认证机构要对所认证的学校或专业的学术质量进行明确的描述和规定,以确定质量标准是否达到。②展示问责性。认证机构要设立标准,要求学校或专业对其学术质量和学生成绩提供一致可靠的信息,以增强公众持久的信心和投资。③鼓励自我监控、制订变革和改进的规划。鼓励学校和专业通过持续的自查对变革和必要的改进进行自我监控。④在决策中使用恰当公正的程序。认证机构要建立和实施一套科学、公正的制度和程序,注意进行有效的审核和取得合理的平衡。⑤对认证活动进行持续的审核。认证机构要对所开展的认证活动进行持续的自查和自我监控。⑥拥有充分的资源。认证机构要拥有和维系可预期的稳定的资源。

(六)认证程序

认证是一个以信任、指标、证据、判断以及同行为基础的过程。学校和专业的认证是周期性的,一般每隔几年到十年进行一次。认证是持续性的,原先获得的认证不是永续的。认证过程是自愿的,必须由教育机构或专业发出请求才能进行。请求认证的高校或专业如果达到了认证的质量标准,就会"通过认证"。获得认证的高校和专业需要接受定期的再认证。认证的程序大致是:

(1)自评。学校或专业以认证机构指定的标准为依据,准备一份书面的关于效率/绩效/有效性的概要。

(2)同行审议。认证主要由本专业领域内同行的教师和行政人员进行。在自评结束后,同行专家对自评报告进行审核,将审核报告提交给现场考察小组。同行专家多来自认证机构的各个委员会或作出认证决定的理事会,而后者又多来自高校、研究机构或学术团体。

(3)现场考察。认证机构通常会派出一个小组对学校或专业进行现场考察。自评报告为现场考察提供了基础。考察小组的成员一部分是进行同行审议的专家,还包括公众成员(涉及高等教育利益的非学术人员)。所有小组成员都是志愿者,通常没有报酬。小组成员担任组长、组员、秘书等角色,分工协作。

(4)认证机构做出认证决定。认证机构设有决策机构(理事会、委员会等),成员包括高校或专业的教师和行政人员,也包括公众成员。决策机构可以决定授予新的学校或专业新的认证,续签或撤销学校或专业已有的认证。

(5)周期性外部审核。已经接受认证的学校和专业还要继续接受周期性的审核,每次审核都要重新准备自评报告,接受现场考察。

联邦教育部和CHEA的确认活动作为元认证活动,也遵循基本的程序。认证机构要开展常规的自评,设立内部申诉程序,接受定期的外部审查,这就是"确认"。确认由CHEA进行或由联邦教育部进行。确认的社会价值在于它是认证问责或"认证认证者"的关键环节。

CHEA确认的基本步骤为:

(1)认证机构提交关于认证目的和评审费用的信件,申请CHEA进行确认。

(2)CHEA向申请确认的认证机构寄送关于确认的各种文件资料。

(3)认证机构将有关资格审查的文件填报好,并返回给CHEA。

(4)确认委员会进行资格审查,向董事会提出推荐建议,并将建议结论告知申请机构。

(5)董事会对确认委员会的推荐建议进行讨论。申请机构如果要求,可以直接向董事会进行当面陈述。

(6)CHEA和认证机构共同确认现场考察的人员和日程。

(7)认证机构完成自我评估,并将自评报告提交给CHEA的工作人员。认证机构如果提出要求,CHEA 工作人员需要向认证机构提供咨询服务。

（8）现场考察报告应当在规定的日期内提交给 CHEA 办公室,由后者再提供一份给认证机构。

（9）如果有第三方评价,也要在规定时间将评价报告提交给 CHEA 办公室,并由后者提供一份给认证机构。

（10）认证机构要在规定的时间内向 CHEA 办公室提交对现场考察报告或第三方评价报告的意见。认证机构的自评报告和对现场考察报告或第三方评价报告的反馈意见要提交给确认委员会。

（11）认证机构向确认委员会做公开陈述。确认委员会做出确认建议,并将确认建议提交给董事会。确认委员会应当将确认建议告知认证机构。

（12）认证机构如果对认证建议有异议,要在规定的时间内向确认委员会反映。

（13）董事会对确认委员会做出的确认建议进行讨论。认证机构如果提出申请,董事会可以准许其当面申述。

（14）董事会做出最终的确认决定。

联邦教育部确认的程序与 CHEA 确认的程序有相似之处。二者的确认程序的关键点大致为:首先,CHEA 或联邦教育部建立确认的指标体系。接下来,想要获得确认的认证机构根据确认的标准进行自我评估。随后,CHEA 或联邦教育部会派出人员到认证机构进行现场考察,并形成考察报告。在自评报告和现场考察报告的基础上,CHEA 或联邦教育部做出是否给予确认的决定。最后,获得确认的认证机构还会经历定期的再审查,以维持获得确认的身份。

CHEA 所开展的确认活动通常是十年一轮,其间有两个中期检查。确认活动由 CHEA 的确认委员会来实施。委员会成员包括高校代表、认证机构代表和公众代表。联邦教育部的确认活动一般是每五年一次。联邦教育部“高等教育办公室”下的“认证机构评估中心”审阅认证机构的书面报告,并组织人员走访认证机构,在此基础上向 NACIQI 提出结论建议。NACIQI 最后作出确认决定,并提交教育部部长。

三、认证制度的特点

芭芭拉(Barbara)认为,美国的高等教育认证制度在世界上是独一无二的:认证是一个非政府的、自我约束的、同行评议的制度;几乎所有的工作都是由志愿者来完成;认证依赖于高等教育机构利用认证程序对自己进行改进。① 美国高等教育认证制度经过 100 多年的发展,逐步形成了自律性、自愿性、自治性、中介性、未来导向性、多样性与统一性共存等特点:

1.自律性

美国高等教育认证制度的一个显著特点是其非政府性、自我约束性。美国认证模式是基于同行评价的自律模式。为了保障和提高自己的学术质量以及加强学校间的沟通与协调,众多高校发起成立了非政府性的认证协会,邀请会员学校的高级人员对其学校进行"视察"。基于这个目的,学校之间制定出了一系列一致同意的规范、原则或是"参考准则"。认证依赖于高校在坦诚的基础上根据设定的标准对自己进行评估,根据自己确定的目标进行审视,确定自己的强项和关切,利用认证程序推动自我改进。认证机构基于对高校诚信度的认可而实施认证活动。地区性、全国性和专业性的认证机构所开展的认证活动由 CHEA 进行组织协调。CHEA 对认证机构的认证活动提出建议,当认证机构和其成员单位出现争执时出面协调。CHEA 有时扮演桥梁的角色,政府的关切通过它为各个认证机构所知晓,也通过它为接受认证的各个学校所知晓;反过来,学校和认证机构的关切则通过 CHEA 传递给政府。

2.自愿性

严格地说,没有任何一所美国大学或是授位学院被强迫接受机构认证。但是,如果学校不这样做,或者是拒绝接受新一轮认证,它就会发现自己被排除于联邦经费资助机会之外,该校的学生会发现自己没有资格获得联邦资助。如果学校是属于营利性的,一份不能通过认证的评估报告会导致其股票价格或者其开办的公司的股票价格大幅下跌。认证是一种自我规范系统,依靠学校自己进行重构和调整,以更加遵守标准和政策。地区性认证机构努力向成员机构提供参与地方性认证的机会。认证增加了成员学校对标准的所有权,使标准在成员学校间得到充分的讨论和认识,并内化到学校中。

自我改进是认证的重要导向。不管是认证审议,还是确认,首要的一步都是自我诊断,以便有针对性地进行自我改进。随后的外部评价的一个重要目的就是要确保在高校、专业或者认证机构的自我诊断中找出问题,并提出改进的建议。认证专家也将参与认证,作为认证申请者自我改进和发展的重要途径。这正如芭芭拉

① Brittingham B. Accreditation in the United States:How Did We Get to Where We Are[J]. New Directions for Higher Education,2009(145):7-27.

所言:"参与认证这场大戏,就是去观看在戏剧舞台上上演的有关变革型领导、能力、使命、治理等一出出悲喜剧,从中学习经验教训。"①

同行专家参加认证活动也是自愿的。美国的高等教育认证从一开始就依靠志愿者进行。认证的志愿性提升了认证的成本效益。专家们为什么愿意志愿服务于认证活动? 第一,这是高等教育社区成员的义务。第二,自我保护。专家们普遍认为,学术界必须强有力地"拥有"志愿性同行评估,否则联邦政府和州政府将会抢占这一角色,而政府所开展的认证活动效率很低,清规戒律多,给学校的负担重,因而同行专家的志愿认证服务可以有效保护高校和高等教育学术社区。② 高等教育认证是一个以自我评价和同行评价为基础的学院式过程,目的是实现公共问责,提升学术质量。同行专家对学校或专业的质量进行评议,以帮助教师和员工提升教学质量。

3.自治性

社团与自治是美国的文化观念之一。传统上,美国人喜欢组成社团来处理大大小小的事情。认证机构就是这样的例子。认证协会是一种会员制组织,通过会费和收费来维持运转。认证协会为自律提供了基础,也帮助维持了高校的自主权。美国的政治结构和生态为高等教育认证制度的发展提供了环境。

第一,联邦政府不直接干预教育事务。美国宪法规定宪法没有提及的事情要留给各州和人民自己去解决。因此,虽然联邦政府在教育事务上的作用越来越突出,但美国早期教育制度的发展总体上是脱离政府控制的,或者说政府管控是非常宽松的,允许建立各式各样的学院和大学,政府对大学或大学教育不规定明确的最低标准,而社会各界显然希望有关于高等教育的最低标准,这种需求就为认证制度的成长提供了空间。

第二,大学自主权。1819 年的达特茅斯学院诉讼案是大学自主权确立的里程碑。在美国的认证制度中,虽然联邦政府和州政府也会通过对认证机构的确认或是对高校执照的审批而直接干涉认证,但它们的关注点在于联邦经费的使用,只有非政府性的认证机构和 CHEA 才是提供学术合法性的机构,这种制度安排使行政权力和学术权力的行使空间被严格区分开来。同样在 19 世纪初,国会作出了另一个重要决定:州政府有权开办公立大学,但不能直接干涉学校的办学事务,并推进

① Brittingham B. Accreditation in the United States:How Did We Get to Where We Are[J]. New Directions for Higher Education,2009(145):7-27.

② Mcguire PA. Accreditation's Benefits for Individuals and Institutions[J]. New Directions for Higher Education,2009(145):30.

了相应的立法。政府提供资助给学生而不直接提供经费给学校的制度安排既满足了宪法的规定，也满足了人们希望扩大教育选择的愿望。这种资源配置的制度安排促进了具有自治性的高等教育认证制度的建立和发展。

4.中介性

美国高等教育认证是由私人的、非营利的组织进行的。高等教育的外部质量评议是一项非政府性事业。美国的认证结构是分权化且复杂的，反映了美国高等教育的分权特性和复杂性。具有合法性的地区性、全国性和专业性的认证机构所开展的活动由 CHEA 进行较宽松的组织协调。CHEA 把所有的认证机构都吸收为自己的成员单位。它扮演桥梁的角色，联邦政府的关切通过它为各个认证机构所知晓，也通过它为接受认证的各个学校所知晓。联邦和州政府都把获得认证看作是学术质量的一个可靠的权威。联邦政府依靠认证来确认院校和专业的质量，以向学校拨付联邦经费和发放学生资助。州政府最初并不通过认证来向学校和专业发放许可证。后来，它们将认证与州政府给学校和学生的拨款和资助联系起来。州政府通常要求申请获得专业资格证书的学生要毕业于通过认证的院校和专业。

5.未来导向性

美国实施认证制度的关注点在于未来，在于质量的改进。作为一种质量保障制度，认证制度通常着眼于未来。从国际社会的角度看，认证不是唯一的高等教育质量保障制度。其他的质量保障制度如学术审计、专项检查、质量审核等，关注点主要是对学校当前和过去的活动的检查，从中找出需要改进的地方，以保障目前的教育活动的质量、找出目前存在的问题为主导或唯一的目的。而认证制度的重点在于未来，在于质量的未来指向的改进。"改进"可以来自对当前活动的检查，更可以来自对社会发展趋势、人口统计数据、科技发展趋势等的细致的思考。认证着眼于未来，是基于过去和现在而指向未来的。不同地区的认证机构对于学校自查中着眼于未来的强调方式不一样。例如，南部院校协会实施"质量提升计划"，推动学校通过自查找出需要改进的领域。新英格兰院校协会在每一项指标中都提出了"反思"的要求，要求学校以反思和自查的结果为基础制定发展规划。授予认证或者是对学校的重新认证，实际上是专家组对学校做出的未来性的声明，表明学校已经展示了发现和处理重要问题的能力，学校运行达到了所要求的质量水准，并会在未来十年内继续这样做，会进行特殊的自我监控，包括提交中期检查报告等。

6.多样性与统一性共存

美国高等教育的显著特征是多样性。美国人相信，每所学校就像活生生的人一样,都应当有自己的个性和特点,实现自己的发展潜能。这种观念为美国历史上一直存在的扩大教育参与度和多样性的努力奠定了基础。各种类型的高校的认证历史反映了高校的日益多样化,也反映了高等教育机会的日益增加。美国高校不论是公立还是私立,不论是全国性研究性大学、地区性综合性大学、文理学院、宗教学院、社区学院,抑或是职业学院,每所学校都有自己独特的使命表述。政府尊重高校的多样性,不对课程、教材、教学安排等提出统一的要求,联邦和州政府行政部门也没有制定统一的学术标准,学生可以根据自己的能力、财力状况和目标自由选择学校、专业和课程。

认证制度发展于高等教育系统中,具有较强的灵活性和适应性。学校可以从全国性、地区性、专业性等类型的众多认证机构中选择一个进行认证。各个认证机构在价值导向、术语表述、评估过程等方面存在差异,但是总的来说,这是一个统一的认证系统。认证机构间的差异,在一定程度上反映了高等教育的差异。差异化的认证提供了一个自然的实验室。各认证机构尝试去接纳不同类型的学校成为成员,努力让成员学校不仅满足基本的标准,还进行各自相应的改进。认证的差异性增加了成员学校对于认证标准的"归属感",并内化到自己的办学实践中。虽然认证存在差异,但构成了一个统一的系统。认证将不同的学校聚拢来,为学生流动和学分转移提供了条件。各认证机构之间还通过"地区认证委员会理事会""高等教育认证委员会"等协调性组织增强联系和协作。各认证机构经常聘请其他地区的高校人员和全国性学术组织的人员担任认证专家。认证专家的全国性流动增进了整个认证系统的整合性、丰富性和活力。

7.认证主体的平衡性

美国高等教育认证涉及多方主体,这些主体之间相互制衡,相互影响,形成了相对平衡的动态关系。首先,认证机构与联邦政府的关系处于演化中。作为纳税人的代表,政府完全应当通过强有力的制度来保障获得资助的学生和学校的质量。联邦经费的增加扩大了教育机会,认证机构扮演了政府拨款的"看门者"的角色,[①]也产生了对认证机构进行认证即确认的需求。1965年《高等教育法案》颁布后,联邦政府转向认证机构来确定有资格获得资助的学校,相应程序在1968年基本形成,政府很少干涉认证机构的认证活动。但随后出现的学生贷款高违约率和认证机构的无所作为现象,使联邦政府对认证机构的信任度降低,至1992年《高等教育

---

① Schray V. Assuring Quality in Higher Education: Key Issues and Questions for Changing Accreditation in the United States[R]. Washington: US Department of Education, 2006: 3.

法案》修法,不信任感达到顶峰,政府曾一度表示要割断认证与联邦政府学生资助之间的联系。这直接导致了对认证机构进行政府确认的制度的建立。至 2008 年《高等教育法》再次修法,联邦政府对认证机构的确认制度已经变得非常复杂了。埃威尔(Ewell)将联邦政府与认证机构之间的紧张关系归结为"委托代理问题"。①这里的委托者是联邦政府,代理人是认证机构。由于代理人与接受认证的学校的关系过密,被"俘获"了,因此不能很好地满足委托人的期待。但是,认证机构并没有将自己的首要角色定位为政府的代理人。这就造成了联邦政府与认证机构之间的不和谐。一方面,政府想通过法律增强对认证机构的控制;另一方面,认证机构则拒绝承担对于高校的额外的管控功能。可以预见,政府和认证机构之间的关系的动态调整会一直进行下去。

其次,认证是政府和高校之间取得平衡的关键角色。在公共政策上,认证机构希望发出自己的声音,虽然这个声音与高等教育界相关,但不等同于高等教育界的声音。② 认证在客观上也有助于政府管控与高等教育同行审议之间的平衡。政府对高等教育的问责有强化的趋势。由于政府资助与认证存在直接的联系,因此政府会继续使用认证机构作为有效地影响高校的一个工具。认证机构扮演着政府与高校之间沟通的桥梁、诉求的传递者和矛盾的润滑剂的角色,同时也将自己置于政府和高等教育的"风暴中心"。

同时,认证机构之间的关系的发展一直以专业合作为主题进行动态调整。全国性高等教育专业组织曾将帮助高校协调和减少来自认证机构的"负担"作为重要的议题。随着认证制度的发展,社团机构越来越主动参与到认证机构的发展中。1949 年,一些高等教育协会发起成立了全国认证委员会,其目的是减少来自不同认证机构之间的重复认证。随后,地区性认证机构发起成立了"地区认证机构全国委员会"(National Commission on Regional Accrediting Agencies),1964 年被"高等教育地区认证协会联盟"(FRACHE)所取代。1975 年,为了建立一个关于认证的强有力的中央权威,FRACHE 将一些全国性的职业学校认证机构吸纳进来,更名为"高等教育认证委员会"(Council on Postsecondary Accreditation,COPA)。COPA 建立了确认认证机构的程序,其目的一是保证认证机构与学校之间保持恰当的关系,二是防止新的认证机构的泛滥。1993 年,COPA 解散,"高等教育认证确认委员会"(Commission on Recognition of Postsecondary Accreditation,CORPA)继续执行其

---

① Ewell PT. Accreditation and the Future of Quality Assurance: A Tenth Anniversary Report[R]. Washington, the Council for Higher Education Accreditation, 2008: 5.

② Croe S. Musings on the Future of Accreditation[J]. New Directions for Higher Education, 2009(145):87-97.

确认功能,地区性认证机构重新组织成立了"地区性认证协会理事会"(Council for Regional Accrediting Commissions,C-RAC),为相互间的协调、专业发展和外部关系提供平台。1996年成立的CHEA随后继承了C-RAC的这一角色。

8.以学习成果为中心

美国高等教育认证的重要特征是越来越重视成果问责,其中作为问题原点和核心的学生学习成果逐渐走向认证的中心。大多数认证机构都将学习成果作为认证的重要标准。如西部院校协会塑造以学校能力和教育效率为核心的双重认证模式,实施"学习质量改进计划",旨在建设一个"通过各种方式收集和使用证据来促进学生学习的系统"。南部院校协会也实施了以学生学习为焦点的质量提升计划。CHEA每年都要对学习成果测试做得最好的机构颁发奖金和荣誉奖章。联邦政府和州政府对高等教育问责的关注也强化了认证机构对教育成果中重中之重的学习成果的重视。《高等教育法》为学校实施成果测试打下了基础,标准化成果测试成为政府推动的成果测试的重要成分。认证成为学校发展的重要组成部分。认证机构、政府和测试机构不断推动高校将学生学习成果及其测试纳入学校的战略规划中。有学者甚至认为,认证制度变革的最大的机会在于继续向以证据为基础的、以学习成果为中心的方向前进。将学习成果植根于认证标准的制定、认证过程和决定中,没有什么比这更能提升认证信誉度的了。

学生学习成果走向认证的中心有重要的内外部动因。第一,主要的外部主体(政府、学生、公众)需要了解关于学生学习成果的信息。政府需要根据学生学习成果质量的证据来判断联邦和州政府对高等教育的支持是否值得;学生需要学习成果的证据决定上哪个学校或专业以及他们愿意支付多少学费;公众需要学生学习成果的证据决定是否继续对高等教育这一公共服务的支持。第二,认证机构需要学生学习成果的信息。认证作为高等教育学术质量保护者的合法性曾受到很大的质疑,原因在于缺乏重点关注结果的质量审议。学生学习成果的信息对认证机构很重要,因为各方越来越要求认证机构提供这类信息,包括对认证机构进行确认的机构。每个认证机构都需要清晰地说明自己对与学生学习成果的证据有关的标准、政策和程序的态度。认证界需要一套与学生学习成果有关的共同语言,这既可以促进他们之间的内部交流,也可以用来向外部阐述对认证的态度和承诺。第三,学校、专业和教师需要学生学习成果的信息。对于学校和专业来说,学生学习成果的信息是保持他们的知识权威地位的关键。对于教师来说,学生学习成果的证据的主要价值在于帮助改进教学。对于改进教学的承诺不仅是学术和知识责任的一个主要方面,也是教学质量所必须的。认证的一个目的就是要帮助学校、专业和教师证实他们关于教育质量的主张。

四、经验与启示

一是认证制度的建设应深深扎根于自己的母体文化和历史土壤。美国高等教育认证制度的发展充分地吸收了美国的西进开拓精神、志愿精神和社团、自我改进、自我实现等理念。同时,美国高等教育认证制度的发展历史也是美国高等教育扩大机会、增强多样性和形成分权特征的历史。学术自由和机构自治的高等教育传统在认证制度的发展过程中得到了发扬光大。对美国高等教育认证制度的借鉴必须注意到它背后的历史和传统因素。对中国高等教育来说,应当在历史与文化传统的基础上,构建一套具有自身特色和优势、适合自身实际情况的认证制度体系。

二是应该始终恪守自己的核心功能与价值。保障和促进高等教育质量、推进绩效问责、充当联邦政府经费的"看门人",这是美国高等教育认证制度的三大核心功能。100多年来,美国的高等教育认证制度既经历了美国经济社会发展的黄金时期,经历了美国高等教育的大发展时期,也经历了数次经济危机下的经费紧缩时期,目前正在经历高等教育适龄人口下降、成本压力大增、国际竞争压力加大的时期。但是,不管形势如何变化,美国认证制度的这三大功能始终都没有丢弃,而是随着时代的发展而有所加强。认证制度能得到两大"主顾"——政府和高校的认可,主要就源于这一点。尤其是以促进高校的自我改进为出发点的价值取向获得了众多高校的拥护,使认证机构可以底气十足地拒绝政府和公众的不合理干预,可以使机构目标和利益获得理解与认可。

三是应该区分学术权力与政治权力的行使空间。政府与认证机构之间总会存在矛盾与张力,这在美国也不例外,关键是如何找到平衡点。在美国,这个平衡点就是政府行使政治权力、提供有关拨款的经济合法性,认证机构行使学术权力、提供有关教育质量的学术合法性,政府和认证机构之间既有分工也有协作,遵守职责空间划分,不跨界行使权力。政府并未从上至下设计认证制度。在很长一段时间内,政府对认证制度的发展都采取不干涉态度,直到第二次世界大战后,才作为认证制度的"消费者"处理与认证机构的关系,直到20世纪后半期,才通过对认证机构的"确认"来直接控制认证,但范围仅限于对联邦拨款的"看门"功能的审查,学术合理性的审查则交给非政府的确认机构,这种公—私共处的制度安排,既延续了美国高等教育的多样性,尊重了高校和认证机构的自主权,也满足了各方对协调性和统一性的需要。

四是注意把握制度变革的均衡性。与美国高等教育认证制度在历史上的变革模式一样,认证制度最近的调整与改革,不论是在思想上,还是在实际操作中,都很注意把握好度,寻找适合目前历史条件的平衡点,而不是从一个极端走向另外一个极端。主要表现在:增加透明度,满足利益相关者的信息需求,但并不放弃基于学术原因的保密性原则;调整认证重点,重视对组织绩效尤其是学生学习成就的认证,协调好投入、过程与结果认证的关系;在保持多样性、分权性的基础上,增强认证的统一性和协调性;根据科技、学科、经济发展的需要进行调整,积极借鉴公私领域中好的制度要素,增强保障和提升高等教育质量的效能;倾听公众的呼声和政府的要求,主动建立内部问责机制,并将内部问责与外部问责有机联系起来。可以预测,这种度的把握,将会延续美国高等教育认证制度可持续发展的势头。

同时,美国高等教育认证制度也存在一些不可避免的弊端,绝不可能是十全十美的。对此,我们的学习一定要基于准确细致的评判来进行。例如,有人认为,高等教育认证制度尊重高校的使命,顺从美国众多院校间的多样性和目标使命的差异性,这固然有合理性,但在实施操作中不存在一致的标准,对学校使命的重视在批评者看来意味着评估过程的主观性,不存在板上钉钉的每个学校都必须遵守的规则。又如,批评者认为同行评议是内部人员之间的相互关照,同行评议的学院式本质被看成是给予院校太多影响认证走向的权力;认证制度的重要关注点是学校的改进,而对批评者来说,对改进的重视其实是浑水摸鱼,一些人主张应当对学校进行严格评估,看学校是否满足规定的标准。再如,学生学习成果固然应受到重视,但以此为中心也会带来一些问题:对学生学习成果的过度关注反过来容易忽视学校的其他方面;可能需要重新定义一个学术机构的意义;可能会导致学校为了提高学生考试成绩而顺从认证而不是深度参与认证等。

美国高等教育认证制度还存在一些固有的矛盾。例如,一方面,认证在本质上要求保持一定程度的谨慎、隐私和机密。这是认证面对困难和敏感的质量问题时保持建设性的一种至关重要的能力。另一方面,认证需要保持公开和坦白。事实上,所有的认证机构都将向学生和公众提供关于高等教育质量的一般性信息作为其责任之一。怎样平衡这二者? 理论上二者都重要,现实中可能更多是一种动态的妥协。

可以说,对一个国家来说,认证制度“没有最好的,只有最适合的”。对美国高等教育最适合的认证制度不一定适合中国。这就切忌照搬或是肤浅的模仿。如果说认证制度是美国高等教育之树上一朵艳丽的花朵的话,则它据以怒放的能量来自整个树冠和比树冠更深远的美国文化之根。对美国认证制度的学习借鉴一定要重在"神"与"道",而不能拘泥于"形"与"器",否则,我们的学习难免落入我国高等教育近代化过程中"全盘西化"或"中体西用"的窠臼中。

第三章　美国大学生学习评估升级版分析

美国"大学生学习评估升级版"（Collegiate Learning Assessment Plus，简称 CLA+）[①]源于"大学生学习评估"（CLA），两者皆为美国教育援助委员会（Council for Aid of Education，CAE）开发并实施的大学生通识能力增值性、直接性评估项目。

自 20 世纪七八十年代开始，大学生学习成果评估项目在国际上陆续开展，以美国为主要代表，主要的评估项目见表 3-1。与传统"输入端""硬件"条件评估项目相比，学习成果直面学生学习增值，强调教育成效证据，其评估成为 21 世纪国际高等教育质量保障的重要趋势。在众多学习成果评估工具中，CLA 起步较晚，但以直接性结果评估、标准化测试为优势，优于问卷式、选择题式间接性主观结果评估工具，影响力越来越大。此外，2015 年 ETS 研发的 HEIghten 测试在形式、内容上与CLA+趋同，受到各国评估机构和高校的欢迎。故本文将两者进行对比分析，以资国内借鉴。

表 3-1　国际上主要的大学生学习成果评估项目（按英文首字母排序）

英文简写	英文全称	中文名称	开发机构/国别	机构中文
AHELO	Assessment of Higher Education Learning Outcomes	高等教育学习成果评价	Organization for Economic Cooperation and Development（OECD）	经济合作与发展组织
COMP	College Outcome Measures Program	大学学习成果测量	American College Testing（ACT）	美国大学考试中心
CAAP	Collegiate Assessment of Academic Proficiency	大学学业水平评估考试	ACT	美国大学考试中心

[①] 美国教育援助委员会官网对于 CLA+的英文表述依然为 Collegiate Learning Assessment，英文缩写为 CLA+。为方便理解，本文将 CLA+英文表述为 Collegiate Learning Assessment Plus，中文表述为"大学生学习评估升级版"。

续表

英文简写	英文全称	中文名称	开发机构/国别	机构中文
College BASE	College Basic Academic Subjects Examination	大学基本学业学科测试	University of Missouri	密苏里大学
CEQ	Course Experience Questionnaire	课程体验问卷	Australia	澳大利亚
CLA	Collegiate Learning Assessment	大学生学习评估	CAE	美国教育援助委员会
CLA+	Collegiate Learning Assessment Plus	大学生学习评估升级版	CAE	美国教育援助委员会
EPP	ETS Proficiency Profile	能力测试	Educational Testing Service（ETS）	美国教育考试服务中心
ENADE	National Exam of Student Performance	国家学生学业表现考试	Brazil	巴西
GSA	The Graduate Skills Assessment	毕业生技能评估	Australia	澳大利亚
HEIghten	The *HEIghten*® Outcomes Assessment Suite	"加强"学习成果评价项目	ETS	美国教育考试服务中心
KoKoHs	Modeling and Measuring Competence in Higher Education	高等教育能力建模与测量	Germany	德国
PROG	Progress Report on Generic Skills	通用技能进展报告	Japan	日本
UCUES	University of California Undergraduate Experience Survey	加州大学本科生学习体验调查	University of California	加州大学
VSA	Voluntary System of Accountability	美国自愿问责系统	American Association of State College and University & Association of Public and Land-grand University（AASCU & APLU）	美国公立和赠地大学协会、州立大学协会

一、CLA+项目的制度安排

（一）CLA+项目概况

2002 年,CLA 作为 CAE 的一项重大举措被引入。自实施以来,CLA 为各机构提供了一种衡量学生高阶思维能力的重要方法。CLA 精心设计试题,旨在让学生展示批判性思维和解决问题的能力的同时,展示运用分析、评价和综合信息的能力。已有数百所院校和数十万名学生参加了 CLA 项目。最初,CLA 主要评估学校对学生高阶思维能力发展的贡献增值,而不是以学生作为主要的分析对象。2013年,CAE 通过引入 CLA+扩展了 CLA 的范围,希望为学生和机构的发展提供有用的、可靠的信息。CLA+提供了科学定量推理、批判性阅读和批判性论点的子核心。[①] CLA+还增加了学生对知识的掌握水平评估。据统计,2017—2018 学年度有75 所高校/机构的 16 785 名学生、2018—2019 学年度有 65 所高校/机构的 15 361名学生参加了 CLA+的高阶思维测试。

CLA+测试题包括两大部分:表现型任务(PT)和选择型任务(SRQ)。PT 为学生呈现一个需要有目的的、书面回答的真实世界,要求学生提出问题的解决方案,或解决冲突的建议性行动方案,并利用文件库中提供的信息来支撑答案。该文件库包含各种参考资料,如技术报告、数据表、报纸文章、办公室备忘录和电子邮件等。一个完整的 PT 库包含 4~9 个文档,学生有 60 分钟的时间来完成这个结构式的任务回答。考试的第二部分是 SRQ,学生被要求回答 25 个选择性问题,其中 10个问题衡量科学定量推理,10 个衡量批判性阅读和评价,另外 5 个问题要求学生通过识别逻辑缺陷和可疑假设来批判论点。与 PT 一样,25 个 SRQ 是基于文档的,要求学生从提供的材料中提取信息,学生有 30 分钟的时间完成这一部分的评估。

CLA+是一个强大的评估工具,可以帮助教师和学生实现教学和学习目标。评估为课程改革提供了支持,特别是在高阶思维技能方面。它可以为教师、学校管理者和其他相关人员提供关于改进教学和最大化学习技能的量化建议。此外,CLA+还提供给学生直接的、形成性的反馈,使其能够在个人层面上评估和反思自己的发展。教育者在做出与入学、安置、奖学金或评分相关的个性化决定时,可以参考学生的 CLA+成绩。学生可以选择与潜在雇主或研究生院分享他们的结果,并提供他

---

① CAE. Sample CLA+ Institutional Report[EB/OL]. [2020-02-09]. council for Aid to Education.

们在大学所获得的技能证据。CLA+使高校能够从一种持续改进的模式中获益,这种模式将教育者定位为评估、教学和学习过程之间关系的核心参与者。CLA+为教育工作者提供了一个参考框架,管理者可以在机构内或机构间对学生取得的进步进行比较。但是,CLA+并不对高校进行排名,相反,它强调高校之间的差异,可以给高校改进提出差异化的建议。CLA+也无学生排名,而是凸显个人特长或可能需要花更多精力的领域。总体上来说,CLA+是一种旨在为改进教学做出有意义贡献的工具。①

CLA+还可以提供同侪比较,促进同侪合作。CAE 通过鼓励联盟的形成促进了CLA+学校之间的合作关系。CAE 会定期举办网络会议,让各高校参与 CLA+的发展工作。CAE 还提供了帮助高校最大化学生数据文件效用的讲习班。在这些活动中,CAE 研究人员与高校工作人员合作,展示深入挖掘学生成绩的方法,确定优势或劣势领域。CLA+陆续将专业发展服务重点从评估结果转移到技能型任务的教学工具的研究中,通过近几年的实践培训班为教师提供指导,帮助他们制定技能任务方案。以 CLA+任务结构模型为基础,支持课程的教学目标设计,教师开发的任务可以用作课堂练习、家庭作业,甚至学校一级的评估。

(二)CLA+项目的评估取向

1.以评估大学生学习成果为导向

学习成果评估指以成果为中心来识别、说明和评估学生学习。学习成果是用来描述和定义学习和评估过程及其产品的工具,它可以改进教学,促进学生学习。学习成果评估聚焦于学历学位的一致性和目标。通过用学习成果来描述学习过程,学校就可以用一种学生中心而不是教师中心的方式,有效回应学生和其他相关方的利益诉求。这也意味着对学习过程的描述从输入转向了输出。② CLA+是以学生学习成果为导向的专项评估。

2.以评估高阶思维为内容

关于"高阶思维"(higher order thinking skills)的定义众说纷纭。最初,从教育目标分类学的角度来看,高阶思维能力是相对于低阶思维能力提出的。多数教育目标分类学理论对构成思维的认知过程都做了由低到高的排序,高阶思维能力即

---

① CAE. CLA+National Results 2018-19. [EB/OL]. [2020-01-26]. council for Aid to Education.
② 刘勇. 学习成果导向的高校研究生就业能力模型的建构[J].重庆电子工程职业学院学报,2019(4):46-49.

指能实现排序较高的认知过程的能力。后来,一些学者逐渐脱离教育目标分类学的范畴,以高阶思维能力的特点对其独立定义。例如,巴拉克(Barak)提出高阶思维是指所有超越信息检索的智慧活动任务①;李维斯(Levis)和史密斯(Smith)认为高阶思维能力是指人将新信息和记忆中储存的信息相互关联起来并对其重新进行组织,以达到一定的目的,或在一个复杂情境中找到可能的答案的过程。② 本书认为,高阶思维是极其抽象、综合、顶端的能力,是稀缺与极具价值的能力。在人工智能极速发展的新时期,低阶思维能力已然可以被机器代替,但机器无法达到的就是抽象与情感等高阶能力的综合运用。培养大学生高阶思维能力具有时代意义。高阶思维评估为高校培养成效、改进调整等提供了重要的证据和反馈信息。CLA+以评估高阶思维为内容,契合了时代和高等教育自身发展的需求。

　　3.以教育增值评估为形式

　　"教育增值"(value-added),来源于"增值"观。奥斯汀(Austin)早在1965年就提出了"输入—环境—输出"模型,认为学生自身投入可以直接影响学习产出,也可以经由大学环境来影响学习产出,学习产出涉及学生的学业成就、知识、技能、价值观、态度、抱负、兴趣等。博耶(Boyer)在1993年提出了明确的"增值"观:"在成绩评价时,学校的任务是平衡以下两方面,一方面是每个学生的进步,即根据学过的课程和获得的等级或分数做出评定;另一方面是整个大学教育的影响,不仅在学业上,也在对社会所承担的义务上的影响。"③ 20世纪70年代,美国东北密苏里州立大学(Northeast Misouri State University)采用了"增值"评价计划,学生除参加基本技能和基础知识测验之外,还要参加一次关于主修学科领域课程的综合考试。价值增值评估是世界高等教育评估的重要趋势之一。CLA+的表现形式为增值测评,其增值表现为高校学生高阶思维水平的"初始刻度"与经过学校教学后学生高阶思维水平的"输出刻度"之间的差值,表现为学生受教育后其质性的变化,即教育质量的增值。④ CLA+的这一增值幅度,体现出高校教学质量达到的水平及学生学习成果积累水平。

---

① 钟志贤. 教学设计的宗旨:促进学习者高阶能力发展[J]. 电化教育研究, 2004(11):13-19.
② 申昌安. 运用语义网络促进学习者高阶思维能力发展的研究[D]. 南昌:江西师范大学,2010:5.
③ 厄内斯特·博耶. 大学:美国大学生的就读经验[M]. 徐芃等. 北京:北京师范大学出版社,1993:13.
④ 刘勇. "大学生学习评估(CLA+)"在我国的研究意义及应用分析[J]. 齐齐哈尔师范高等专科学校学报,2019(3):12-14.

（三）CLA+项目的国际化发展

CAE 和 OECD 已达成共识，一致在"CLA+国际"方面进行合作，这是一项在全球范围内评估高等教育学习成果的倡议。该计划将使用 CAE 的 CLA+作为评估工具，通过表现型任务（PT）和一组基于文档的选择型任务（SRQ）来衡量通用技能（主要是批判性思维和书面沟通技能）。"CLA+国际"将国家、高校和学生层面的数据提供给参与测评的国家。此外，通过新开发的、安全的 CLA+数据分析平台，CAE 会向参与国家提供相应数据、报告和其他可比较的信息，这也是 CAE 正在进行的创新点之一。①

在 CAE 专家的指导下，参加"CLA+国际"的国家可拥有以下资源：参与 CAE 最新的 CLA+测试；基于 CAE 网络平台的考试管理与评分；学生、高校和国家层面的比较；全球性标准的验证；2017 年推出的在线分析工具；为测试合格的学生提供数字化证明，向用人单位提供学生技能精通程度的信息；教师专业发展研讨会（培训教师提高学生成绩的技能）。

1."CLA+国际"项目的首次测试实施

"CLA+国际"于 2019 年秋季首次实施，由项目经理与参与高校进行合作，开展相关的测试管理工作。CAE 在参与学生招募、监考官培训和测试管理技术支持方面为各国工作团队提供指导。评分员由国家项目组招募，评分员培训、CAE 平台计分、数据分析和报告遵循 CAE 确立的管理原则。CAE 在每次测试后提交报告。抽样对象是 100 名新入学学生和 400 名即将获得学位的学生。② 项目的重要活动流程如下：

第一阶段：建立安全、可扩展的在线测试平台，每个国家重新安装专用程序，并翻译成其官方语言；表现型任务的选择；选择型任务的选择；将所有考试材料和评分标准翻译成对应语言；将行政指示和指南翻译成每个国家对应的语言；认知实验室的准备；提供示范性最佳做法、通信材料、培训和后勤指导。

第二阶段：CAE 的机构支持；为参与机构提供实施的方法指南；招募支持人员；基于安全在线测试平台的测试管理；应用 CAE 技术对主评分员进行全过程的现场培训；在线计分平台管理、质量控制、计分员监控；CAE 对数据和机构报告的审查；CAE 通过"CLA+分析"（CLA+ Analytic）编制和分发学生报告和经过验证的证书；

---

① CAE. Learn More About CLA+ International［EB/OL］.［2020-02-24］. Council for Aid to Education.

② CAE. Operatinoal Details［EB/OL］.［2020-02-23］. Council for Aid to Education.

心理测量支持;继续发展未来的评估。

2."CLA+国际"项目的管理

"CLA+国际"通过基于互联网的测试平台进行管理。学生通过一个安全的浏览器进入考试平台,该浏览器锁定计算机其他功能,并向每个学生分发一个60分钟的 PT 和一个 30 分钟、25 个项目的 SRQ。PT 通过关联性材料库要求学生对一个真实场景的开放性问题进行主观回答。SRQ 要求学生对批判性阅读和评价、科学定量推理以及批判性论点等问题作出客观选择。两部分都需要一个监考员授权学生进入界面并管理测评情况。评估在大约 90 分钟内完成,包括一个可用的操作教程,还包括一个简短的人口学调查。评估必须在标准化、受控制的测试条件下进行。CAE 为学校管理人员和监考员提供培训材料。①

综上,CLA+紧跟全球化时代步伐,适时进行调整和完善,推出 CLA+国际"项目,其开发、实施与应用,不仅为 CAE 本身创造价值及数据占有,还将本国高校与他国高校大学生学习成绩进行对比,这对促进本国和他国高等教育质量提升与学生能力的培养,具有一定的示范价值。但其建立及实施时间很短,实践效果还有待检验,尤其是 CLA+国际"如何适应他国的本土化情况,如何提升测试的有效性,还有待进一步探索。

二、CLA+项目的测评实施

(一) CLA+项目测评实施的管理与流程

CLA+项目的测评实施管理及流程较为缜密,从记分员的培训、明确监考员的职责,到测评系统的运作、评分手段的分层管理、学生报告及数据库的存档和形成,都体现出系统性和完备性。

所有的记分员候选人都要经过严格的训练才能成为合格的 CLA+记分员。记分员培训包括两到三个独立课程,并在几天内完成。每个 PT 都有一名首席评分员,并由 CAE 测量专家培训,主考分配给候选人特定的 PT 对评分员进行训练。CAE 测量专家作为观察员和导师参加培训。训练结束后,给计分员布置任务。所有培训包括对提示和评分标准的指导,用大量的学生答案进行反复的评分练习,对每个答案的评分进行反馈和讨论。由于每个提示可能有不同的论据或相关信息,

---

① CAE. Operational Details [EB/OL]. [2020-02-23]. Council for Aid to Education.

除了评分标准之外,评分者还会收到提示性的特殊指导。CAE 为每个将要运行的 PT 提供评分作业分配,以确保评分员得到正确校准。对于实验性 PT,首先要进行单独的训练,让一名得分较高者进行新的 PT 测试,然后对一般的得分者进行再次测试。培训后,要求计分员完成一次评分可靠性核对,对同一组学生的回答打分,低于一致性或可靠性的评分者(通过比较原始评分均值、标准差和评分者之间的相关性来确定)将被进一步指导或从评分小组中剔除。在试验任何新的 PT 时,所有的回答都由评分员二次评分,这些双倍计分的答案将用于未来的计分员培训。

CAE 使用智能写作评估器(Intelligent Essay Assessor,IEA)进行机器评分。IEA 是皮尔逊知识科技公司(Pearson Knowledge Technologies)开发的自动评分引擎,用于评估文本的含义,而不仅仅是写作机制。[①] IEA 使用了大量真实的 CLA+回答和分数,以确保其与人类评分者给出的分数一致。人类记分员仍然是 CLA+评分的基础。然而,自动评分有助于提高评分准确性,缩短测试管理和报告交付之间的时间,并降低成本。IEA 使用的自动写作评分技术被称为潜在语义分析(Latent Semantic Analysis,LSA),它可以提取书面文本中的潜在意义。LSA 使用数学分析方法,对每个 PT 至少 800 名学生的回答和人类评分员的集体专业水平(每个回答必须附有两组来自训练有素的人类评分员的分数)进行分析,并将从专家评分员那里学到的方法应用于新的学生的回答。

CLA+使用自动和人工评分相结合的方式对表现任务进行评分。IEA 提供一组分数,人工提供第二组分数。IEA 偶尔会发现一些不寻常的反应,当这种情况发生时,集中的相似回答会自动发送到人工评分组,由第二个人而不是由 IEA 评分。为了保证连续的人类记分校准,CAE 开发了电子验证系统(E-Verification),需要计分员在首次开始计分时,以及在整个计分窗口内,对先前计分的结果或“验证论文”进行计分。该系统将定期向计分员提交验证文件,以代替学生的回答。系统不会显示评分人何时已成功验证论文,但是,如果评分人未能准确评分验证论文,他将被从评分中删除,并且必须参与补救过程。评分者要么接受进一步的训练,要么被撤换。

CAE 使用 CLA+数据来比较人工评分和自动评分的准确性。在被调查的 13 项任务中,有 12 项任务的 IEA 评分与多个专家给出的平均分($r=0.84-0.93$)的一致性高于两个专家的一致性($r=0.80-0.88$)。这些结果表明,计算机辅助评分与专家

---

① CAE. CLA Plus Technical FAQs[EB/OL].[2020-02-27]. Council for Aid to Education.

评分一样准确,在某些情况下,比专家评分更准确。[①]

除了机构报告,CAE 还提供 CLA+学生数据文件。该文件包括三方面的内容:由 CAE 计算的 CLA+分数和标识码、注册机构提供的学业数据和人口统计信息,以及来自学生的 CLA+在线档案的自报信息和评估后的调查信息。[②] 电子表格中的每一条数据都被标识为一个单独的变量。学生数据文件包含识别每个学生和报告的考试管理机构的信息,还包含测试时间和完整的评分信息,例如 PT 分数、SRQ 分数、CLA+总分数。其他评分信息包括每个部分和整个测试的绩效水平和百分比排名、总体掌握水平和进入学术能力(Entering Academic Ability, EAA)分数。数据文件还提供了学生平均绩点和人口统计信息,包括学生对额外调查问题的回答。这些问题涉及他们在每个 CLA+部分投入了多少精力,以及他们感觉到的这些部分的吸引力。学生的回答有助于将个人成绩和机构成绩联系起来,也有助于学校确定学生的动机。

CLA+开发了本地调查工具,允许高校在评估后的调查中添加 9 个以内的独立问题。如果一个机构在 CLA+测试平台内使用本地调查功能,对这些问题的回答也将出现在学生数据文件中。这组组合问题允许学校创建更丰富、定制性的数据集合,有利于对 CLA+进行机构分析。

此外,也可以将文件中的学生级别信息与收集的其他数据相链接,如来自全国学生投入度调查(NSSE)、合作机构研究计划(CIRP)或来自本地的档案。收集到的信息可以帮助预估与机构绩效相关的一系列因素。学生水平分数最初不是为单个学生的诊断而设计的。随着 CLA+的出现,这些分数具有更大的效用。学生水平信息现在可以用于确定个别学生的薄弱环节,并有助于确定参与者群体的学习表现问题。学校可以分析学生分组的表现,以确定某些学生是否可以受益于有针对性的教育改进,也可以估计这些分组的增值得分,并与整个机构的增长值进行比较。

从 2013 年秋季开始,各年级学生的 CLA+成绩可逐年汇编,产生的数据集比一个学年收集的结果要大得多,也要丰富得多。跨年收集的学生数据使学校能够纵向跟踪学生的表现,从而确定学生在批判性思维和书面交流方面的提升。

[①]　CAE. Sample CLA+ Institutional Report[EB/OL]. [2020-02-23]. Council for Aid to Education.
[②]　CAE. Sample CLA+ Institutional Report[EB/OL]. [2020-02-07]. Council for Aid to Education.

（二）CLA+项目测评实施的方法

1. CLA+的测评方法

PT测量分析和问题解决、写作效果和写作机制三个能力维度。SRQ测量科学和定量推理、批判性阅读和评估以及批判性论证三个能力维度。学生在90分钟内要完成测试，其中60分钟用于PT，30分钟用于SRQ。CLA+的测试结果在管理窗口关闭后发送给高校。高校的报告会提供测试的每个部分的分数，以及秋季的新生测试和春季的大二、大三和大四测试的CLA+总成绩，还包括对PT和SRQ单独评分以及CLA+总评分的理论分析。

CAE项目开发人员在创建PT和SRQ时遵循严格的结构化项目开发计划，主要目标是开发出对学生来说真实且有吸引力的评估项目。这是通过一系列的检查表来完成的，包括学生是否能够合理地利用所提供的信息来设计论点，以及是否有足够的信息从多个角度来支持或反驳。CLA+的一个特点是：为了达到良好的评估效果，不需要任何特定领域的先验知识，评估着眼于学生的批判性思维和书面交流能力，而不是他们在具体学科中掌握多少知识。

PT和SRQ的文本资料包括但不限于日记、表格、图表、备忘录、博客文章、报纸文章、地图、报告摘要等体裁。在开发过程中，CAE项目开发人员在PT或SRQ中概述、编写和修改每个文档的内容，确保文档包含必要的信息，并且文档中没有丢失或嵌入无意义的内容。CAE编辑人员审查任务的初稿，并向开发人员提供修改意见。对于特定的PT，项目开发人员创建场景，其中包含多个可能的结论、解决方案或建议，每一个可能的结论都至少有资料提供的证据支持。通常，一些可能的结论被设计成比其他结论更具说服力，但是，文档库中始终有足够的材料来完全支持场景允许的任何观点，只要学生的回答符合评分标准的适当范围，这个学生仍然可以获得高分。

SRQ和PT一样，代表了一个真实的场景和问题。学生被要求回答批判性阅读和评估文章或情景的问题，使用科学和（或）定量推理，并在论点中找出逻辑谬误。这种类型的问题要求学生比在标准化多项选择评估中所要求的传统的回忆和识别知识性问题思考得更深。在开发人员和一个或多个CAE编辑人员进行几轮修改后，选择最适合的任务进行试验性测试。

为了测试试题的有效性和学生在互动环境中的探索和学习策略，部分国外学者采用了MicroDYN方法。一组六个任务体现不同的难度等级，这些任务最多包含三个输入变量和三个输出变量。这些变量具有不同的虚拟故事和虚拟变量名。例如,在图3-1中,Brekon作为特定猫粮的名称。对于任务猫,标记为Brekon和Mikas的不同种类的猫食作为输入变量,而标记为Purring和Movement的不同种类的行为作为输出变量。输入变量的控制器范围从"−"(值=−2)到"++"(值=+2)。输出变量的当前值和目标值以数字方式显示,例如,Purring的当前值为10,目标值为21−23。在解决问题的第一个阶段,学生必须了解Brekon和Mikas对Movement和Purring的影响,即他们必须探索这个系统。在第二个阶段,他们必须根据第一阶段获得的知识,在屏幕上绘制概念图中变量之间的连线。在第三个阶段,问题解决者必须更改输入变量Brekon和Mikas的值,以达到给定的目标值。

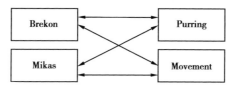

图3-1　MicroDYN方法图示①

SRQ任务在试点测试之后进行经典项目分析,以确定在项目投入使用之前是否需要进一步修订。项目分析从项目区分度和项目难度两个方面来考察项目,计算"点双列相关"②来确定项目分数与总测试分数之间的相关性,这个值通常被称为项目区分度指数。项目得分与测试总分之间的高相关性表明,该项目在区分低分学生和高分学生方面做得很好,该项目适合考试。项目难度称为"p值",是学生正确回答项目的比例。检查p值以确保项目难度在合理的范围内,原则上不应该有太多项目非常困难或非常容易。太难或太容易的项目一般情况下没有满意的点双列相关性,因为太多的回答是正确的或不正确的,因此无法建立统计关系。SRQ项目的p值为0.30~0.80,点双列相关至少为0.10,故SRQ难度适中。③

此外,CLA+项目开发人员、编辑和测量科学家具有历史、英语、数学、心理学、心理测量学不同的专业背景,在测试开发和写作评估方面拥有丰富的经验,为测试可信度提供了支持。

①　Gyöngyvér M. Benó C. Exploration and Learning Strategies in an Interactive Problem-solving Environment at the Beginning of Higher Education Studies[A]. St. Petersburg: St. Petersburg University, 2017:283-292.

②　点双列相关,即按事物某一性质只能分为两类相互独立的变量,如男与女,生与死,已婚与未婚等。

③　CAE. Sample CLA+ Institutional Report[EB/OL]. [2020-02-22]. Council for Aid to Education.

2. CLA+的测评报告方法

CLA+增值评估模型经过升级后,不再需要学术能力水平考试(Scholastic Assessment Test,SAT)或美国大学入学考试(American College Test,ACT)成绩,除了基本信息外,报告中包含的关键指标还包括掌握水平、子核心、增长预估、百分比排名等。

第一,CLA+掌握水平(见表3-2)显示出学生在批判性思维和书面交流方面的熟练程度存在差异。这些水平等级通过解释与考生表现出的素质相关的考试结果,将CLA+分数置于真实语境中。CLA+掌握水平根据CAE判断,分为基本以下、基本、熟练、精通和进阶五个程度。每一个掌握水平都对应于批判性思维和书面交流技能的具体证据。通过证据对应,可以明确学生能力的水平,而后对应水平赋分,计算出CLA+分数。

表 3-2　学生精通程度[①]

精通程度	介绍
基本以下	该类学生不符合基本掌握水平的最低要求
基本	1.学生应能证明自己至少阅读了资料,对细节进行了合理的分析,并能以读者能理解的方式进行交流。学生也应该对证据的质量做出了一些判断; 2.学生也要知道相关性和因果性的区别。他们应能够阅读和解释条形图,但不一定是散点图或理解回归分析。对于基础水平的学生来说,表格可能难以理解
熟练	1.学生应能提取文件中的主要证据,并对任务进行连贯论证和分析。能够区分文件中证据的质量,并在提供证据的情况下,在结论中表达适当的定性程度。此外,学生应能够提出额外的研究建议和/或考虑周全的反驳意见。写作中的小错误需要严格评定; 2.学生能够正确识别逻辑谬误,准确解读定量证据,辨别证据有效性及目的。有能力确定一个论点的真实性和有效性。最后,学生应该能够知道图形或图表何时适用于参数

[①]　CAE. Sample CLA+ Institutional Report[EB/OL]. [2020-02-09]. Council for Aid to Education.

续表

精通程度	介绍
精通	1.学生应能分析文件中提供的信息,提取相关证据,并做出正确推断。能够识别偏见,评估来源可信度,并提出一个独创性和独立论点。适当的时候,学生将确定是否需额外研究或进一步调查。他们会反驳一些,但不是反驳所有,并利用信息来支持论点。也有能力正确识别逻辑谬误,准确解释和分析定性和定量证据,并将这些信息纳入论点。学生将能够正确识别虚假声明和其他无效信息来源,并将这些信息整合到他们的回答中; 2.学生的回答连贯且有逻辑。在写作的流畅性和机制性方面,可能会出现一些不常见或轻微的错误,但不影响读者对文章的理解
进阶	1.学生表现出一致性、完整性,并在回答中表现出对英语的掌握。其复杂程度在处于精通或基本水平上的学生的回答中是看不到的。高水平学生创造和综合所提供的证据,善于处理歧义,能够构造自己的思想,理解因果关系,添加新的观点,引入新的概念,以便创造或寻求新的证据。他们考虑具体情况和细微差别,通过提出有条件的结论来表达更好的观点和警告; 2.学生表现出创造力和综合性,同时理解文档中的细节。例如,高水平学生能够综合多个文档中的信息,并解决所呈现数据中的歧义,例如离群值,以及知道样本大小如何影响结果。高水平学生还能够识别和突显逻辑和推理方面的差距

第二,除了总分,还分六个子核心报告 CLA+分数。测试中以论文为基础的部分在分析和解决问题、写作有效性和写作机制三个技能方面给分。根据学生书面回答的关键特征,获得每个技能类别的标准参考子核心。选择型问题分为科学和定量推理、批判性阅读和评价以及评论论点三个方面。这些子核心是根据学生提供的正确回答的数量来评分的。

PT 和 SRQ 分数表示完成每个部分测试的所有学生的平均成绩。通过添加分析和问题解决、写作有效性和写作机制三个原始子核心,并使用通用量表转换总和,计算 PT 平均得分。SRQ 的平均分通过添加科学和定量推理、批判性阅读和评估以及评论论点三个原始子核心来计算。

为了得出 CLA+总分,CAE 将 SRQ 和 PT 二级指标分数转换为一个通用测量量表。这个过程组合了不同评估任务的分数值,并计算每个 CLA+部分的平均量表分数。这个过程还可以根据两个部分的表现计算考试的总平均分。每个 PT 的三个原始子核心生成原始 PT 分数。因为有些分数计算更复杂,所以原始分数部分会转换成一个通用的测量量表。转换产生的量表分数在不同的表现型任务和测试形式中保持可比性。因此,无论学生接受的任务是什么,CLA+量表分数都会显示相同尺度的百分比排名。[1]

CAE 在将 PT 原始分数转换为量表分数时使用"层次线性模型"(Hierarchical Linear Model,HLM)[2]。这一过程为参与 CLA+评估的新生创建了一个量表分数分布,其平均值和标准差与他们的 SAT 中数学和批判性阅读(或转换后的 ACT)综合分数相同。这一转变是根据 2013 年秋季 CLA+测评的大学新生的数据来定义的。这种转换保留了原始分数分布的范畴,并保留了学生的相对排名。例如,PT 原始分数最高的学生也将具有该任务的最高等级分数;原始分数次高的学生将被分配下一个最高等级分数,依此类推。这种转换确保非常高的 PT 原始分数大约对应于 2013 年秋季大学新生测试所获得的最高 SAT(或转换的 ACT)得分。类似地,一个很低的 PT 原始分数将被分配一个接近于 2013 年秋季大学新生测试所获得的最低 SAT(或转换的 ACT)得分。在极少数情况下,当学生获得特别高或低的原始 PT 分数时,他们的量表分数可能会超出正常 SAT 数学和批判性阅读分数 400~1 600 分。

SRQ 三类问题集测量应有三个技能类别。根据学生正确回答的数量确定原始子核心。这些原始子核心题目数量相同。根据问题集的难度调整子核心,以便子核心在所有问题集中具有相同的平均值和标准差,以便跨测试表单比较。根据 2013 年秋季参加 CLA+的新生的数据,CAE 使用线性变换,将相等的子核心转换为平均值为 500、标准差为 100 的更具解释性的量表。转换产生 SRQ 子分数,范围大约从 200 到 800,类似于 SAT 的不同子核心部分。随后使用与 PT 相同的缩放参数,再次转换 SRQ 子核心的加权平均值。与 PT 一样,这个过程为 CLA+新生创建了一个量表分数分布,其平均值和标准差与他们的 SAT 数学和批判性阅读(或转换后的 ACT)综合分数相同。通用参数的应用将 PT 和 SRQ 两部分分数放在同一个量表上。最后,在两部分得分的平均值基础上计算 CLA+总分。

第三,高校报告包含效应大小和增值得分两种增长估计。效应大小表征了不同类别的增长量,并以标准差为单位报告。通过高年级班级的平均分数减去新生班级的平均分数,再除以新生分数的标准差计算出效应大小。增值分数提供了相对于其他参与 CLA+评估学校的增长估计。以标准差报告的机构增值分数表示观察到的高年级学生平均 CLA+分数达到、超过或低于由两个因素确定的期望值的程度:高年级学生父母获得的教育水平和学校新生的平均 CLA+成绩。第一个变量是

---

[1] CAE. CLA Plus Technical FAQs[EB/OL]. [2020-02-21]. Council for Aid to Education.

[2] HLM 强调要从整体角度考虑不同层次的数据变化,如在研究教育政策或措施在学校教育上产生的效益时,就要注意到不同"地区"、不同"学校"的条件差异。

所有人口统计学变量中的基础变量,在之前的 CAE 研究中已经显示出与学术成果密切相关,而第二个变量是该校学生学业能力的基准变量。

效应度表明了各个类别之间明显的增长量,需要把学生大一的表现和大二、大三、大四的表现联系起来。需要注意的是,这些统计数据是根据学生参加 CLA+测试而获取的,没有考虑到学校其他学生的表现。效应度通过比较效果大小,可以衡量学生随时间变化的能力增长,同时可以分析所在机构的教学模式是否有效。

CLA+在计算增值分数时,采用层次线性模型统计出"Z 分数"。此方法产生的增值分数表明观察到的某所学校的 CLA+平均分数达到、超过或低于由两个因素确定的期望值的程度:父母受教育程度和大学新生的平均 CLA+成绩。增值得分按标准化的评分表和指定的绩效水平进行评分。这些分数即"Z 分数",它们将表现出来的平均值或期望值关联起来(如表 3-3)。

表 3-3　增值得分与期望值对应表[1]

Z 分数(增值得分)	期望值
大于+2.00	远高于预期
+2.00 至+1.00	高于预期
+1.00 至−1.00	接近预期
−1.00 至−2.00	低于预期
小于−2.00	远低于预期

增值得分的计算还需置信区间评估,显示预估精度的情况。置信区间是一种常用的区间估计方法,所谓置信区间就是分别以统计量的置信上限和置信下限为界构成的区间。置信区间是在预先确定好的显著性水平下计算出来的,显著性水平通常称为 α,对于一组给定的样本数据,大多数情况下会将 α 设为 0.05。置信度为(1−α),或者 100×(1−α)%。因此,如果 α=0.05,那么置信度则是 0.95 或 95%,后一种表示方式更为常用。[2] 增值得分是对未知量的估计,即基于报告信息的"最佳猜测"。鉴于其固有的不确定性,必须根据有关其精度的现有信息来解释这些估计。使用分层线性模型的增值估计提供了标准误差,可用于计算每个学校唯一的 95%的置信度。标准误差反映了学校内部和学校之间的父母受教育程度和 CLA+分数的差异,并且与高年级学生样本量的关系最为密切。测试较大样本的学校会

① CAE. Sample CLA+ Institutional Report[EB/OL]. [2020-02-24]. Council for Aid to Education.
② 萨拉·博斯劳.统计学及其应用[M]. 孙怡帆,等,译.北京:机械工业出版社,2016.

得到较小的标准误差和相应的95%置信度,因此能获得更精确的增值估计。

需要说明的是,高增值分数并不一定表示CLA+的绝对性能很高。如果CLA+成绩绝对值较低的学校,相对于期望表现较好,仍可以获得较高的增值分数。同样地,具有高绝对CLA+成绩的学校可能会因为相对于期望表现不佳而获得低增值分数。重要的是,虽然技术上可以接受在控制学生特征后将增值分数解释为相对于其他CLA+学校的比较意义,但这种方法并不可取,因为它可能鼓励不同机构之间的错误比较。

例如,一个增值得分为0.64的学校,如果该校的高年级样本量为100,学校的标准差则为0.34,因此,这所学校的95%置信区间为−0.03~1.31,计算方法为:0.64±(1.96×0.34),符合公式:置信区间=样本均值±n×标准差(其中,当求取90%置信区间时$n=1.645$;当求取95%置信区间时,$n=1.96$;当求取99%置信区间时,$n=2.576$)。如果这所学校只对一半的学生进行测试,那么置信区间会大得多。置信区间越窄,精度越高;置信区间越宽,精度越低。[1] 需要注意的是,无论样本大小或抽样方式,报告分析考虑了所有CLA+机构的结果。因此,在解释对应的结果时,如果测试了一个非常小的学生样本,或机构样本中的学生不代表较大的学生群体,该工具需要谨慎使用。

第四,百分位排名是对学生表现进行规范解释。该排名是以学生CLA+分数以及机构的增值分数展现的,表明该机构相对于其他参评机构的表现情况。百分位排名表示得分等于或小于自己机构的百分比。报告提供25%和75%的卡点分数,分别代表了25%和75%学生的分数值。例如,总CLA+的第25个百分位分数为974,说明学生中有25%的人的得分不超过974。同样,75%的卡点分数1 096表明75%的学生是1 096分或更少于此分数。25%和75%的分数之间的值体现出50%的学生的分数,同时显示50%的学生的总CLA+分数为974~1 096,该报告也包括平均分的百分位排名,通过以上这些信息可以得到平均分低于某机构的百分比。[2] 从本质上讲,这些统计数据是根据某机构的管理端测试计算的。因此,百分位排名并不总是可用的,因为它们取决于机构样本的特征。

(三)CLA+增值得分计算方法

1.CLA+宏观模型构建

计算回归模型的构建需要系统的分析与科学的参数,以形成较为准确有效的

---

① CAE. Sample CLA+ Institutional Report[EB/OL]. [2020-02-20]. Council for Aid to Education.
② CAE. CLA Plus Technical FAQs[EB/OL]. [2020-01-28]. Council for Aid to Education.

模型公式。CLA+测试分类模型构建需要对宏观模型的统计规范和预估参数(同时包括预估参数在学生增值分数及学校增值分数计算中的应用)等方面进行探究。

第一,统计规范。即用一定的代号代表统计过程中所出现的各种变量,同时,通过对对应变量的界定性解释,明确变量的范畴及所指,这是统计的开端,也是统计的基石。CLA+增值模型的统计规范从两个方面列出:学生层面和学校(机构)层面(如表 3-4 和表 3-5)。

表 3-4　学生层面模型统计规范

公式	$CLA_{ij} = \beta_{0j} + \beta_{1j}(EDU_{ij} - \overline{EDU_j}) + r_{ij}$
CLA_{ij}	j 学校的学生 i 的预期 CLA+分数
EDU_{ij}	j 学校的学生 i 的父母教育水平
$\overline{EDU_j}$	j 学校所有高年级学生父母教育水平平均值
β_{0j}	学生层面的截距(也就是,j 学校的平均 CLA+得分)
β_{1j}	j 学校的父母教育水平的回归系数
r_{ij}	j 学校的高年级学生 i 的残差(是指实际观察值与估计值"拟合值"之间的差),其中残差值符合期望值为 0,方差为 σ^2 的正态分布,即 $r_{ij} \sim N(0, \sigma^2)$,$\sigma^2$ 是学生水平残差的方差(控制父母教育水平变量后 CLA+得分的校内方差)

表 3-5　学校层面模型统计规范

公式	$\beta_{0j} = \gamma_{00} + \gamma_{01}(\overline{fCLA_j}) + \gamma_{02}(\overline{EDU_j}) + u_j$
$\overline{EDU_j}$	j 学校的父母教育水平的平均值
$\overline{fCLA_j}$	j 学校的新生平均 CLA+得分
β_{0j}	j 学校的平均 CLA+得分
γ_{00}	学校层面的截距
γ_{01}	学校层面新生平均 CLA+分数的回归系数
γ_{02}	学校层面高年级学生父母平均教育水平的回归系数
u_j	j 学校的残差(也就是非标准化的增值分数),其中残差值符合期望值为 $\begin{bmatrix} 0 \\ 0 \end{bmatrix}$,方差为 $\begin{bmatrix} \tau_{00} & 0 \\ 0 & 0 \end{bmatrix}$ 的正态分布,即 $u_j \sim N\left(\begin{bmatrix} 0 \\ 0 \end{bmatrix}, \begin{bmatrix} \tau_{00} & 0 \\ 0 & 0 \end{bmatrix}\right)$,其中 τ_{00} 是学校残差的方差

第二,预估参数。表 3-6 显示了 CLA+增值模型的预估参数。该参数是 CAE 在测试试验中及大量反馈数据统计后得出的。使用这些参数,加上 CLA+增值分数计算的说明或统计模型,将能够计算出高校的预期高年级 CLA+分数。结合观察到的高年级学生的平均分数,可以计算出高校的增值分数。使用这些值,还可以对具有纵向数据的学生组执行子组分析或进行增值估计。

表 3-6　增值模型的预估参数[1]

	γ_{00}	γ_{10}	γ_{01}	γ_{02}	标准差
CLA+总分	236.25	6.28	0.44	28.81	43.56
PT	207.63	5.56	0.41	31.82	52.50
SRQ	265.88	6.82	0.45	26.43	43.71

此外,要计算学生的增值分数,需要新生和毕业生家长的教育水平和 CLA+成绩的样本和增值模型的估计参数。通过参考 CLA+学生数据文件来确定所需要的子组样本。该子组必须包含具有 CLA+分数的新生和具有父母教育水平分数和 CLA+分数的高年级学生信息。使用 CLA+学生数据文件,可通过样本中高年级学生(毕业生)的平均父母教育水平(见表 3-7)、样本中新生(入学学生)的平均CLA+分数和样本中高年级学生(毕业生)的平均 CLA+分数,使用上表中的预估参数计算高年级学生样本的期望平均 CLA+分数。

表 3-7　家长教育水平记录表[2]

教育水平	旧值	新值
高中以下	1	10
高中或同等	2	12
非本科大学	3	14
本科或同等	4	16
研究生	5	18
未知/NA	6	NA

需要注意的是,通过选择适当的参数值并将其代入公式,则同样的公式可以被用于计算每个 CLA+单独部分分数和总 CLA+分数。公式为:

---

① CAE. Sample CLA+ Institutional Report[EB/OL]. [2020-02-10]. Council for Aid to Education.
② CAE. CLA Plus Technical FAQs[EB/OL]. [2020-02-25]. Council for Aid to Education.

期望值＝ $\gamma_{00}+\gamma_{01}*$（新生平均 CLA+分数）+ $\gamma_{02}*$（高年级平均父母教育水平）

使用预期分数计算未标准化的增值分数公式为：

非标准化增值分数＝观察到的高年级平均分数−期望的高年级平均分数

将未标准化的增值分数转换为标准化的增值分数公式为：

$$标准化的增值分数=\frac{非标准化的增值分数}{标准差}[1]$$

若要在计算学校的增值分数时使用家长教育水平信息,则必须将每个学生的家长教育分数从"旧值"列转换为"新值"列,然后取结果值的平均值。省略没有有效分数的学生。

2.学生层面增值得分计算建模

在确定学生层面的增值分数时,使用如下等式来模拟高年级学生的父母教育水平与其 CLA+分数之间的关系：

$$CLA_{ij}=\overline{CLA_j}+6.28(EDU_{ij}-\overline{EDU_j})+r_{ij}$$

其中,CLA_{ij}表示 j 学校中某一学生 i 的预期 CLA+分数。这个值被建模为两个变量的函数：①学校 j 的平均 CLA+分数（$\overline{CLA_j}$）和②学生 i 的父母教育水平分数（EDU_{ij}）减去 j 学校所有参与学生的平均父母教育水平分数（$\overline{EDU_j}$）。方程的最后一个组成部分是单个项 r,它相当于观察到的高年级学生与预期的 CLA+成绩之间的差。在这个方程中,学生家长教育水平的回归系数为 6.28,表明家长教育水平每增加 1 年,学生的 CLA+成绩就会增加 6.28 个百分点。[2]

为了说明这个公式在计算学生期望的 CLA+分数时的应用,假设一个高年级学生 CLA+平均分数为 1 050,父母教育水平平均为 12 年的学校教育。如果该校一名高年级学生的父母毕业于本科或其他四年制同等学历院校,则该生的预期 CLA+分数为 1 050+6.28×（16−12）+0＝1 075。对于单个项 r_{ij},0 表示实际分数与预期分数之间没有差值,正数表示"优于预期"的成绩,负数表示"比预期的表现差"。对于任何给定的学生,平均残差总是期望等于 0。所以,如果这个学生 CLA+的实际分数是 1 100,那么残差 r_{ij}将是 25 而不是 0,因为这个学生的分数本应该比以他父母的教育程度所预期的得分高出 25 分。

3.学校层面增值得分计算建模

采用层次线性模型（HLM）,利用以下公式计算出学校层面的附加值得分：

① CAE. CLA Plus Technical FAQs[EB/OL].［2020-02-21］. Council for Aid to Education.
② CAE. Sample CLA+ Institutional Report［EB/OL］.［2020-02-25］. Council for Aid to Education.

$$\overline{CLA_j} = 236.25 + 0.44(\overline{fCLA_j}) + 28.81(\overline{EDU_j}) + u_j$$

其中,$\overline{CLA_j}$代表 j 学校的平均高年级 CLA+成绩,$\overline{fCLA_j}$代表 j 学校的平均新生 CLA+成绩,$\overline{EDU_j}$代表在 j 学校的学生中父母的平均教育水平,u_j是学校层面的单个项,它是学校的非标准增值分数,更具体地说,u_j是学校观察到的和期望的平均高年级 CLA+成绩之间的差异。236.25 是方程的截距。回归系数 0.44 表明该校新生平均分数每增加 1 分,平均高年级课程成绩 CLA+分数的预期增长 0.44。28.81 表示该校家长教育水平每增加一年,平均高年级学生成绩的预期增长 28.81。使用大一学生的 CLA+分数作为预测高年级学生 CLA+平均分数的指标,对于建立每所学校的成绩"基线"至关重要。此外,大量研究表明,社会人口学变量与教育和学术成果密切相关。在方程中,使用父母教育水平作为这些类型变量的代表。家长教育水平已经被证明对学生学习成果有重要影响,而不仅仅是作为一个代表,因此它在这些等式中的作用是非常有价值的。[①]

以一所新生平均 CLA+分数为 1 000 分、父母教育水平平均为 12 年的学校为例,根据学校层面的方程式,可以预期该校平均高年级学生的 CLA+成绩为:236.25+(0.44×1 000)+(28.81×12)+0 = 1 022。然而,如果观察到的平均高年级学生的 CLA+表现实际上是 1 050,那么观察到的和预期的高年级学生的 CLA+表现在这所学校的差异将是+28 分。若经过 SPSS 等统计软件将 HLM 转换成标准量表,那么这所学校的增值分数将为 0.64,表示该学校处于"接近预期"的绩效水平。

为了进一步阐明增值分数的重要性及其正确解释,以一组参与 CLA+的学校为例,这些学校的学生在进入大学时具有相似的学业水平,并且在人口统计学上彼此相似。如果这一组中有一所学校的高年级学生的表现好于预期,而其他学校的高年级学生的表现在预期之内(即其他学校的增值分数接近 0),则可以推断出该学校在批判性思维和书面交流方面取得了更大的进步,也就是说,这所学校可能在四年的时间里为学生的教育经验增加了更多的价值。

(四)CLA+评估指标得分计算方法

CLA+在 CLA 指标的基础上,进行了范畴上的扩充,同时在指标计算和赋分上也采取了相对较为缜密的机制。此外,在指标选择上,CLA+测试指标主要偏向于高阶思维的评估。

---

① CAE. Sample CLA+ Institutional Report[EB/OL]. [2020-02-26]. Council for Aid to Education.

　　CLA+项目在评估形式上采取 PT 和 SRQ 两种任务类型,其评估高阶思维的微观指标分别为(见表 3-8):PT 评估分析与解决问题的能力(Analysis and Problem Solving,APS)、写作有效性(Writing Effectiveness,WE)和写作技巧(Writing Mechanics,WM);SRQ 评估科学定量推理(Scientific and Quantitative Reasoning, SQR)、批判性阅读及评价(Critical Reading and Evaluation, CRE)和论点评判(Critique and Argument,CA)。根据微观指标,CLA+开发机构建立了对应的评分方式及量表。

表 3-8　CLA+评估形式及测试指标

题型	数量	完成时间	形式	测试指标
技能型任务 PTs	1	60 分钟	写作	分析与解决问题的能力、写作有效性、写作技巧
选择型任务 SRQ	25	30 分钟	选择题	科学定量推理(10 个问题)、批判性阅读及评价(10 个问题)、论点评判(5 个问题)

　　PT 的 APS、WE 和 WM 三个子核心的评分量表分别见表 3-9、表 3-10 表 3-11。[①] 每个子核心的得分范围为 1~6,其中 1 是最低的性能级别,6 是最高的性能级别,每个得分都与特定的属性描述相对应。空白或完全与主题无关的回答都将从结果中删除,并且不会得到分数。其中,APS 测量学生做出逻辑决定或结论(或采取立场)的能力,并用文档库中的相关信息(事实、想法、计算值或显著特征)支持这种能力。WE 评估学生构建和组织逻辑衔接性论点的能力,这是通过阐述事实或观点来增强作者的立场实现的。WM 根据标准书面英语(语法规则、时态、大小写、标点和拼写)和英语语言标准(包括句法/句子结构和词汇)的惯例来评估学生的能力。

表 3-9　APS 的评分量表

1	①陈述或表明某种结论/立场; ②提供较少的分析作为支持(如,只是粗略处理文档中的一个观点)或分析完全不准确、不合逻辑、不可靠或与立场无关
2	①陈述或表明某种结论/立场; ②提供一些分析推理作为支持,其中一些不准确、不合逻辑、不可靠或与立场无关

---

① CAE. CLA Plus Scoring Rubric[EB/OL].[2020-02-07]. Council for Aid to Education.

续表

3	①陈述或表明某种结论/立场; ②提供一些有效的支持,但忽略或歪曲了关键信息,仅展示了对材料的表面分析和部分理解; ③不能解释相互矛盾的信息
4	①表明明确的决定/结论/立场; ②提供有效的支持,通过处理多个相关和可靠信息显示对文档充分的分析和理解;忽略某些信息; ③可尝试解决相互矛盾的信息或选择性的决定/结论/立场
5	①表明明确的决定/立场; ②提供强有力的支持,通过处理大量相关和可靠的信息以展示对文档良好的分析和理解; ③驳斥相互矛盾的信息或选择性的决定/结论/立场
6	①表明明确的决定/结论/立场; ②提供全面的支持,包括几乎所有相关和可靠的信息,以展示对文档出色的分析和理解; ③彻底驳斥相互矛盾的证据或选择性的结论/立场(如适用的话)

表 3-10　WE 的评分量表

1	①不能形成令人信服的论据;写作可能杂乱无章,令人困惑; ②不能提供对事实或想法的详细说明
2	①提供有限、无效、过度陈述或含混不清的论点;可能以无序的方式提供信息或推倒自己的观点; ②对事实或观点的阐述往往是模糊的、不相关的、不准确的或不可靠的(例如,完全基于作者的观点);信息来源往往不清楚
3	①提供有限的或不甚清楚的论据。在每个回答中显示相关信息,但不能将这些信息融合到论点中; ②提供一些事实或想法的详细说明,其中一些是有效的;信息来源有时不清楚
4	①可清晰有逻辑地表达自己的论点,但不够明显; ②多次提供对事实或想法有效的阐述,并引用来源
5	①逻辑清晰地组织答案,使得论点可被十分容易地识别; ②提供与每个论点相关的事实或观点的有效阐述,并引用来源
6	①逻辑清晰地组织答案,使得论点可被极其容易地识别; ②提供与每个论点相关的事实或观点并进行有效和全面的阐述,清楚地引用来源

表 3-11　WM 的评分量表

1	①较少注意语法规则,有许多错误,使写作难以阅读或提供不充分的证据来判断; ②写重复或不完整的句子,有些难以理解; ③使用简单的词汇,有些词汇使用得不准确或不清楚
2	①对语法规则的掌握较差,经常出现小错误和一些严重的错误; ②能连贯地写出结构和长度相似的句子,有些句子可能难以理解; ③使用简单的词汇,有些词汇可能用得不准确,或用得不清楚
3	①对语法规则能较好地把控,经常出现小错误; ②写出可流畅阅读但结构和长度相似的句子; ③使用能够充分传达思想但缺乏多样性的词汇
4	①能很好地运用语法规则,很少出错; ②用不同的结构和长度写出结构良好的句子; ③使用能清楚地传达想法但缺乏多样性的词汇
5	①很好地运用了语法规则; ②写出结构完整和长度不同的结构良好的句子; ③使用多样性、有时是高级的词汇,客观地传达思想
6	①显示出对语法规则较娴熟地运用; ②写出结构完整和长度不同的结构良好的复句; ③显示熟练精确使用高级和多样的词汇

SRQ 的 SQR、CRE 和 CA 三个子核心根据正确回答问题的数量进行评分,分数根据所得到的特定问题集的难度进行调整。SQR 和 CRE 的得分为 0~10(一题一分),CA 的得分为 0~5(一题一分)。

三、CLA+与 HEIghten 的比较

HEIghten 即"学习成果评估套件加强版"①（the HEIghten® Outcomes Assessment Suite,简称 HEIghten），是 ETS 于 2014 年开发实施的一项全面的学习成果评估工具,可独立使用或与其他评估工具配合使用评估学生学习成效,证明机构的通识教育计划的有效性,与 CLA+评估大学生学习成果有类似之处。

（一）选择 HEIghten 与 CLA+对比的原因

HEIghten 以计算机为依托提供有效可靠的数据来进行模块化评估,评估结果可用于促进教师教学,并展示教师在课堂上的影响效果。HEIghten 包括公民胜任力与公民参与、批判性思维、跨文化能力与多样性、量化素养和书面交流五个评估模块。HEIghten 作为近年开发的大学生学习成果评估工具,总结了之前的评估经验,具有时代性、独特性、全面性等特征。这种创新的、模块化的、以计算机为依托的评估工具使高校能够更好地测量学生学习成果,展示学生在关键的普通教育领域所获得的技能水平的可靠证据,展示教育者给学生学习带来的价值,可与教师、认证机构、政策制定者、学生及其家庭和雇主共享信息,以便做出更明智的决策或选择。HEIghten 可以将学生的成绩在同类院校间进行对比,并评估随着时间的推移学生所取得的进步,有利于高校以学生学习成果为中心的教育教学改革的推进和学生学习效能的提升。

CLA+和 HEIghten 具有一定的可比性。二者皆是学生学习成果评估项目,评估对象一致;二者服务对象一致,皆以服务院校机构为主,以服务学生个体为辅;二者辅助工具一致,皆为智能化计算机辅助测评;二者的目标一致,皆以为学生、教师、学校、雇主、政府等提供有益的改进证据为重要目的。

（二）框架比较

1.测试对象

测试对象联系着测试目的及意义,选择合适的测试对象对测试起着关键作用。

---

① 由于 HEIghten 在国内暂时无专门研究,赵婷婷等称之为"HEIghten 学习成果测试组",为了便于理解本研究称之为"成果评估套件加强版",英文简称为 HEIghten。
引用文献:赵婷婷,杨翼.大学生学习成果评价:五种思维能力测试的对比分析[J].中国高教研究,2017（03）:7.

大学生学习评估的测试对象主要集中于以学生作为直接测试对象,间接反映出学校、家庭、社会等相关变量的影响。CLA+和HEIghten都是通过对学生多项能力的直接测试,给予高校有益的反馈,同时也提供学生个体成绩反馈。可以说CLA+和HEIghten的测试对象是学生群体,面向院校。最初的大学生学习成果测试主要将结果提供给高校及政府,随着学生中心的范式的发展,大部分大学生学习评估既在宏观上给政府和院校提供成效证据,也在微观上给学生个人或班级提供改进证据,服务对象更为全面。由于先前过分倾向于为院校服务,学生得不到参与的益处,致使学生投入度和积极性低,对测试结果产生了负面影响。对此,CLA+和HEIghten都将测试结果反馈分成针对学生个体和针对院校机构两个部分。

2.题目形式

题目形式包含着测试的机理。大学生学习评估测试呈现不同的题目形式,但主要还是两个类别的选择或综合。CLA+为主观任务型PT和客观选择SQR两类形式组合在一起进行测试。而HEIghten由于主要采用智能化计算机评估分数,大部分题型采取客观选择题,但所包括的选择题种类众多,涵盖单项选择题、多项选择题、选词填空题等形式,同时提问的角度与方式更多元化(详见表3-12)。

其中针对公民胜任力与参与能力有时长45分钟,共计80道客观选择题。一是针对公民胜任力的有30道客观选择题。所有问题都嵌入校园、当地社区、州、国家和国际层面的现实环境,包括各种地图、文本、图表和表格等形式。问题结合真实数据和假设情境来衡量公民技能。这些问题要求学生分析一系列情境,评估或选择正确的答案或行动方案。二是针对公民态度的有30道客观选择题。公民态度问题在各种与公民有关的假设情景中呈现,然后是参与情景的人的反应或引述。被测试者被要求在四分制表格中做出选择。学生通过这些校园和现实世界的假设情景表达公民态度。三是针对公民参与有20道客观选择题。本部分测试通过使用多项选择题、单项选择题和李克特(Likert)5分式量表来收集学生的公民参与信息。

针对批判性思维能力有时长45分钟,共计26道客观选择题,类型包括批判性思维的条件集和简短评论或段落的选择,以及适用于虚构情景的当前条件集的选择。

针对跨文化能力与文化多样性有时长45分钟,共计74道选择题或选择填空题。一是有40道李克特量表式选择题。应试者会看到简短的陈述,然后要求他们对每一份陈述的同意程度评分。二是有34道情境判断测试题,向应试者呈现一系列跨文化情景和与每个情景相关的问题。为了在跨文化环境中创造或维持积极的互动和人际关系,要求考生指出最佳或最恰当的回应。

针对量化素养能力有时长 45 分钟,共计 25 道题。题目类型包括单项选择、多项选择、数字输入、分数输入、表/网格属性选择(带有语句的表格,其中通过选中标记表中的单元格来选择正确的属性)等。这些问题的内容都嵌入了个人和日常生活、工作场景和社会等现实情景中。测试题要求考生运用数学知识解决真实情境中的问题。考生可以使用屏幕上的计算器。计算器支持加法、减法、乘法、除法、平方根、百分比等基本运算。

针对书面交流有时长 45 分钟,共计 13 道题,其中 12 道客观选择题和 1 道论文写作题。论文写作题要求撰写一份采纳或辩护某一立场的原始回复。

表 3-12　HEIghten 各指标测试形式

	测试时间	题目总数/个	客观选择题	主观题
公民胜任力与参与	45 分钟	80	单选或多选	无
批判性思维	45 分钟	26	单选或多选	无
跨文化能力与文化多样性	45 分钟	74	单选、多选,填空和正误判断	无
量化素养	45 分钟	25	单选或多选和表/网格属性选择	数字或分数填空
书面交流	45 分钟	13	12 个单选	1 个论文写作

观察 CLA+测试形式(表 3-13)可发现,CLA+和 HEIghten 都选择了主观结构式写作测试和客观选择性测试。但 CLA+测试题目数远远少于 HEIghten,尤其是客观选择题,这也在一定程度上提高了 HEIghten 的测试信度。二是二者针对主观题都引入了智能评分系统。在这方面,计算机评估 HEIghten 主观写作的信效度还需进一步验证,暂时没有官方数据支撑计算机评估 HEIghten 写作的信效度,而 CLA+的智能评分信效度明确,具有较强的科学性。CLA+测试时间大幅度低于 HEIghten,这会减少被试者的焦虑烦躁,一定程度上会对测试产生积极影响,有利于测试效度的提升。

表 3-13　CLA+测试形式

	测试时间	题目总数/个	客观选择题	主观题
分析与解决问题能力、写作 有效性、写作技巧	60 分钟	1	无	论文写作
科学定量推理		10		无
批判性阅读及评价	30 分钟	10	单选或多选	无
论点评判		5		无

3.测试形式

现行测试主要包括传统纸笔测试、智能化计算机测试以及计算机自适应测试三种形式。传统纸笔测试主要在早期使用,目前大型的统计测试评估项目几乎不再使用纸笔测试。目前智能化计算机测试使用频率较高,这种形式主要是利用计算机进行测试,CLA+和 HEIghten 皆采用这种测试形式,客观选择题和部分主观数字或分数填空题可由计算机自动评分,节约人力和时间成本。不同的是,CLA+给公众的机器评分信任度更明确,而 HEIghten 则由人工专家和 ETS 开发的自然语言处理系统电子评分引擎(E-rater Scoring Engine)同时评分,其机器评分信任度暂不明确。计算机自适应测试适应了智能化时代的需求,计算机系统会根据被试者的答题情况自动提供水平相当的题目直到测试出该被试者真实的能力水平为止。但这种测试形式技术要求较高,对于大样本学生群体测试熟悉度较低,强制采用可能会造成消极影响,目前只有研究生入学资格考试(Graduate Record Examination, GRE)等针对学生个体的测试中使用。

4.分数统计

大多数大型评估都是标准化测试,采用"原始分—等值—转为标准分"的评分流程。CLA+和 HEIghten 也采用类似的分数统计流程,所以二者的分数具有同样的意义,可互相比较。CLA+先以能力评估量表等级赋分而后转换,HEIghten 也采取了类似的能力量表(如表 3-14)进行赋分,不同的分数等级有对应的关于能力水平的描述。

表 3-14　HEIghten 写作交流能力赋分量表

6-能力杰出
6分的回答对于所持观点进行了强有力的论述,并十分精确地传达了观点的内涵。此类回答一般是:①阐明了提问所暗含的主张并有自己明确的立场;②通过具有说服力的理由或例子阐述立场;③全文一直保持中心明确、结构有序、逻辑清晰地阐述;④通过使用准确的词汇和句式变换流畅、准确地表达意思;⑤展现出标准的英语写作规则,但可能有小错误。
5-能力强劲
5分的回答展示出对观点的详尽思考,并清楚地传达内涵。此类回答一般是:①表达清晰、深思熟虑后的立场;②用逻辑明确的理由或例子支持立场;③围绕中心,结构组织良好;④使用合适的词汇和句式变换清晰地传达意思;⑤体现出标准的英语写作规则,但有小错误。
4-把握准确
4分的回答展示一定的观点论述能力,并相当清晰,有条理地传达内涵。此类回答一般是:①展示出清晰的立场;②用相关的理由或例子支持立场;③一定程度上做到围绕中心,语言组织得当;④使用较为可控的语言,较为清晰地传达意思;⑤大体上可以把握标准的英语写作规则,但有一些错误。
3-能力有限
3分的回答展示一定的观点论述能力,并可以传达内涵,但是有明显的漏洞。这一类的回答大体上会出现一个或多个以下特征:①展示出模糊或有限的立场;②用不太相关的理由或例子,或大部分依靠不具有支撑性的陈述支持立场;③扣题与语言组织表现欠佳;④遣词造句能力有限,无法清晰地表达意思;⑤在语法、惯用语或语言规则上偶尔出现大错误,经常出现小错误。
2-错误严重
2分的回答中,观点论述能力严重欠缺。该回答大体上会出现一个或多个以下特征:①立场表述不清晰或存在严重的问题;②用几乎不相关的理由或例子支持立场;③扣题和语言组织较差;④使用存在严重问题的语言或句子结构,致使经常干扰意思传达;⑤在语法、惯用语或语言规则上存在严重错误,经常影响理解。

续表

1-基础性错误
1 分的回答中,写作交流能力基本缺失。该回答大体上会出现一个或多个以下特征:①几乎无法阐述清晰的立场;②几乎找不到可以支撑立场的论据(语言表达组织乱、极其简短);③使用存在严重问题的语言或句子结构,持续地干扰意思的传达;④语法、惯用语或语言规则存在很多错误,以至于语言表达不具有连贯性。
0-失败
①脱离主题;②用其他外语写作;③只是复制了主题;④只包含难以辨认的非语言字符或空白答卷。

* 每篇文章会得到人工评判和计算机评判的两个分数

此外,二者皆以增值分数体现关于教育成效与教育质量的反馈。通过新生入学时的测试分数与毕业生分数的比较阐释教学目标的完成度、教学方式和课程内容的有效性、学生学习的投入度等,可为学生、教师、院校、政府提供有效的证据。

(三)内容对比

内容是测评的核心,指向测什么、评估什么、要求学生学什么和需要院校和政府关注什么,是测评的表征意义。对 CLA+和 HEIghten 的评估内容进行对比,可为新建立模型的评估内容提供层级、范畴、内涵的指向。CLA+和 HEIghten 二者皆为对大学生学习成果高阶思维能力的测评,二者的理论来源为"新布鲁姆目标层级"模型。[①]

"新布鲁姆目标层级"模型将原始布鲁姆目标分类模型中的"知识(Knowledge)、理解(Comprehension)、应用(Application)、分析(Analysis)、综合(Synthesis)、评价(Evaluation)"这六个层级进行了改进,调整为"记忆(Remembering)、理解(Understanding)、应用(Applying)、分析(Analysing)、评价(Evaluating)、创造(Creating)"。新旧表述看似差异不大,但英文表述由名词改为动词的现在分词,强调主体行动而不是原来的强调状态;同时将最高级的"评价"降级,用"创造"取而代之,体现出更高的要求;用"记忆"代替最低级的"知识",扩宽了内涵范畴。在新目标层级下,HEIghten 的指标描述更加详尽,清晰地将每一指标对应于"新布鲁姆目标层级"的子类别。其指标描述为:

---

① APU. Bloom's Taxonomy Action Verbs[EB/OL]. [2020-02-17]. Azusa Pacific University.

公民胜任力与公民参与包括公民胜任力、公民态度和公民参与。公民胜任力又包括公民知识和公民技能。公民知识即对各种情况的事实性、概念性和原则性（如民主进程、政府结构、投票）的知识；公民技能即分析和参与技能。公民态度包括公民效能和民主规范及价值观。公民效能指能够理解和影响政府和政治事务；民主规范和价值观即对民主和多样化的社会基本原则的信仰，以及采取公民行动的责任感。

批判性思维包括分析技能和综合技能。分析技能包括：评估证据及使用证据，含评估证据本身，并根据其背景，与论据的相关性、来源的适当性、存在偏见的可能性以及证据对论据中的主张的支持程度进行评估；分析和评估论据，包括理解或评估独立于所提供证据的论据结构，如确定已陈述和未陈述的前提、结论和中间步骤；理解议论文语言与识别语言线索；区分有效参数和无效参数，包括识别无效参数中可能存在的结构缺陷（例如推理中的"漏洞"）。综合技能包括：了解影响和后果，包括确定超出原始论点的未声明的结论或后果；提出有效的论点（即表现出良好的推理能力）和合理的论点。

跨文化交际与多样性包括方法、分析和行动三个维度。方法维度着眼于个体看待和回应跨文化互动的整体积极性；分析维度衡量的是考生在没有先入为主的判断和刻板思维偏见的情况下，接受、评价和综合相关信息的能力；行动维度包括由分析阶段决定的行为，评估个体在潜在挑战和压力的情境中保持镇定的同时，将思想转化为行动的能力。

量化素养要求学生使用以下解决问题的技能解决应用数学问题，包括解释信息，战略评估和推理，通过映射、解释和建模捕捉变量之间的关系，操作数学表达式和计算量，以各种形式交流数学思想。量化素养评估涉及四个主要的数学领域：数量和操作、代数、几何与测量、概率统计。

书面沟通评估涉及四个方面：①社会和虚拟情境中的知识，即为特定目的、任务、语境和受众改编或识别写作，熟知不同的文体规则。②概念策略知识，即整合原文本的信息以支持观点，通过适当的引用，使用摘要、释义和引文准确地表达原文本的意思；利用充分的理由、例子和证据发展思想观点；以有组织有逻辑和连贯的顺序提出观点，使复杂的观点清晰易懂；遵守特定学科的惯例。③语言使用和惯例知识，即运用恰当的词、句型、语调、风格，结合上下文、写作目的和体裁，写出表述清晰的文本；在语法、语用、语言机制、句法和拼写方面相对无错误的文本；展示出流畅的论文写作所需的基本技能。④写作过程知识，即展示写作过程的策略知识，包括写作前、起草、审查、修订和编辑。

表 3-15　CLA+和 HEIghten 测试内容对应的布鲁姆学习目标分类

	测试内容	记忆	理解	应用	分析	评判	创造
CLA+	分析与问题解决		√	√	√	√	
	写作有效性		√		√	√	
	写作机制	√	√	√			
	科学和定量推理	√	√	√	√	√	
	批判性阅读和评价		√	√	√	√	√
	批判性论点		√	√	√	√	
HEIghten	公民胜任力与公民参与	√	√	√	√	√	
	批判性思维		√	√	√	√	√
	跨文化交际与多样性		√	√	√	√	
	量化素养	√	√	√	√	√	
	书面交流	√	√	√	√	√	

　　CLA+和 HEIghten 测试内容指标对应的布鲁姆学习目标分类见表 3-15。从表中可以发现,CLA+和 HEIghten 各项指标集中于测试"理解""应用""分析"和"判价"四项技能,而对于最基础的"记忆"能力和最高阶的"创造"能力的评估相对较少。CLA+和 HEIghten 的测试广度上,除去相对低阶的、不是测试重心的"记忆"能力测试,CLA+在广度上,尤其是创造力测试方面相对突出,HEIghten 则主要集中在测试"理解""应用""分析"和"判价"四项能力上,对高阶思维"创造"能力的关注较少。

四、经验与启示

　　CLA 项目由 CAE 官方开发实施,十年间又升级改造为 CLA+,在学习成果评估相对走向成熟的 21 世纪的美国得到了政府及高校的认可,现已占据同源评估项目的领头地位,具有较大的影响。随着其不断发展和名声远扬,"CLA+国际"(CLA+International)也在全球陆续开展,我国香港地区的部分高校已经借鉴实施。CLA+项目的相对成功,离不开社会、经济、教育等时代背景的加持,离不开 CAE 管理者的严谨和付出,也离不开 CLA+自身的一些优点。

　　一是自省性,即自我改进与调整机制。CLA 实施后对美国高等教育评估产生了重要影响,参与评估院校众多,形势大好,但 CAE 并没有沉溺于 CLA 成功的光环,而是在 CLA 成功实践的基础上,历经十年左右的时间,将其改造升级为 CLA+,以更有效、更准确的姿态迎接新的挑战。同时,在 2019 年秋及 2020 年春上线的"CLA+国际"也是对 CLA+的自我改进、调整与扩展。由此可以看到,CLA+的成功离不开背后的 CAE 的主动性、进取性和自省。既能看到成功,也能意识到不足,并愿意以最快、最有效的方式进行调整,这是 CAE 在发展 CLA 方面的难能可贵之处,这也是 CLA+在 HEIghten 出现后依然保持影响力的重要原因。

二是合理性,即测试形式、内容和计算模型比较准确。科学性对于一项系统性测试尤为重要。相对先进科学的理论催生出相对准确有效的结果,CLA+在这方面的表现较突出。在测试形式上,主观论述题结合客观选择题,结构式与直接式题型相结合,提高了测试信效度,使测试结果更为准确。在题目数量上,主观题是一道材料综合论述,数量少但能考查学生的能力范围较广。客观题数量适中,考查能力分布均衡。在测试内容上,虽然不及部分测试工具的广度大,但是在测试深度上较为准确地反映了高阶思维的本质,将其测试能力上升到了"创造力"的高度。在计算建模方面,CLA+以不同维度不同建模的系统性思路,对总体分数、子核心分数及增值分数进行较为理想和准确的计算,最后提供较为清晰的结果报告,同时在主观题评分中引入"智能化机器评分+人工评分"模式,是可贵的探索。

三是服务性,即以学生为中心为对方主体提供有益证据。在以学生为中心的"学"和"教"的教育理念的指导下,CLA+把握到了高等教育时代发展的脉搏,建立起以学生学习为中心的大学生学习成果评估测试模型,对学生学习成果进行直接测试,测试结果能为学生的"学"和教师群体的"教"的改进与提升提供有益的信息反馈。同时,测试结果又能为本院校、其他院校、政府、其他国家等主体的机构决策、改革举措、政策与法律的制定等提供有益支持。这种"一体多翼"的服务面向使 CLA+能拥有更好的需求基础,是其多方影响力的重要来源。

四是全球性,即扩宽视野范畴。CLA 在自身调整和提升相对较理想的情况上,并没有拘泥于本国的实践,而是以 CLA+为基础与 OECD 联合开发了"CLA+国际"项目。该项目以 CLA+的美国体系与流程为基础,针对不同参与国的语言情况进行一定的本土化调整并进行试测。"CLA+国际"的测评实施,可以对不同国家的大学生学习成果的情况进行比较,促进互相学习借鉴,谋求共同发展,这种国际视野和全球意识值得肯定。当然,与任何评估工具一样,CLA+项目有其适用的范围和不可避免的局限性:

(1)措施指向性局限,即缺乏明确的改进方案。CLA+在其多面向结果报告中,较为丰富地展示了逻辑性较强的数据、图表与相应描述,这是不可否定的优势,但在数字等表征背后,得到结果的对象主体应该如何以科学的措施改进,这在报告中并未提及。也就是说CLA+只负责了测试,并没有明确的改进方案,缺乏措施指向性。现代教育评估基本都遵循"输入—输出—改进"的流程,改进是评估流程的重要一环,是评估的归依。CLA+希望做自己最擅长的评估,而将评估工具的改进交给政府、院校及其教师和学生,这种思路有合理性,但改进基于评估,评估机构的专业指导和建议对于后续改进至关重要。因此,CLA+改进指导的缺失不能不说是一种缺憾。

（2）数据保密性局限,即评估报告是否公开的争论。评估数据的保密性一直备受争议。对于官方,若将全部数据免费提供给大众,这对提供资费参与评估的院校来说就失去了利益保障,也使评估研发者失去了知识产权与专利利益维护;同时,数据公开的范围也要一定程度上考虑参评院校和学生的合理的隐私诉求。而对于社会民众,评估的重要目的是服务于社会大众,而私密性评估结果不能达到服务社会、服务大众的目的,这会使评估失去社会意义。二者的利益诉求差异在一定程度上使CLA+在实践中无所适从。目前,CLA+更多考虑政府和院校的利益,暂未将评估报告公之于众。如何平衡不同主体的利益诉求,达到各方尽量满意的结局,既是CLA+项目实施面临的压力,也应是一种改革发展的方向。

（3）国际化本土适应性局限,即对他国国情、教情的差异性对待。CLA+的国际化开发虽然具有积极意义,但"CLA+国际"的实施主要还是以美国版本为基础,只在语言表述上进行了一定的调整。由于不同国家的国情、教情、学情等存在差异,"CLA+国际"面临本土化调整和适应的任务。目前"CLA+国际"的本土化适应进展较为缓慢。2019年底的第一轮测试及2020年春的第二轮测试尚未进行较为系统的总结分析,后续的国际化发展尚存在一定的不确定性。

我国大学生学习评估起步较晚。改革开放以来,我国高等教育评估早期主要集中在院校教学评估,其中包含部分学生学习投入评估,集中的学生学习评估较为罕见。经过数十年的发展,我国高等教育评估逐步由教学评估范式向教与学并重的二维评估范式过渡,学生学习评估得到发展。

教学评估范式下的大学生学习评估。20世纪90年代初至21世纪初我国高等教育实施的合格评估、优秀评估和随机性水平评估都不是专门的教学评估,虽然涉及教学,但并不重点关注教学。2003年至2008年实施的第一轮本科教学工作水平评估是我国首次实施专门的教学评估,但"学"及其成果的评估并不受重视,评估所依据的7个一级指标和19个二级指标中,只有一级指标"教学效果"的"基本理论与基本技能""毕业论文或毕业设计""思想道德修养""体育""就业"5个二级指标与学习成果相关。类似地,2011年开始实施的普通高等学校本科教学工作合格评估所依据的7个一级指标和20个二级指标中,也只有一级指标"教学质量"的"专业知识和能力""德育""体育美育""校内外评价""就业"5个二级指标与学生学习成果较相关。2013年开始实施的普通高等学校本科教学工作审核评估的6个审核项目包括了"学生发展"项目,"培养过程"项目中包含了"学生国内外交流学习情况"的审核要点,可见学生及学生学习越来越受重视。总体来说,作为院校评估的教学评估涉及学生学习,但并未给予学生学习及其成果评估直接和足够的重视。

　　大学生学习评估。我国目前针对大学生学习评估的项目(见表3-16)不多。主要的评估项目有6种,另外3种以地区性或试点测试为主。这些项目以汉化借鉴为主,借鉴性项目占比为80%,本土化自主研发项目只占20%,且适用范围较小,其中中山大学研发的项目只在该校实施。这些项目的主导者多为政府,社会性力量缺乏。大部分项目在内容上相对较为全面,前期在高阶思维评估上略显不足,后来引入 CLA+和 HEIghen 等评估项目,高阶思维评估得到加强。同时,现有项目以引入为主,缺乏对于国外的原创输出,缺乏国际性特征。

表3-16　国内主要的大学生学习评估工具

序号	发起者	时间	评估工具	借鉴工具
1	西安交通大学	2004	课堂学习环境与学生发展关系调查	数学学习经验量表、比格的学习过程问卷和澳大利亚 CEQ
2	北京大学	2006	全国高校教学质量与学生发展监测项目	美国 NSSE、CSS,日本 CRUMP
3	北京师范大学	2007	中国大学生就读经验问卷(CCSEQ)	美国 CSEQ
4	清华大学	2009	中国大学生学习与发展追踪调查(CCSS)	美国 NSSE
5	南京大学	2011	研究型大学学生学习参与调查(SERU)	美国 SERU(或 UCUES)
6	厦门大学	2011	中国大学生学习情况调查研究(NCSS)	自主研发
7	中山大学	2012	中山大学本科生学习情况调查	自主研发
8	中国香港 中国台湾	不详	大学生学习评估	美国 CLA
9	中国香港 中国台湾	不详	学习成果评估套件加强版	美国 HEIghten

　　总的来看,我国大学生学习评估已经取得了一定的进展与成效,在朝向国际

化、内涵式发展,但还存在成熟项目不多,种类不够丰富,适用性、原创性、信效度等都有待提升,对学生高阶思维的评估尚待加强,量化理论缺乏等问题。

发展创新学生学习评估是顺应新时代高等教育发展的要求。根据教育部发布的全国教育事业发展统计公报,2019 年我国高等教育毛入学率达 51.6%,意味着我国高等教育正式进入普及化阶段。2020 年因出现新型冠状病毒疫情,为缓解就业及其他考虑,国家决定适当扩招专升本及硕士研究生。同时,"双一流"建设、"双万计划""双高计划"等高等教育重大国家战略的实施,进一步凸显了国家对高等教育作为国家的战略重器的重视与厚望。在高等教育高质量内涵式发展中,学生学习的成效是高等教育提质增效的关键变量。建成高等教育强国,夯实教育这一实现"两个一百年"奋斗目标的基础,发挥好高等教育作为实现中华民族伟大复兴的中国梦的战略重器的独特价值,追根溯源,高等教育必须要回归学生、学习、学习成果的新"三中心"。学生学习成果评估正是实施新"三中心"的基础工具和手段。同时,在第四次工业革命的大背景下,以大数据、人工智能、云计算、物联网、区块链等为代表的新时代信息科技日新月异,智慧化时代必将对高等教育的教育教学产生深远影响,对教师所教和学生所学的评价必须也必将进行重大的调整。开发实施适应时代需求和要求的学生学习评估工具,是高等教育评估的重大使命。

应增强体系科学性。内容充实、形式丰富、媒介智能的体系科学性是学习评估的发展趋势。首先,我国评估工具的评估内容应做到兼顾。国外的评估工具,尤其是以 CLA+为代表的工具,对低阶思维的关注相对较少。我国应结合自身实际,在做好基础性思维能力评估的同时,加强对学生的批判性思维、创新创造力等高阶思维的评估。其次,我国评估项目开发要将直接性评估与结构性评估两种类型的测试题目相结合,其中低阶思维评估以信效度较高的客观选择题为主,在高阶思维部分以主观思维构建为主提供主观写作分析批判性试题,让学生在资料检索、分析、对比、综合中得出观点,创造解决办法。同时,在评估媒介上,我国目前测试的组织及评分基本以线下为主,部分高校陆续采取期末测试机考形式。未来的发展思路同样应当是统筹兼顾,采用"人工+智能"的模式进行测试和评分。

应增强评估合理性。在评估对象上,以学生为中心,主要测评学生各方面的学习成果,在"一体多翼"原则的指导下,使评估内容多维化,评估结果面向多元化,既面向学生个体、班级、年级,也面向教师、面向本校、其他学校,还面向教育主管部门等关联机构。在报告方面,要在我们习惯的质性研究的基础上,进行科学性量化研究,将评估指标进行量化转换,得到清晰的判断,这样既可以为本校提供较客观的评判,又可以与地区、全国甚至世界的不同高校进行比较,互学互鉴,更好地体现评估促进教育改进的价值。要适当增强评估信息的透明度。在必要的隐私保护前提下,向外界公开必要的评估信息,这既是教育公共问责的需要,也是高校自身改进办学的需要。在提供评估结果的同时,评估专家应给予参评高校一校一策的明确的改进建议,而不是完全抛给高校独自应对。在主体关系构建上,既要发挥政府的宏观指导作用,发挥高校的第一主体作用,也要适当引入第三方主体,以竞争促效率,以社会化监督提质量,构建均衡化的主体架构。最后,国际化是学生学习评估的必然趋势。我国高等教育评估界既要勇于"引进来"学习借鉴,也要勇于"走出去",敢于推广具有中国特色和意蕴的评估文化、评估制度和成熟的评估项目,促进我国高等教育评估更好地参与全球高等教育评估治理。

第四章 美国高校新生学习投入度调查分析

美国高校新生学习投入度调查（Beginning College Survey of Student Engagement，BCSSE）是由美国皮尤慈善信托基金会（Pew Charitable Trusts）发起，由全美高等教育管理中心、印第安纳大学高等教育研究中心和印第安纳大学调查研究中心三方合作管理的一项针对大学一年级新生、涉及高中学习经历和第一学年学习期待的投入度调查。BCSSE 自 2007 年在全美推行以来，对提升美国的高校教学质量、提升学生满意度、预防新生辍学等方面都卓有成效。

一、BCSSE 的概念发展

（一）学习投入概念起源

"学习投入"（student engagement）在国内是一个舶来概念，有译为"学生学习投入"的，有译为"学生学习性投入"的，也有译为"学生参与"的。不同的学者因不同的研究目的，对其赋予了不尽相同的解释。[①] 本书认为以学生为中心的深层解释是以学生的学习为中心。学生是学习的主体，是学习的主人，是学习的责任者，学习是学生所以成为学生的决定性维度。其次，"投入"体现了学生作为学习主体的主动性，而"参与"的主动性则次之。因此，本书采用"学习投入"概念。

学习投入在国外起源于 20 世纪 30 年代，20 世纪 30 年代至 60 年代是学习投入理论发展的初级阶段，从泰勒（Taylor）的"任务时间"理论到"努力成效""有效时间投入"，再到"行为、情感、认知"三个投入维度，学习投入的理论基础在 30 年间

---

① 王文.中国大学生学习投入的内涵变化和测量改进——来自"中国大学生学习与发展追踪调查"（CCSS）的探索[J].中国高教研究,2018(12):7.

不断丰富和发展,为后续学习投入的实证调查、量表开发奠定了基础。

"学习投入"概念的提出基于泰勒提出的"任务时间"理论。泰勒认为"学习投入"是一个"元构念"(meta construct),他将教育研究中的多种独立因素整理综合到一个概念中,整合出一个研究在校学生学习投入的动态思路。[①] 学习投入概念的产生背景是传统的"侧重学校的财政资源、教学设备、师资力量以及科研数量"[②]的高校评价方式受到质疑。"任务时间"理论的研究假设是学生投入的时间与学到的知识呈正比,学习时间越长,学习成绩越好,以量化学生学习时间的方式预测学习成果。该理论虽然仅停留在将时间投入与学习成果相关联的浅显层面,但是为学习成果的研究开启了一扇新的窗口,是一种新的高校教学质量评价思路。

到了 20 世纪 60 年代,佩斯(Pace)提出了"努力成效"(quality of effort)概念,在此基础上提出了"有效学习"理论。他以学生付出的努力的程度为依据,将学习投入的时间分为有效时间与无效时间,认为有效时间内的有效学习才是教育教学所追求的,无效时间内的无效学习是应当避免的。佩斯注意到不同学生即使付出相同的学习时间成本,也可能收获相去甚远的学习效果,所以单纯以时间投入的长短来衡量学生学习效果的思路并不全面。"有效学习"理论是在"任务时间"基础上的一次发展。同时代的学者除了关注学习的时间投入,还把目光聚焦在了"努力程度"上。1968 年,学者杰克森(Jackson)注意到学习投入不仅表现在学习上,还有更深层次的投入。后续学者们陆续开始探讨学习投入的影响因素。

(二)学习投入概念发展

斯格费利(Schaufeli)首次在学习投入的影响因素研究中了界定心理因素。他认为学习投入的定义是学习者在学习中表现出的积极性和热情等情绪。[③] 如此一来,学者们对学习投入影响因素的研究,从最初的学习时间的简单堆砌,到学习的有效时间与无效时间的区分,再到从外到内,注意到学习者的心理及情绪特征。

纽曼(Newman)认为学习投入指的是学习者掌握知识和技能的心理投资,即心理和情感体验。阿斯丁(Austin)与斯格费利(Siguel)和纽曼的观点既不谋而合,又有所发展。1984 年,阿斯丁提出学习投入是学生心理和生理投入的总和。此概念

① Appleton JJ, Christenson SL, Kim D, et al.Measuring Cognitive and Psychological Engagement: Validation of the Student Engagement Instrument[J]. Journal of School psychology, 2006(5): 427-445.

② 罗晓燕,陈洁瑜.以学生学习为中心的高等教育质量评估——美国 NSSE"全国学生学习投入调查"解析[J].比较教育研究,2007(10): 50-54.

③ 孙睿,杨宏.学习投入国内外研究述评[J].科教导刊(中旬刊),2014(5): 2.

在心理与生理层面上对学习投入的性质进行了界定。阿斯汀还提出"学生参与"（student involvement）理论，为学习投入量表指标的发展作出了贡献。阿斯汀认为学生能积极主动参与学校开展的各项教育和教学活动，是获得高质量的学习效果的基础和前提；认为学生学习投入的过程就是参与的过程；认为衡量一所高校的教育质量，应该看高校是否能提供学习活动的机会并促进学生更好地参与其中。

奇克林（Chickering）界定了"本科教育中的良好行为"。他认为理想的本科教育应包含七个要素：积极的学习态度、及时的学习效果反馈、良好的师生关系、良好的同伴关系、有效学习时间的投入、教师对学生的期望、利于学习的多元化校园环境。这一观点与学习投入的维度划分有一定的关系，特别是学习时间投入，但从一个更广阔的视角界定了学习投入的多个基本影响因素。

除了因素界定，还有学者进行模型设计，以此评价学生发展。帕斯卡雷拉（Pascarella）的"变化评定模型"（General Model for Assessing Change）就是评价学生认知发展的经典模型。帕斯卡雷拉提出，无论是学生曾经的求学经验、还是与教师和同学的互动交流，或是学生的个人努力程度，都是学习投入的影响因素。[①]

也有学者认为"学习投入"是指学生在校期间的学习行为、情感投入、努力程度三个因素。代表人物有斯金纳（Skinner）、康乃尔（Connell）和维博（Welborn）。国内外学者也较为一致地认为学习投入有认知、行为、情感三个维度。认知投入包括学习动机与策略、定量推理、元认知体验三个方面；行为投入是最直观的，它指的是课堂内外可观测的学生学习行为；情感投入指的是学生在学习活动中产生的心理体验，特别是积极的情绪与感知投入。

21世纪以来，学习投入概念继续发展。目前公认的学习投入因素还加入了"动机"以及"学习兴趣""面临挑战时的毅力"等。[②]"认知投入"如"深入学习策略的运用""个人调节能力提升"等的研究使学习投入因素的研究不断细化。

综上所述，国外学者大多从"行为""情感"和"认知"三个维度探讨"学习投入"概念。首先是最直观的"行为投入"。"行为投入"是一种学生参与学习的实际举动，包括了课堂内外学习活动的参与；与同伴或教师间的讨论交流；预习、复习、阅读、计算等实际可观测的学习行为，均属于学习投入中的行为投入。行为投入在学习成果获得、辍学预防等方面极其重要。行为上的投入最直观最易于判断，也直接影响学习者的学习效果。其次是"情感投入"，即学生在学习环境和学习过程中

① 石芳华.本科教育质量评价改革新视角：学习投入度［J］.现代教育管理，2010（5）：4.
② Gordon J, Ludlum J, Hoey JJ. Validating NSSE Against Student Outcomes：are They Related？［J］. Research in Higher Education，2008（49）：19-39.

所做的情感反馈。校园环境归属感、个人价值感、教师的有效教学激发的学生积极的情感和精神投入、学生面对困难时的学习意愿等，都属于学习投入中的情感投入。最后是"认知投入"，认知投入的内涵是思维投入，学生在学习过程中必然会面临无法理解的复杂观点和难以掌握的技巧，如何转换思维模式，探索有效的应对方式，即是认知投入。认知投入具体来说包括学生对于初、高级认知策略的使用、学习计划的制订、学习任务分配、学习预期目标设定，等等。①

有了受学界认同的学习投入维度后，学习投入的有效性问题被学者们提上研究日程。丁托（Tinto）的"社交与学术整合"观点奠定了判断学习投入有效与否的基础。② 丁托认为学习投入概念中最为突出的因素是"整合"，也即"师生间互动或同学同伴间互动，在正式或非正式的学习活动中共享知识和经验的过程。"③学生对学术系统和社会系统的满意程度或参与程度直接决定着他们的学术整合和社会整合程度。测量学习投入的有效性，一定要基于科学的量表以及测量数据，因为让数据发声才最具说服力。

（三）学习投入量表设计

最早开始研发学习投入量表的是荷兰乌得勒支大学的斯格费利（Schaufeli）团队。他们依托工作投入，开发了名为"乌得勒支工作投入量表之学生投入度量表"（Utrecht Work Engagement Scale—Student, UWES-S）。该量表有活力、奉献、专注三个维度，均通过验证性因素分析和探索性因素分析方法，得到了信度效度检验。维博、康乃尔（Connell）、米勒（Miller）、米瑟兰多（Miserando）等学者也从情感、认知、行为三个维度入手，相继设计了自己的"学习投入量表"进行小范围使用，直到2006年 BCSSE 的问世。

基于量表维度的研究，以学习效果为指标的量表被设计了出来。"学校评定系列调查"（Research Assessment Package for Schools）就是通过学生学习投入评定高校办学水平的典型代表。该调查的量表是由康奈尔博士设计的，调查对象与阅读指标相同，都是以教师的回答为依据，来评价学校是否有效激励了学生进行"学习投入"。量表以教师反映的学生课堂内外的表现为重点，关注学生的学习状态、预

① 蔡敏,刘璐.美国中小学生"学习投入"测量之研究及启示[J].教育测量与评价,2014(10)：16-21.
② Appleton JJ, Christenson SL, Furlong MJ. Student Engagement With School：Critical Conceptual and Methodological Issues of the Constract[J].Psychology in the school, 2010,45(5)：369-386.
③ 陈琼琼.大学生投入度评价：高教质量评估的新视角——美国"全国学生投入度调查"的解析[J].高教发展与评估,2009(1)：7.

习准备情况、学生学业要求达成程度等。

2000 年,美国全国学生学习投入度调查(NSSE)正式实施。NSSE 量表有学业挑战(Level of Academic Challenge)、教育经验丰富性(Enriching Educational Experiences,EEE)、校园环境支持(Supportive Campus Environment,SUE)三个维度,①这些维度互相关联。NSSE 全面而细致地调查高校一年级和四年级学生的学习投入情况。自此,"学习投入调查以一种全新的姿态跃入了公众的视野,它标志着教育评估领域进入了新阶段"②,也标志着评估时代新篇章的开启。

继 2000 年 NSSE 调查之后,BCSSE 于 2007 年第一次实施并使用新生学习投入调查量表,邀请美国和加拿大的 126 所高校参与了调查。调查结果无论对于新生还是高校都具有一定的意义。特别是高校,BCSSE 调查数据有助于高校了解学生的个人背景、学习经验以及学习期待。许多高校因此意识到,为新生适应学习环境提供的资源一定程度上影响了自身办学的质量。新生学习投入的评价标准注重的是学生的就读期待和高校提供学习支持的程度。参与调查的高校利用 BCSSE 的数据,分析学生的学习和心理层面的获得、学习期待是否得到满足,并不断改善课程设置和校园环境,改善师生间、学生间的互动交流,从本质上重视了以学生为主体、关注学生学习获得的教育目标。③ BCSSE 还能够为"政府从宏观上调控教育作出政策制定、新生择校、高校教育教学改革研究提供新思路,提供了除教学资源投入之外的另一种高校教育质量评价标准的参考。"④

除了高等教育领域,美国中小学教育也对学习投入量表开发有积极探索。斯坦福大学社会学系桑福德(Sanford)教授和天普大学心理系劳伦斯(Laurence)教授合作研发了"中小学新生学习投入调查量表"。这个量表开发的初衷是研究九年级学生的在校学习投入度。来自加利福尼亚州和威斯康星州的 12 000 名九年级学生参与了此项调查。因该量表能有效调查不同文化背景、宗教信仰、经济水平的学生,后被用于美国中学生的学习投入度研究,所得数据供中小学校全面了解本校学生的个人背景,帮助开展有针对性的教学活动。量表从家庭作业、课堂出勤、课堂专注力三个维度调查中小学生的学习投入。三个维度分别调查学生每周在作业

---

① 程欣.高校质量评估的新范式——美国 NSSE 2011 年报告解析[J].中国大学教学,2012(9):4.
② 李二真."后评估"时期高校本科教学评估研究——基于美国 NSSE 的视角[J].哈尔滨学院学报,2011(10):3.
③ 马冬卉,陈敏.美国高校学生发展理论及相关问题探讨[J].现代教育科学,2007(3):5.
④ 上海师范大学高等教育研究所项目组.大学生学习性投入的理论与实践[M].上海:上海教育出版社,2015:21.

上的时间投入、课堂出勤情况,是否有逃课行为、课堂注意力能集中多久、多久走一次神,等等,通过学生的就读表现来衡量学生的学习投入度。

还有学者围绕阅读投入设计量表。马里兰大学的艾伦(Allen)和约翰(John)两位博士研发了"阅读指标量表"(reading engagement-dex)。该量表测量了 523 名小学四年级学生的阅读投入现状。量表的测量对象是教师,依据教师的回答评价学生的阅读状况。量表划分了阅读的行为投入、动机投入、认知投入三个维度和学生自主阅读、挑选喜欢的主题与喜爱的作者的作品进行阅读、在自选阅读时是否分心、阅读是否认真、有无阅读的自信、是否使用综合阅读策略、是否认真思考阅读内容、是否喜欢与同伴探讨等八项指标。[①]

二、BCSSE 的制度变迁

BCSSE 的基础是始于 2000 年的 NSSE。NSSE 的调查对象为大一、大四两个年级的高校学生。在 NSSE 的基础上,2007 年,印第安纳大学高等教育研究中心、印第安纳大学调查研究中心和国家高等教育管理系统三方共同发起实施并管理BCSSE,至今已有 20 多年的调查经验。BCSSE 调查对象涵盖了"卡内基高等教育分类法"所有八类院校当年入学的新生,包含应届生、往届生以及办理过延迟入学并在调查当年办理入学的学生。BCSSE 属于非官方性质的调查,不由接受调查的大学或院系进行管理,面向社会发布综合性年度调查报告,保证了院校数据的公正性与可信度。参与管理的三方机构均非美国大学院校的鉴定认证机构,且由评鉴专家和公众代表共同组成的全国监督委员会对 BCSSE 进行监督,保证了调查结果的客观性与参考价值。调查的目的在于增加高校对新生教育教学的针对性和预判性。调查内容分为大学新生入学前所具备的学术能力以及新生对大学学习各方面的期待两大板块。

在首次实施的 2007 年,总共有 126 所美国和加拿大高校参与了调查,众多高校都给予 BCSSE 高度评价和良好反馈。之后参与高校数量螺旋式上升,越来越多高校运用 BCSSE 调查数据预测新生返校率,预防新生辍学,改善师生、学生之间的互动。2009 年共有 129 所美国、加拿大高校参与调查,2010 年上升到 155 所,2017年有 120 家美国高校参与了 BCSSE。其中有 65% 的高校同时参与了 2018 年春季

---

① Pascarella ET, Terenzini PT. How College Affects Students: A Third Decade of Research[M]. San Francisco: Jossey-Bass, 2005: 5.

NSSE 项目。截至 2018 年，参与 BCSSE 的院校累计达 506 所。不断上涨的数量体现了 BCSSE 调查结果对于高校新生教育教学所具有的参考价值。

　　每年 BCSSE 都会依据参与调查的高校数据，出具一份年度概览。其内容涉及参与调查的所有新生的概览，也有参与调查的高校的类型数据。从 2017 年的 BCSSE 年度概览可以看出，参与调查的公立高校约占 36%，私立高校约占 64%。这与美国公立高校与私立高校的比例大体一致。

　　在新生人数方面，2018 年 BCSSE 年度报告显示，高校录取新生人数低于 1 000 人的院校占全美高校总数的 17%，新生人数在 1 000~2 499 人的高校占比为 45%，新生人数在 2 500~4 000 人的高校占比为 12%。完成调查的新生中男女生比例为 41% 和 58%。

表 4-1　2017 年 BCSSE 参与高校层次统计表

机构类型	参与 2017 年 BCSSE(%)	美国高校占比(%)
Doc/Highest	3	7
Doc/Higher	8	6
Doc/Moderate	4	7
Master's L	15	24
Master's M	22	13
Master's S	8	8
Bac/A&S	22	15
Bac/Div	18	19
总计	参与 2017 年 BCSSE(%)	美国高校占比(%)
公立学校	36	35
私立学校	64	65

来源：依据 BCSSE 年度报告整理。

表 4-2　美国高校本科新生年度入学人数统计样表

2017 年本科生入学数	参与 BCSSE(%)	美国高校占比(%)
少于 1 000 人	17	22
1 000~2 499 人	45	32
2 500~4 999 人	12	18
5 000~9 000 人	11	14

续表

2017 年本科生入学数	参与 BCSSE(%)	美国高校占比(%)
10 000~19 999	8	9
20 000 人以上	7	6

来源:依据 BCSSE 年度报告样表整理。

BCSSE 自 2007 年问世以来不断进行修订与发展,取得了不少进展。

(1)调查的心理特性增强。2013 年是 BCSSE 改革发展的节点,也是较为关键的一年。BCSSE 大部分开发工作是在 NSSE 更新过程中同步完成的,包括广泛的学生认知访谈、文献综述、专家咨询、试点测试、试点数据的统计分析以及高校 BCSSE 管理人员的访谈。新版本仍然把一年级新生信息作为重点。这些信息包括他们的高中经历以及他们在大学一年级时参与学习、实践的期望。为了得出更准确的新生学习投入度调查结果,更新后的 BCSSE 还增加了与 NSSE 配合的新项目,增强了一致性,改进了调查语言的清晰度和适用性,以及改进 LE 现有问卷回收和分析的措施。修订后的量表维度总体上仍为两个方面。第一,大学一年级新生高中时的学习和课外经历。第二,新生对于大学一年级期间参加富有教育意义的教学、实践活动的期望。量表共有 9 个维度,42 个项目,心理测量特性较之前的版本有明显增强,同时还从量表问题设计的角度增强了高校新生学业成功的预测准确性。BCSSE 量表的心理测量特性经过了两种方法的验证性研究。第一种是计算项目和维度的描述性统计,显示响应模式、集中趋势度和数据分布(如偏态)。第二种是使用验证性因素分析(CFA)来检验量表的结构效度。BCSSE 良好的效度表明其数据充分代表了被调查高效的真实情况,其数据可供高校研究人员做出有效的推断和数据的再利用。

(2)版块划分更细。2013 年的修订使调查板块划分更加清晰,由最初的 32 个问题增加到 36 个问题。新版本的问卷设置版块增加了高中学习经历中写作、阅读的时间统计、学习策略、定量推理、高数掌握情况、对大学第一年的期望、协作学习和师生互动经验等。参与高校还可选择项目服务团队提供的"自定义分析"服务。自定义分析是指一所高校与其他高校进行横向比较分析,即"同水准高校的比较分析",高校可选择六所或六所以上院校进行个别项目的频率和平均值的比较。常见类型的自定义分析包括以下六项:BCSSE 量表的同行比较(当年 11 月后提供);按专业划分的比较(例如工科学生与非工科学生);按特殊组别比较(例如学习社群与非学习社群、成人新生与应届新生等);本年度数据与往年数据的比较;其他特殊分析要求。

（3）BCSSE 与 NSSE 一致性增强。BCSSE 与 NSSE 有交叉，从专注新生学习投入调查，到与 NSSE 调查的配合性增强，BCSSE 与 NSSE 相互补充，为高校学生学习投入度相关调查提供了更宽的覆盖面。更新后的 BCSSE 与 NSSE 的一致性也得到增强。BCSSE 在保留许多原有项目的基础上，同时增加了研究生新生和博士生新生量表。新问卷经过严格的心理因素测试，删减了许多与 NSSE 重复、并行的量表问题，精简设置，组成了新的 BCSSE 量表的项集，BCSSE 心理测量报告还就这些新指标的内容和因素结构提供了深层次的细节描述。

三、BCSSE 的制度安排

（一）组织机构

BCSSE 的组织机构包括印第安纳大学高等教育研究中心、印第安纳大学调查研究中心和国家高等教育管理系统。依据 BCSSE 官网的信息，NSSE-BCSSE 项目服务团队共 19 人，目前吉姆（Jim）任项目负责人，詹妮弗（Jennifer）任项目服务经理。BCSSE 还组建了咨询团队，由 16 名国家咨询委员会成员和 9 位技术顾问组成。吉姆既是 BCSSE 项目的负责人，也是 BCSSE 的数据分析师。他在密苏里大学取得了教育心理学博士学位，在学习动机领域有研究，曾在加州州立大学东湾康科德校区、北亚利桑那大学和斯特林学院有过高校管理工作经验。詹妮弗主要负责机构的日常运营，并统领一个由八名相关领域专业人员组成的团队。

（二）调查模式

BCSSE 的调查模式分为纸质问卷模式、网络问卷模式、纸质与网络混合模式三种。在信息化时代，大多数高校会选择网络问卷模式，通过邮件的方式向学生分发问卷并敦促学生填写后回收处理，只有少部分高校习惯于传统的纸质问卷调查模式。以 2017 年为例，共有 27 所高校（约占高校总数的 23%）采用纸质问卷调查模式，90 所高校（约占总数的 75%）采用网络问卷调查模式，仅 2 所高校（约占总数的 2%）采用纸质问卷与网络问卷相结合的混合模式。67 000 多名来自 50 个州的一年级新生接受了 BCSSE 问卷调查，学生所在区域还涉及哥伦比亚特区、关岛、波多黎各和美属维尔京群岛。

BCSSE 的运行时间表主要有春季和秋季两种，少数高校会接受冬季调查。春季在线注册时间大致为每年三月初。高校注册时可以自行选择具体的调查模式和管理日期。选择纸质问卷的高校会在正式得到建议报告的前一个月收到调查量表的样表。选择网络问卷模式的高校,将依据注册时确定的日期实时开展调查,将问卷以网络邮件的方式发送到新生邮箱。七月至九月是秋季调查开展的时期,纸质问卷的调查数据收集由校方责任人负责,最终的数据将传递到 BCSSE 数据分析部门进行处理。调查结束四周后,高校就能从 BCSSE 官方网站相关入口下载机构总体情况报告和最终的 SPSS 数据文件。

冬季调查只适用于已经参与前一个秋季调查的高校,这些新生已经接受过有关高中部分内容的调查。所有一月份入学的学生都包含在冬季调查管理的名单之内,冬季调查只提供网络调查模式。冬季调查一般从每年的十二月初开始,一直持续到来年一月底。

BCSSE 的收费包括注册费和管理费两个部分。注册费每年每校 300 美元,管理费由当年高校新生人数和问卷性质决定。BCSSE 会依据高校选择的调查方式、学生入学的时间、有无特殊需求等提供具体价格参考。

纸质问卷调查收费因学生人数而异,学生人数 200 人以内的管理费为 500 美元,200 人以上按每人 2.5 美元计算。网络问卷调查收费标准相对纸质问卷调查更实惠,500 人以内收费 750 美元,501~1 000 人收费 1 000 美元,1 001~3 000 人收费 2 500 美元,3 001~4 000 人收费 3 500 元,4 000 人以上收费每校每年 4 500 元。同时参加 BCSSE 和 NSSE 的院校将在八月收到一份 BCSSE-NSSE 联合报告。此外,当年参与 BCSSE 的高校,同时参加次年 NSSE 项目的高校,将免除 BCSSE 300 美元的注册费。如果高校在调查开展之前就退出,仍会被收取 300 美元注册费用,因为在实际调查开展之前,已经产生了调查管理费用了。

(三)调查过程

调查实施的第一步是高校与 BCSSE 的主办机构签订调查协议。协议涵盖高校当年入学的应届新生、转校新生、延迟入学新生三种不同类型的新生群体。此后,BCSSE 服务部门与高校安排人员进行接洽,按照接受调查高校的新生群体类型与调查方式倾向选择问卷,依据高校具体要求,增加特定问题,完成量表设计。高校注册成功并签订协议后,每个参与高校都有一个项目服务小组。项目服务小组将协助高校筹备和管理 BCSSE 的各个方面。每个高校都有专人来主导管理,项目服务团队和 BCSSE 员工也会随时为高校相关人员提供管理流程方面的帮助。协议的内容还包括允许参与学校在校内使用 BCSSE 资料、BCSSE 不会在未经学校同意的情况下将学校数据向社会公开等。

调查实施的第二步是问卷设计与发放。BCSSE管理中心会根据高校的要求，对量表进行特定的修改或问题增补。问卷设计好后，就开始向大一新生发放。高校可以自主选择使用网络、纸质或者混合型的问卷发放方式。

调查实施的第三步是问卷的回收与数据分析。BCSSE管理中心会向未返还问卷的新生发送提醒邮件，并依据BCSSE评分量表对问卷数据进行分析处理，形成BCSSE建议报告。建议报告将在BCSSE收到调查汇总数据后的三周内生成。

调查实施的第四步是发送数据和报告。BCSSE管理中心会在生成建议报告的一周内向接受调查的高校返还数据，通过网络加密协议推送建议报告，由高校自行决定是否公开。

（四）调查量表

1.量表的指标

BCSSE共有九个指标，其中两个与高中经历有关，七个与大学期待有关（见图4-1）。两个有关高中学习经验的指标为高中定量推理能力（High School Quantitative Reasoning，HS_QR）和高中学业策略（High School Learning Strategies，HS_LS）。七个与大学期待有关的指标又分为两部分：一是三个有关师生、学生之间互动频度的指标：合作学习预期（Expected Collaborative Learning，EXP_CL），师生互动预期（Expected Student-Faculty Interaction EXP_SFI），其他学业互动预期（Expected Interactions with Diverse Others，EXP_DD）。三个指标互相关联，细致全面地划分了新生关于师生互动、学生之间协作的问题。二是四个有关高校学业挑战预期的指标：学业坚持度预期（Expected Academic Perseverance，EXP_PER），学业难度预期（Expected Academic Difficulty，EXP_DIF），学业准备预期（Perceived Academic Preparation，EXP_PREP），以及校园环境重要性预期（Importance of Campus Environment，EXP_CAMP）。

高中学习经验指标。高中时定向推理能力（HS_QR）主要是检测受试者就读高中时的数学情况，包括代数、微积分、概率学、统计学等等板块。高中时学业策略（HS_LS）调查的是学生高中时的阅读时长，报告和论文的写作量，以此来衡量学生在高中时的学习经验，为高校预测学生学习适应性与学习成功率提供数据参考。

师生互动频度预期指标。包括合作学习预期（EXP_CL）、师生互动预期（EXP_SFI）和其他学业互动预期（EXP_DD）。乔治（George）认为本科生最有效的

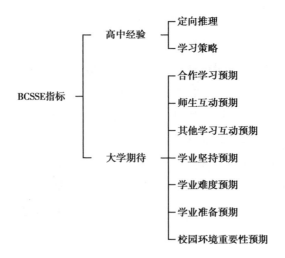

图 4-1　BCSSE 指标维度结

学习方式是通过合作进行学习。合作学习能激发学生积极思考,全情投入,还能调动所有学生已有的知识储备,最后收获更多的新知识。合作学习在 2017 的 BCSSE 问卷中体现的问题有同伴讨论、完成课堂讨论、课程预习、课后疑难探讨频率、与教师或其他教职人员的互动期待等。哈佛大学前校长伯克(Bok)提出真正影响教育品质的事情发生在大学课堂和师生互动的教学情境中。师生互动的含义是学生与教师之间的信息互通、思想碰撞形成的相互之间的影响力,学生学业因此得以精进的过程。问卷中的问题有学生与教师探讨学业问题的频率、是否知晓获得教师帮助的途径、学生本人的学习计划等。其他学业互动预期在问卷中的问题包括新生与家人、不同生活背景的同学之间的学业互动,调查重点在于新生遇到学业困难时是否会向家人或朋友寻求帮助和建议。

高校学业难度预期相关指标。包括学业坚持预期(EXP_PER)、学业难度预期(EXP_DIF)、学业准备预期(EXP_PREP)以及校园环境重要性(EXP_CAMP)。4个指标围绕新生对于高校学习的难度、坚持、投入、环境四个因素,全面测量新生对于高校学习的预期,这一板块的调查结果可以有效反馈新生的学习准备、是否具备顺利完成学业的能力等因素。

学业坚持是指新生在高校学习过程中遭遇困顿是否能坚持完成学业;是否能在其他兴趣事物的吸引下,仍能克服欲望完成学习任务,例如课后讨论、论文撰写等。[1]

---

① James C, Yiran D. Confirmatory Factor Analysis of the BCSSE Scales[EB/OL]. [2019-5-20]. BCSSE.

学业难度有两层含义,一是在于调查学生预期高校的学业难度、需要投入的时间有多少;二是自身预想如何克服,寻求教师、同伴、家人或是辅导员等的帮助几率有多大。学业准备即新生对于高校学习所做的心理、生理准备以及经济上的准备。问卷调查学生每周投入的学习时长、身心准备如何、学费是采取贷款、家人资助还是半工半读等。此项指标在于检测新生依据自身理解对高校学业准备的预期。

校园环境具备显著的育人功能。此项指标针对两个方面,一是高校学术氛围,二是高校为学生学习和科研提供的学术环境、设备上的支持是否充分。马克思认为人是环境和教育的产物。人的发展与环境的关系尤为密切,环境对于教育来说非常重要。校园环境对于高校新生的意义也很大,校园环境对于学生的学业支持力度越大,学生便更易于在学业上取得成功。校园环境首先是资源可得性,包括校园学术氛围、教育资源可得性、良好的课程设置等。

新生个人信息。BCSSE 除了以上三个版块的核心问题,还对高校新生的高中相关信息、新生个人基本信息、监护人信息三类个人信息进行调查。

高中信息包括以下几类:高中类型,毕业年份,SAT/ACT(美国高考/毕业会考)成绩,高中各科目平均得分。新生曾就读的高中类型,SAT/ACT 成绩以及新生在高中时获得的最多的学业等级信息有利于高校统计出本届新生的水平如何;毕业年份可以直观地反映新生是应届生还是延迟入学的学生,是否为有"间隔年"经验的新生。

新生个人基本信息包括姓名、性别、种族、邮编、是否为国际生等。收集新生的个人信息对 BCSSE 调查的意义在于为高校提供有关性别、种族对高校新生的学习投入度的影响等新生信息统计。如果是国际生,高校则可以有所侧重地为国际生提供学业帮助、学习环境支持以及生活适应方面的指导。

监护人信息调查父母或监护人受教育的程度。高校了解新生父母受教育的程度有利于学生档案的建立。新生是否是家族内第一代大学生,反映了家庭教育情况,这也直接关系到家庭对新生的学业支持度、父母或监护人能否在新生产生学业畏难情绪或退学心理时给予建设性的建议并及时给予鼓励和帮助。

2.量表的结构

量表共有高中学习经验和大学学习预期两个一级维度,下分九个二级维度,一共有 34 个问题。除去新生个人信息相关问题,1~12 题为关于新生高中学习经验的问题,13~33 题为高校学习情况预测与新生第一学年就读期待的问题。九个二级维度包括三类:①两个调查新生高中时期的定量推理和学习策略、学术投入的维度;②三个学生第一年与其他学生、教师合作学习及互动期望的维度;③预期的学业毅力、预期的学业困难、预期的学业准备情况以及校园对他们学业支持的重要性等其他四个维度。[①]

3.量表的特点

(1)针对性与预测性

BCSSE 量表的针对性首先体现在其有特定的调查对象——新生。BCSSE 源于 NSSE,又独立于 NSSE,与 NSSE 量表最大的区别就在于其调查对象仅针对高校三个教育层次的一年级新生:本科新生、研究生新生和博士生新生。本书仅分析本科层次的新生学习投入调查,相应的关注点在于本科新生的学习经历与学习期待。针对三种类型的新生,BCSSE 有不同版本的量表可供高校选择。美国高校的本科新生大体可以分为三类:应届大一新生,延迟入学的学生和转校生。

其次,量表的问题设计贴近新生实际学习生活。三种类型的量表均有九个二级维度,下设 34 个问题,每题备选选项为 4~8 个,学生能轻易选择贴近自身实际的答案。量表分为学生个人信息、高中就读经验、师生互动频度和学业难度预期四个部分。量表中每个问题的设计都围绕新生具体情况,贴近新生实际学习生活,简单易答的同时又具备参考价值。

再者,BCSSE 的学生信息板块全面调查新生的性别、种族、监护人的学历、是否为国际生等。全面调查新生的个人背景,有利于高校真正做到了解学生、围绕学生、关注学生。只有了解学生个人信息,才能了解其学习期待与发展需求,无论是对新生学业完成度提升,还是高校教学质量提升,BCSSE 的量表设计都能提供支持。

BCSSE 量表设计的预测性体现在能够预测新生来年的返校率,预测新生就读第一年的学业完成情况。BCSSE 量表通过新生高中时的学习习惯,预测新生在高校的学习适应阶段会遇难哪些困难,时间分配上会有哪些疑惑,期望参与到怎样的校园活动中,与什么样的人有深入的学业方面的讨论,体现了调查的针对性与预测性。

(2)较高的信度与效度

BCSSE 的数据分析采用描述性、可靠性和验证性因素分析这三种分析方法,确保量表具有较高的信度。BCSSE 量表通过将每个项目的回答转换为 0~60 的分值,计算出高校 BCSSE 得分以及全校学生的平均分。

---

① Kinzie J, Cogswell CA, Wheatle KIE. Reflections on the State of Student Engagement Data Use and Strategies for Action [J]. Assessment Update, 2015, 27(2): 1-16.

　　BCSSE 量表的项目级数据可被视为序数或区间数据,基于克隆巴赫系数法(Cronbach's alphas)。[①] 克隆巴赫系数是基于多项相关因素计算出来的,能保证 BCSSE 量表的信度。序数原始数据采用多项相关矩阵作为输入方式,运用 SPSS(v21)对所得数据进行分析计算,确保调查结果的真实性和可靠性。

　　BCSSE 量表运用验证性因素分析方法(CFA),在一个单独的模型中对每个 BCSSE 量表维度进行验证。在整个模型中,BCSSE 的各项数据可以相互关联,运用基于多分格相关系数的验证性因素分析方法来处理数据。验证性因素分析保证了 BCSSE 调查具备更精确的基础理论模型。有研究表明,常用的验证性因素分析方法有产生偏置和标准误差的可能性,不适合用于输入和多分格相关矩阵。在这种情况下,稳健加权(WLS)就经常用于有序数据的验证性因素分析,因为它可以产生渐进有效的参数,估计正确的标准误差。BCSSE 量表采用稳健的 WLS 方法将验证性因素分析模型拟合到多元相关矩阵中,保证了量表数据分析的效度。

　　BCSSE 量表的高信度还体现在分析方式的全面性上。BCSSE 运用描述性分析方法,参考了均值、常模平均值、标准差、均值的标准差、偏差、峰值等项目数值。BCSSE 调查项目使用了李克特五级正向记分法,与皮尔逊相关系数(Pearson correlation coefficient)相似,相关的范围为 0~1。皮尔逊相关系数适用于度量两个变量 X 和 Y 之间的相关(线性相关),其值介于−1~1。

　　克隆巴赫系数是一套用于衡量心理或教育测验可靠性的方法,根据一定的公式估量测验的内部一致性,克服了部分折半法的缺点,是目前社会科学研究中最常使用的信度指标。BCSSE 量表也经过了克隆巴赫信度系数严格的测试和数据分析,证明其具有较高的信度。

　　效度是衡量量表能否准确测出所需测量的事物的程度,分为内容效度、准则效度和结构效度三种类型。BCSSE 属于内容型问卷,其题项贴近新生实际情况。依据高校对 BCSSE 量表数据的反馈,BCSSE 量表具有足够高的效度值。

　　(3)简易性与可比性

　　BCSSE 量表的简易性体现在以下两个方面:一是不仅量表题项的呈现方式简单易懂,而且调查的模式多样,可依据高校的要求设计量表问题,可操作性强。纸质问卷模式、网络问卷模式、纸质与网络问卷结合的混合模式等多种调查方式,便于学生根据自身情况方便作答。二是量表呈现的调查结果简明易懂。

　　BCSSE 量表的可比性体现在量表数据具有横向与纵向的对比价值。BCSSE 的

① Cole J, Dong Y. Confirmatory Factor Analysis of the BCSSE Scales [EB/OL]. [2019-4-14]. BCSSE.

年度数据可供高校内部进行以历年调查结果为对象的纵向比较,还能用于高校间的横向对比。

除了高校个体数据以外,BCSSE 会根据各高校新生的一手数据生成年度总体报告,总体报告既不会违背高校意愿,泄露特定高校的具体情况,又能简洁直观地反映参评高校年度新生的学习投入总体情况,可供高校及新生进行横向、纵向对比。

（五）调查报告

BCSSE 的调查报告主要有两种类型。第一种是"BCSSE 建议报告"(The Beginning College Survey of Student Engagement Advising Report),针对新生个体的学习投入情况。第二种是"BCSSE 年度总结报告"(BCSSE Overview),汇总参与调查的所有高校的数据,从宏观上对年度高校数据做全面综合的分析,不针对特定高校,既尊重高校自行处理本校调查结果的意愿,又具有参考价值。

1.BCSSE 建议报告

BCSSE 建议报告是对学生个体的调查结果的呈现,出具形式为每人一份。建议报告内含八个表格,每个表格代表一个维度:学生忠诚度、时间任务量、求学期待、学术求助、学业难度预期、学业逆境坚持、学业准备与自我期许、校园学业挑战支持评估。

第一个维度是学生忠诚度(commitment to the institution)(见表 4-3)。主要根据学生背景的调查来筛选忠诚度偏低的新生。忠诚度在一定程度上能够预测新生在就读的高校完成学业的可能性。接受调查的高校包括新生的第一志愿、第二志愿和第三志愿高校,不仅可以反映新生的就读意志是否强烈,还能反映接受调查的高校在本届新生中的吸引力情况。

表 4-3 学生背景

姓名:	杰克·格林
学号:	012345678
微积分课程是否完成	是
大学先修课程分数	3~4
理想专业	未确定
本校是你的第几志愿	第二志愿
学生是否预计从本校毕业	是

来源:根据 BCSSE 建议报告样表翻译整理。

第二个维度是时间任务量(time on task)(见表4-4)。此维度通过调查新生在高中时参与学习和各种活动的周耗时,来筛选高中时学习时间投入较少的新生,以便高校为这类新生提供适当的帮助,让他们明确第一学年的学业要求,增加学生求学成功的几率。

表4-4　各种工作周耗时

每周耗时	高中	大一
学　习	6~10	16~20
工　作	1~5	6~10
课程合作	1~5	0
社交娱乐	11~15	11~15

来源:根据 BCSSE 建议报告样表整理。

第三个维度是学习期待(expectations)(见表4-5)。新生在大学一年级时有较高的学习期望值,是高校预测学生学业成功的重要因素。[1] 高校要利用此项数据,向新生强调对学业成功的态度和期望的重要性,鼓励他们满怀信心地努力求学。

表4-5　求学期待

第一学年求学期待(0=非常期待 60=一点也不期待)	数值
师生互动(与教师讨论职业生涯规划、学术表现,等等)	45
与不同的人互动(与种族、信仰不同的人合作讨论)	25
同伴协作(与同学共同完成课程项目,讨论备考)	30

来源:根据 BCSSE 建议报告样表整理。

第四个维度是学术求助(academic help-seeking)(见表4-6)。该指标是对新生求助策略与能力的反映。许多高校新生不完全懂得寻求学业帮助的策略,他们不知道如何正确获得学业上的帮助,向谁求助。高校在了解学生倾向于从何处寻求帮助的意愿后,就能为新生和导师、教务工作者搭建平台,以便学生获得更好的学业建议。

---

[1]　Kuh GD. Assessing What Really Matters to Student Learning Change:Inside the National Survey of Student Engagement [J]. Change, 2001, 33(3):10-66.

表 4-6　学术求助

学生预测将以哪些方式寻求学术帮助
1.同学互动
2.寻求学术委员会、学生会帮助
3.与教员进行课外讨论
4.参考学业指导标准

　　第五个维度是学习难度预期（expected academic difficulty）（见表 4-7）。有研究表明，新生对课业难度预期越高，在第一年奋斗的可能性就越高。教学人员可以通过与新生讨论他们预期的困难领域，增加新生投入新学期学业的时间和精力，做好新生求学的心理建设。

表 4-7　学习难度预期

学生预测以下各项在新学年的难度	（1＝没有难度，6＝非常困难）
学习课程材料	5
合理安排时间	3
支付学费	5
寻求学业帮助	4
结交新朋友	3
学习与教师互动	4

来源：根据 BCSSE 建议报告样表整理。

　　第六个维度是学业坚持（academic perseverance）（见表 4-8）。该指标主要调查新生是否能在学习时抵御诱惑，心无旁骛地完成既定任务；遇到不感兴趣的或难以接受的学习材料时，是否能妥善处理，自主寻找辅助材料，排除理解障碍；对待欠佳的考试结果和作业反馈，是否能保持积极向上的学习信心和学习热情。虽然每个学生应对逆境的方式不同，但教师与学生讨论他们的逆境应对策略以及应对方法，有助于提升学生的学业成功率。

表 4-8　学业坚持

是否能做到	（1=不能做到,6=完全能做到）
学习时不受别的诱惑	3
对课程材料有疑惑时查找附加材料	5
对不感兴趣的课程讨论也能积极参与	2
课程学习遇到困难时寻求指导者的帮助	3
已开始的事即使遇到困难也能坚持完成	2
作业、考试结果不佳时能保持积极的态度	4

来源:根据 BCSSE 建议报告样表整理。

第七个维度是学业准备(academic preparation)(见表 4-9)。该指标主要反映新生学业方面的自我认知。在大学里,新生确信自己能做好的自我认知与学业成功密切相关。与新生讨论学业上的准备有助于提升他们对求学成功的信心。[①]

表 4-9　学业准备

是否准备好了	（1=完全没准备,6=准备好了）
清晰有效的写作	5
清晰有效的表达	1
辩证分析的思考	3
分析数据信息	2
与他人有效地合作	5
运用计算机信息技术学习	5
有效地自学	5

来源:根据 BCSSE 建议报告样表整理。

第八个维度是校园环境支持(importance of campus support)(见表 4-10)。该指标主要调查新生预期能够得到的具有挑战性和支持性的学习环境。高校提供帮助学生成功的资源,新生对这些资源的重视会影响其就读的满意度。高校应与学生讨论寻求帮助的重要性以及在学校中他们可以从哪里寻求帮助。

---

① Cole J, Dong Y. Confirmatory Factor Analysis of the BCSSE Scales [EB/OL]. [2019-3-21]. BCSSE.

表4-10 校园环境支持

新生认为以下校园环境支持的重要程度	（1＝不重要,6＝非常重要）
有挑战的学术课程	5
提供学生关于学术成就的帮助	6
帮助新生与不同种族、信仰的同伴互动	3
帮助新生承担学业外的责任	3
提供社会实践、校园活动的机会	4
提供学习帮助	5

来源:根据 BCSSE 建议报告样表整理。

2.BCSSE 年度总结报告

BCSSE 在每年的冬季调查结束之后都会出具年度总结报告,报告涵盖当年参与调查的所有高校,是宏观层面的大数据概览。BCSSE 年度总结报告共有两个部分,重点突出与新生班级整体相关的重要特征。第一部分描述参与调查的所有一年级学生的个人背景信息、BCSSE 参与高校的总体情况、新生是否为家族内第一代大学生等。[①] 第二部分包含了九个指标维度数据的平均值。这九个维度分别是定量推理、学习策略、合作学习预期、师生互动、互动预期、其他互动预期、学业坚持、学业难度预测、学业准备预测和校园环境预测(见表 4-11)。[②] 这九个维度的相应量表分析了高中时期使用定量推理和学习策略对于高校新生参与度的重要影响以及预期的第一年的学术参与度和学术表现。

表4-11 BCSSE 年度报告维度一览表

序数	维度名称	定义	内容标准
1	定量推理	高中时处理数据信息的能力	对数据进行总结/提问/评估
2	学习策略	有效的学习技巧	阅读/笔记/总结
3	合作学习预期	与同伴合作互动的期望	寻求同伴帮助、合作研究、完成项目
4	师生互动预期	与教师互动的期望	与教师与教职人员合作、讨论
5	其他互动预期	与各种不同的人进行讨论	与不同背景的人讨论

---

① James C.Using Your BCSSE Advising Report[EB/OL].［2019-5-12］. BCSSE.

② Cole J. Using BCSSE to Improve the Experiences of First-Year, Transfer, and Delayed-Entry Students[EB/OL].
　［2019-5-21］. BCSSE.

续表

序数	维度名称	定义	内容标准
6	学业坚持预期	面对困难时坚持学习的预期	寻求帮助,坚持完成学业
7	学业难度预期	第一学年学习难度预期	获得经济帮助或寻求帮助的能力
8	学业准备预期	学习准备完成情况预期	写作、表达、分析、思考
9	校园环境预期	挑战性学习环境获得预期	学业环境支持

来源:根据 BCSSE 年度总结报告整理。

　　年度总结报告有对于接受调查的新生的个人信息汇总。2017 年的总结报告显示,受访者男女比例为 41∶58,超过 64% 的受访者为白人,95% 的新生是上半年高中毕业的应届生,85% 的新生毕业于公立高中,一半以上学生的高中成绩通常在 A- 及以上,大约 40% 的受访者表示有两个或两个以上的朋友和自己在同一所高校,大约三分之二的受访者选择了他们的首选学校。

　　2018 年的总结报告显示,共有 70 508 名新生参与了调查,其中男生占比为 40%,女生占比 60%,选择纸质版问卷调查的高校占比为 36%,网络问卷调查的高校占比为 64%,完成调查的新生中有 95% 为 2018 年高中毕业的应届生,5% 为延迟入学的新生,60% 参与调查的新生都不是家族中就读大学的第一代,有 5% 的新生为国际生。

（六）调查结果的使用

　　BCSSE 的调查结果经过严谨的数据核算,通过验证性因素分析,无论对学生或家长择校参考、求学期待与意愿表达,还是对高校教学质量的提升与改进,抑或是对国家教学质量评价体系建设,都具有有益的价值。BCSSE 调查结果不仅可以成为高校认证与质量改善的参考,也可以作为校内公开信息供教职工与学生参考使用。

　　1.个人层面

　　BCSSE 的调查结果对新生个人有两个方面的意义。首先从择校的角度来说,新生能了解心仪高校对新生能力的要求,也就是就读高校需要具备的学习能力,对就读高校期间的时间投入也会有一个直观的了解。[①]　其次是依据往年的 BCSSE 数

---

① Astin AW. Achieving Education Excellence：A Critical Assessment of Priorities and Practices in Higher Education[M]. San Francisco：Jossey-Bass，1985：324.

据,新生能在选择就读学校时进行横向对比。BCSSE 的年度报告和部分高校自主公布的调查数据都能够有效地显示一所高校在支持学生学习方面所提供的校园环境如何。结合 NSSE 的调查数据,新生能更直观地看出心仪的高校是否达到了往年新生的学习期待、教职工和不同背景的学生之间学习讨论的频率如何、是否高效等。

所以 BCSSE 对于新生来说是一份有价值的择校参考。通常大学排行榜是学生选择大学的主要参考,然而事实上,学生在择校时关心的是高校的人才培养质量、入学后获得的学业和发展成就怎样[1]、是否符合自己对高校学习的预期、与自身具备的学习能力和学习习惯有没有出入、新学年需要投入到课业中的时间与精力有多少、是否能顺利过渡到高校的自主学习模式等。以高校的生源和资源为主要评价标准的大学排行榜,显然并不能给予新生和家长有关这方面的有效信息。

2.学校层面

高校可以运用 BCSSE 数据进行新生学习毅力评测,对新生的退学风险进行评估,降低新生因学业不适导致的退学率,减轻新生入学后的不适感。参与 BCSSE 的高校对于调查结果的运用体现了 BCSSE 的诊断性和可操作性。BCSSE 的调查结果不仅能够促进新生快速适应高校学习,还为高校间的相互对比提供了空间和条件。在众多有效利用 BCSSE 调查结果的高校中,南佛罗里达大学和奥本大学是典型。

奥本大学(Auburn University)创办于 1856 年,是首个录取黑人学生的美国老牌大学。奥本大学 2008—2018 年连续参与 BCSSE 调查,并运用调查结果,开发新生学业危机干预机制,降低新生辍学率。[2]

奥本大学利用 BCSSE 和 NSSE 调查数据来预测学生在秋季第一学期的低平均学分绩点(Grade Point Average,GPA)和辍学的风险。学校还使用自行开发的交互式工具,分析学生的其他特征以及 BCSSE 数据,从而预测新生的 GPA 和留级率。该工具还可以用来测评学生对 BCSSE 的反应,分析学生成绩受到的影响,特别是GPA 和就读完成率。

奥本大学发现,新生在面临其他诱惑时越是能排除干扰完成学习任务,越有较高的几率获得较高的 GPA,且学生不受干扰完成学业任务的信心与其 GPA 呈正相

---

① 臧雅丛.基于 NSSE 的美国高等教育质量评估[J].现代教育科学,2017(4):5.
② Briggs R. Increasing First-Semester Student Engagement:A Residential Community Retention Study[EB/OL]. [2019-3-10]. NSSE.

关;在考试成绩不佳的情况下保持自信则与其 GPA 呈负相关,即面对欠佳的学业成绩和课堂表现时,盲目乐观的新生成绩较差。学校因此推测,部分新生不够重视大学一年级阶段自身的学业表现,盲目自信,致使其过于乐观的心态与 GPA 呈负相关。[①] 学校还开发了互动工具,配合 BCSSE 调查结果使用。互动工具的特别之处在于它为高校提供了理解学生学业风险及其具体诱因的机会。有了这样的了解,高校相关负责人可以在第二学期开学时与相关学生取得联系,并针对每个学生开展学业辅导工作,提升新生求学成功的几率。

奥本大学依据 BCSSE 量表,重点关注了新生学习投入、性别、种族、高中成绩、考试分数、是否为家族内第一代大学生、个人及朋友就读奥本大学的意向、每周预期学习时长、住校与否等因素。通过 BCSSE 新生模型,计算出新生次年秋季入学的概率,以此筛选出次年因分数过低无法返校的学生群体。新生模型的特点在于,输入学生的学号后系统会显示该学生的预期 GPA 分数和次年秋季该生入学的概率。两个对比值分别是学生第一学年的成绩和学校依据 BCSSE 结果生成的预测数据。基于学生的实际记录和反应,只要模型显示的值与实际的学生量表数据相符,该生的预期 GPA 和次年返校概率即是准确的。如果模型推算的数值发生变化,那么该生的 GPA 和次年秋季返校的概率也会随之改变。校方和教师可以此识别不同学生的求学成功率。

美国高校的辍学率一直以来都呈现居高不下的态势,所以对于美国高校来说,识别具有潜在辍学风险的学生至关重要。因此,各高校都投入了大量资源来改善学生第一年的就读体验,提升新生第一学年的学业完成率。南佛罗里达大学(University of South Florida)也是有效利用 BCSSE 数据,筛选出学业困难学生的典型。

美国南佛罗里达大学于 2014 年开始参与 BCSSE,此后每年都要评估和利用 BCSSE 数据,以帮助全校新生成功适应大学生活并投入学习,进而完成学业。几年来,学校使用 BCSSE 的评测结果识别出了 10%~12% 的"困难学生",[②]这些大一新生均存在一定程度的退学风险。除了 BCSSE 的调查数据,学校还结合自己开发的评测模型,来评价新生的退学风险,该模型的测算数据基于学校的学生信息系统。

① Cole J. The First Year of College: Research, Theory, and Practice on Improving the Student Experience and Increasing Retention [M]. Chambridge: Cambridge University Press, 2017: 12.
② Fosnacht K. First Year Students' Time Use in College: A Latent Profile Analysis [EB/OL]. [2019-2-10]. NSSE.

学校将 BCSSE 数据纳入这个持续性模型中,不仅加强了 BCSSE 数据作为统计工具的作用,还揭示了 BCSSE 的某些变量是重要的预测因素。学校也因此能够根据学生个体对于 BCSSE 的反应来决定是否需要进行早期干预。

美国南佛罗里达大学利用入学前的特征来预测新生流失的风险,在课程开始的前几周即新生入学的早期阶段就开始干预工作。[①] 在审阅学生的 BCSSE 建议报告后,学术顾问、辅导教师、住宿管理人员等将针对具有辍学风险的学生开展谈话,共享这些学生的信息,为他们提供有针对性的干预措施。

美国南佛罗里达大学新生办公室利用 BCSSE 数据,采取有针对性的、积极的应对措施。2016 年秋,新生办公室联系了一些具有危险信号的学生。这些学生的 BCSSE 数据表明他们不确定是否会从南佛罗里达大学毕业。还有一部分学生表示在南佛罗里达大学没有亲密的朋友,他们的孤独现状需要学校相关部门的关注。新生办公室为这些学生分配辅导教师,帮助他们克服在南佛罗里达大学就读时的过渡问题或学习障碍。学校还与部分一起合作的高校分享自己的危机干预经验。

3.国家层面

BCSSE 的测试结果有助于在国家层面开展高等教育质量监控和评估。BCSSE 的测试结果能作为国家宏观把控国内高校教学质量的数据参考。联邦政府在划拨经费时参考 BCSSE 的测试结果。州政府也可以在对高校教育质量的监督管理、资源配置中参考 BCSSE 信息。作为政府监管的有益支撑,社会上的第三方评估和认证也会将 BCSSE 信息作为重要的参考点。此外,BCSSE 常与 NSSE 结合形成联合报告,两个报告的侧重点有所不同,NSSE 侧重大一和大四学生的学习投入以及院校支持度,而 BCSSE 则侧重新生的高中学习经验和大学期待。与 NSSE 调查结果相同的是,BCSSE 的调查结果不仅广泛运用到美国各高校的教学质量评估工作中,也为国家层面的高校课程教学改革提供参考。

---

① Fosnacht K, Mccormic AC, Nailos JN, et al. Frequency of First-Year Student Interactions with Advisors[J]. Nacada Journal, 2017,37(1):74-86.

四、BCSSE 的影响

（一）对新生的影响

BCSSE 对新生来说既是择校的重要参考,也是自身学习期待的表达。准大学生最关注的问题之一就是择校问题,高校最关注的问题之一是生源问题。参与 BCSSE 调查的高校不仅希望借此展示自身的办学实力和办学环境来吸引优秀的高中毕业生就读,更希望传达以学生需求为中心、关注新生的理念。[①] 一个充满人文关怀,特别是关注新生群体的高校,更有可能受新生青睐。准大学生和家长在竭尽全力地收集高校办学信息的同时,一定会关注高校对学生的重视程度,考察高校是否能满足学生的学习期待和发展需求。

BCSSE 量表不仅能帮助新生择校,还能调查新生的高中学习经验,调查新生曾就读的高中类型、高中时获得最多次的分段,以及各个板块的具体学习情况,如美国高中生毕业与升学的主要考试 SAT、ACT 的分数,每周在阅读、预习、社团活动、娱乐休闲方面的时长,作业或报告完成情况等。[②] 新生自身也可以参考 BCSSE 量表的宏观数据,或者参考就读高校提供的报告进行横向对比,与同年入学的同学进行对比,观察自己以往的学习精力和能力投入处在怎样的水平,自己的 SAT 和 ACT 分数处于哪个层次,同学对于高校学习的预期与自己的预期有哪些不同。

BCSSE 调查结果除了为新生提供择校参考和了解自身的机会以外,还能为新生提供表达学业需求的机会。BCSSE 量表的一大特点是关注新生在高中时的学习经历与学术能力,以及新生在高校学习中预计投入到阅读、写作、数据分析、同伴讨论互动等活动中的时间。BCSSE 的量表有关于新生就读后的住宿、学费支付以及从所就读高校毕业的意愿是否强烈等内容。对于新生来说,完成这样的量表本身就是一次自我反思的机会,同时也为新生敲响了高校学习方式转换的钟声,提醒新生明确学习预期,具体化学习投入时长等,有助于建立心理暗示,提升新生的学习投入热情。

---

① 徐小军.大学生学习适应性:结构、发展特点与影响因素研究[D].重庆:西南师范大学,2004.
② Fosnacht K. First Year Students' Time Use in College:A Latent Profile. Analysis. [EB/OL].[2019-4-20].NSSE.

（二）对高校的影响

BCSSE 调查新生的学习方式、学习能力，不仅贯彻以学生为中心的宗旨，也是了解学生学习基础的重要过程。将高校资源利用最大化的实践思路，对于高校课程设置、教学难度调整、教学方式方法改善都具有借鉴意义。

高校了解新生学业生活上的困难以及需求，有助于有的放矢地给予学生帮助，筛选出有辍学倾向的新生，提升学生的"留校率"。"留校率"是反映大一新生完成第一学年学习后次年返回学校继续求学的比率。根据美国国家教育数据中心 2018 年 5 月发布的全美高校本科生留校率和毕业数据，2015 年有 81% 就读四年制公立高校的新生于次年返校继续学习，而营利性四年制私立高校的留校率仅为 56%。高校高达 20%~40% 的辍学率，背后是庞大的辍学群体，折射出高校新生求学困难的问题。

BCSSE 的数据不仅可以供高校进行校内纵向对比，还能与其他高校进行横向比较。高校可以将往年数据与当年数据进行纵向对比，清晰直观地对比自身的发展变化。奥本大学运用 BCSSE 调查结果以及本校开发的新生系统，有效甄别有退学危机的新生，及时对有学习困难的新生给予帮助，有效降低了学生辍学率。

改善师生间的互动也是 BCSSE 调查对高校的积极影响之一。典型的例子是景轩大学（Grand View University）。景轩大学通过参与 BCSSE 调查，发现本校学生有较高的师生互动预期，但后续的学生回访显示，实际的师生互动并未达到新生的预期。此后，学校召开了相关师生会议，拨出专项经费，为师生互动提供支持，鼓励师生课后进行积极的交流和沟通，鼓励新生以饱满的热情投入到课堂内外的学术活动中，而非仅仅只是参与课堂学习。学校还安排教师指导新生参与相应教学项目，由指导教师利用专项拨款邀请学生在咖啡厅开办诗词谈讨会等，有效地消除了师生间的隔阂，促进了师生间的交流，也提高了学生的学习热情。

高校通过对 BCSSE 调查结果的合理运用，能够有效优化课程设置，推出相应的战略规划和改革举措。高校能够通过了解新生的高中学习经验和大学就读体验，倾听学生的意见，准确掌握学校的教育教学情况，改革起来才更加有的放矢。另一方面，高校能够将本校新生学习投入与其他高校进行横向对比，了解学校在同等层次高校中处于什么水平，同地区的高校在新生培养方面有哪些值得借鉴的地方等，为高校推进改革提供参考。

（三）对国家高等教育质量监督的影响

美国高等教育质量评价体系利用 BCSSE 调查模式,将高校对新生学习投入的关注度纳入高校认证的标准之中,作为考核高校办学成效的标准之一。[1] 学者舒曼(Schuman)是卡内基教育促进会委员,他曾提及 BCSSE 是高校了解新生学习情况的透视镜。高等教育认证机构会调取 BCSSE 信息,查看高校是否利用调查结果改善课程设置,改革教学方法,提升学生就读满意度。另一方面,国家能够通过 BCSSE 调查结果对各州、各高校进行横向对比,也可以对同类高校进行比较,以便国家高等教育行政机构更好地了解国内高校的办学情况,敦促高校关注新生学习。只有国家从宏观层面上关注学生学习投入,关注学生学习质量,才能提升整个国家的高校教学和人才培养质量。[2]

五、经验与启示

我国高校学生学习投入度调查始于 2008 年,清华大学首次开展了"中国大学生学习性投入调查"(NSSE-China),后更名为"中国大学生学习与发展追踪调查"(CCSS),其中将学习投入划分为"基于个体的学习投入和基于互动的学习投入"和"行为投入、情感投入和认知投入"两个内涵维度。[3] 2011 年,北京大学教育学院和北京大学教育经济研究所共同发起实施"首都高校学生发展调查"。一些高校自行开展了学生学习投入方面的调查。

在新生学习投入方面,2003 年,华中师范大学陈君运用《大学新生学校适应量表》《领悟社会支持量表》《症状自评量表》调查了武汉 956 名大学新生,得出了"不同类型大学生在学校适应方面存在显著差异,大学新生感受到的社会支持与他们的学校适应呈正相关"的结论。[4] 2007 年,北京联合大学张文杰针对本校 2 000 余名新生,从学习动机、学习能力、学习环境、教育风格和身心五个维度设计量表,开展了"新生学习适应性调查与研究",得出新生学习动机不足、对教师环境依赖较

① Education Commission of the States. Making Quality Count in Undergraduate Education [M]. Denver: Education Commission of the States, 1995: 4.
② 朱红.高校学生参与度及其成长的影响机制——十年首都大学生发展数据分析[J].清华大学教育研究,2010(6):35-43.
③ 王文.中国大学生学习投入的内涵变化和测量改进——来自"中国大学生学习与发展追踪调查"(CCSS)的探索[J].中国高教研究,2018(12):47-53.
④ 陈君.大学新生学校适应、社会支持及其关系的调查研究[D].湖北:华中师范大学,2003.

大、总体学习适应较好的结论。① 2011 年,北京大学教育学院和北京教工委联合实施"首都高校新生适应性调查",内容涵盖该新生的学习适应、人际关系与社会适应和经济适应三个方面。这些校本性的调查虽关注新生群体,但并非专门的新生学习投入度调查。

我国高等教育已正式进入普及化阶段。高等教育新生规模逐年扩大,内部结构越来越复杂,随之带来一些问题,如新生学业适应困难、学习和娱乐时间分配不合理、学生就读满意度低等。遗憾的是,我国高校的新生学习情况并未获得应有的重视,新生入学时高涨的学习热情未能得到合理的引导,有学业困难的学生未得到及时的帮助,这直接或间接地导致学生学业水平不理想。对于作为我国高等教育质量保障体系重要构成要件的评估系统来说,新生学习投入和适应理应成为重要的关注点,成为高等教育质量评价制度改革与发展的重要议题。

首先,在思想观念上,我们要认识到,学习投入是影响教育成效的重要变量。我国传统的高等教育评价观一直以教育投入评价为主。近年来对教育产出端的重视在逐渐加强,其中也认识到教育过程也是重要的影响因素,初步具有了系统的评价观。在投入端,人们一般较为重视国家、社会和学校的投入,尤其重视政府的经费投入、学校的硬件投入、管理系统的管理投入和教师的教学投入,对学生的学习投入的重视度相对较低。在这种投入观的影响下,我国高等教育评价更多是"教学评价",而"学习评价"被边缘化了。在高等教育内涵式高质量发展的新时代,学习投入作为影响学生学习成果这一最为重大的教育产出的重要变量,必须从边缘走向中心。而新生阶段对学生学习投入意识的提升、良好学习习惯的养成、从高中向大学自然过渡等具有重要的影响,新生的学习投入理应在政策制定者、教育管理者、教师、家长等主体的观念意识中占据重要位置。

其次,要努力开发具有中国特色的高校新生学习投入度调查工具,促进高校教育教学改革。推动高校教育教学改革是 BCSSE 项目设立的主旨之一。经过十多年的发展,BCSSE 调查结果不仅在高校自我提升与改进中应用广泛,在美国高等教育评估领域同样得到了有效的利用,对美国高等教育质量监督产生了重要影响。①联邦政府和州政府在拨付公共经费时会把 BCSSE 数据作为重要的考量点。②各大认证机构在认证高校及其办学专业时会将 BCSSE 数据作为认证的重要考量点。③BCSSE 提供了供高校间横向对比的认证依据,支撑了政府的资源配置决策、学校的教育教学改革和学生的择校。我国也应开发具有中国特色的高校新生

① 张文杰.大学新生学习适应性调查与研究[J].思想教育研究,2007(4):46-47.

学习投入度调查工具,根据自身需要合理设置指标,设计科学有效的量表,以此为杠杆,促进我国高等教育普及化时代高校的教育教学改革,推动我国高等教育内涵式高质量发展。

最后,使用好新生学习投入调查的结果。新生学习投入调查的结果不仅可以为新生择校提供参考,为新生学习过渡提供帮助和建议,还能帮助高校改进课程设置,提升新生学习适应性,预防新生学业危机,提升师生的有效互动。从国家角度来说,新生学习投入调查有利于教育主管部门对高校教学相关工作的宏观把控和指导,提升高校新生的学习体验和学习成果量化,提升办学效益。[①] 新生学习投入调查主办和管理机构要本着中立、公开的原则,系统分析数据和信息,撰写具有针对性的校别报告和具有综合性的年度总结报告,并将调查数据在一定范围内和一定程度上公开,增强调查的透明度,为政府部门、社会和学生做出合理的决策和选择提供信息支持。高校及其教师和学生则应学会充分利用调查报告及其内含的数据和信息,努力实现各自活动的合理化和活动结果的最优化。

---

① 赵晓阳.基于学生参与理论的高校学生发展及其影响因素研究[D].天津:天津大学,2013.

第五章 美国大学生学习成果民间机构评估制度分析

　　大学生学习成果民间机构评估是美国大学生学习成果评估的重要组成部分。刘丹青等认为,"美国高等院校学生学习效果评估机制在组织构架上包括高校内部自评和外部民间机构评估"①。黄海涛和常桐善指出,"美国高校学生学习成果评估可以分为校内自评和校外评估,其组织架构包括高校内部评估机构和高校外部评估机构,后者又可以分为政府组织的评估机构和民间组织的评估机构"②。周廷勇等称民间评估机构美国大学考试中心(American College Testing Program,ACT)、美国教育考试服务中心(ETS)和美国教育资助委员会(CAE)开发出的评估工具被美国教育部列为学生学习成果评估工具的典型③。国内将民间评估机构称为第三方教育评估机构或者教育评估中介机构④。本书认为,"民间机构评估"指以第三方教育评估机构和组织为载体,具有明确的目的、清晰的主体、可参照性的标准、适宜的工具、合理的程序和一定结果的教育评估实践。美国民间机构在大学生学习成果评估方面开展了较为持久、系统和深入的探索,积累了相应的经验,可以为我国高等教育质量评估制度建设提供一定的借鉴。

---

① 刘丹青,葛宝臻,兰德尔·厄普丘奇.美国高校"学生学习效果评估":经验与启示[J].高教探索,2015 (09):42-50.
② 黄海涛,常桐善.美国高校学生学习成果评估的组织架构及其职能[J].高等教育研究,2014(3):98-104.
③ 周廷勇,杜瑞军,张歆雨.美国大学生学习成果标准化评估工具的分析研究[J].复旦教育论坛,2014(5): 84-90.
④ 何嘉宁.第三方教育评估机构:高等教育质量评估的必然[J].长春工业大学学报(高教研究版),2013 (2):17-19.

一、民间机构评估制度变迁

自 20 世纪初以来,美国高等教育开始逐渐强调"增值和产出",相应的评估理念和教育测量不断发展,不断推动着学生学习成果评估的产生和发展,这一发展进程显示了较为清晰的"路径图"。[①]

(一)学习标准化考试的缘起(1904—1932 年)

19 世纪末 20 世纪初,由于大学规模的不断扩大和学生数量的迅速增长,教师对每个学生都进行考察的传统综合考试显然不能满足诸多学科研究发展和创新的需求。为顺应时代趋势,各大学开始实施学分制。虽然学分制较之早期的综合考试更加便捷和简易,不过它在执行中也出现了诸多问题,受到一些改革者的抨击,如弗莱克斯纳(Flexner)认为推行学分制会造成高校学位质量的流失。与此同时,1904 年美国著名心理学家桑代克(Thorndike)出版了《心理与社会测量理论导论》一书[②],标志着教育这一学科中出现了教育测量这个新的分支,也为对学生学习进行有效的评估提供了新的理论基础。而由书中提到的包含是非题和选择题等客观题型组成的标准化考试作为一种新的教育评估技术登上了教育历史舞台。其后的卡内基教学促进基金会(Carnegie Foundation for the Advancement of Teaching, CFAT)对学生学习成果评估的改革尝试和宾夕法尼亚研究(Pennsylvania Study)产生了广泛的影响。

1.卡内基教学促进基金会的改革

卡内基教学促进基金会对学生学习评估的革新做出了巨大的贡献。作为基金会的首届主席,普里切特(Pritchett)非常重视高等教育质量,在桑代克提出客观题测试后,他认为这种测量方法将会影响高等教育质量的监控方式,并且他设想通过客观题的形式来检测学生各方面的技能,将检测结果用作学生在校期间学习情况的证据。1916 年,基金会首席成员勒尼德(Learned)为了检测学生的读写能力、书面写作能力和数学能力,在密苏里大学采用了接受过反复试验和证明行之有效的测试内容、测试程序以及评分准则和整理、分析方式。[③] 随后,桑代克在麻省理工

[①]　Shavelson RJ.A Brief History of Student Learning Assessment:How We Got Where We Are and a Proposal for Where to Go Next[M].Washington D.C.:The Association of American Colleges and Universities. 2007:33.

[②]　黄海涛.美国高校"学生学习成果评估"的历史演进[J].外国教育研究,2013(7):112-121.

[③]　黄海涛.美国高校"学生学习成果评估"的历史演进[J].外国教育研究,2013(7):112-121.

学院、辛辛那提大学和哥伦比亚大学借助选择与非选择等客观试题来测试工学院学生的数学、英语和物理学科知识,[1]标志着教育测量开始走向标准化考试阶段。

2.宾夕法尼亚研究

对标准化考试影响深远的还有在1928—1932年进行的宾夕法尼亚研究,这项研究重点在于了解学生应该掌握何种知识和如何衡量学生的学习成果。研究主要采用多项选择题、匹配题和判断题等客观试题和纵向度的跟踪测试去测量、观察和比较被试者在不同时期的学习进展情况。测试题目总量很大,被试者的样本数量也很大,包括高中毕业生、大学生甚至大学教师。评估内容也十分广泛,几乎包含了大学所有的课程,其目的是检测学生的陈述性知识和程序性知识。宾夕法尼亚研究的突出贡献在于两个方面的改进:一是它对学生的学习成就和学习行为进行了界定,认为前者和后者存在因果关系,后者主要指的是学生在专业学科领域的研究深度得到进一步增加,而且这种研究理应囊括陈述性和程序性学科知识;二是其采用全新的教育测量技术评估学生学习成果,其评估结果在一定意义上来说可以说明倘若学生自身可以领会课程知识,也就意味着学生自身的知识积累可以借由这种测量技术来检测。除此之外,宾夕法尼亚研究对当时美国全国考试委员会(National Examination Board),即如今的美国教育考试服务中心的能力测试也产生了重要的影响。

在宾夕法尼亚研究的影响下,教育界对学生的学习和成绩由早期的口试转向内容广泛、目标明确的标准化测试,不仅使得评估范围进一步拓宽,也相应地减少了检测的耗时性,是大学生学习成果评估发展史上的一个重要里程碑。

(二)通识教育和研究生教育的学习评估(1932—1948年)

自20世纪30年代起,通识教育理念在美国高校中兴起。在这一时期,高等教育不再只注重认知知识的培养,而是转向关注学生综合素质的提升,要求评估学生在经历通识教育后所获得的“软技能”。在这之前的宾夕法尼亚研究就已经证实了综合性评估学生的学习成果是可行的。这里出现了“芝加哥大学方案”和“通识教育合作研究”两个代表性案例。

芝加哥大学校长赫钦斯(Hutchins)对通识教育课程进行了相关探索之后,认为传统大学的人才培养制度使得学生对知识的获取变得局限,因此,他对该校本科

---

① Brown J. Fruit of an Impulse: Forty-five Years Of The Carnegie Foundation, 1905—1950[M]. New York: Social Service View, 1953, 27(3): 36.

生教学进行了大改,要求所有学生必须对社会科学、人文科学以及生物和自然科学都有所了解,并且制定出每个学生大学前两个学年必须修读的课程。这一改革举措为通识教育课程的研发铺设了基石。芝加哥大学对学生学习成果的评估与宾夕法尼亚研究相比,对于学生的知识和技能的测试内容更加广泛,主要包括考查学生是否拥有"在较为陌生的情况下仍然可以进行实践操作的能力;根据一系列原理准则来阐述情景表现的能力;可以有效预知结果、能够明确活动进程、评鉴文化作品的能力"①。芝加哥大学改革方案的特点是对学生综合素质的全面评价,进一步推动了学生学习成果评估的发展。为了引导参与项目的多所高校的领导人可以在通识教育项目中有实际作为,也为让学生可以在通识教育中产生共同的社会认识,泰勒(Taylor)博士在美国教育部的大力推动下主导了通识教育合作研究,以此来促进各高校之间开展通识教育合作。通过这项研究,大量的测评工具应运而生,对评估参与此项研究的高校在通识教育改进方面取得的成效非常有用②,这也是对传统的机械式考试评估机制的改善。

1937年,勒尼德(Learned)领导的"研究生测试合作项目"(Co-operative Graduate Testing Program)课题组和哈佛大学、哥伦比亚大学、耶鲁大学、普林斯顿大学以及卡内基基金会共同创立了GRE考试机制。此机制的评估内容涵盖了多种学科知识,是一个较为综合、客观和精确的测试形式,主要用来考查学生是否掌握本科阶段的通识教育和专业知识,是否达到进入研究生学习的资格。1949年,GRE成为普通教育测试体系的一部分,目的是测量学生语言表达的有效性、批判性思维能力以及分析解决问题的能力。20世纪70年代中期,GRE被卡内基基金会移交至教育考试服务社,为大学生学习成果评估发展做出了贡献。

学生学习成果评估在这一阶段的显著变化是评估内容的改变,这种改变不仅体现在数量上,更体现在质量上,即对学生在某一学科或者课程的知识水平的测量范围不再只关注专业知识层面,评估焦点也落在学生所学的通识教育的学科知识上,同时更加强调对学生个人技能、道德品质发展、社会契约精神以及情感、态度、价值观等的综合性评估,促使评估结果更加精准、有效和全面。

---

① 黄海涛.美国高校"学生学习成果评估"的历史演进[J].外国教育研究,2013(7):112-121.

② Dressel PL, Mayhew LB. General Education, Exploration in Evaluation: the Final Report of the Cooperative Study of Evaluation in General Education[R]. Washington, D.C.: American Council on Education. 1954:14.

（三）学生学习成果测试机构的兴起和大学内部学习评估改革（1948—1978 年）

1.学生学习成果测试机构的兴起

20 世纪四五十年代，伴随教育评估理论和评估方式的发展，一些针对标准化测试的设计和研发的评估机构崛起，数量不断扩大，比如卡内基基金会研究生记录办公室（Graduate Records Office of the Carnegie Foundation，GROCF）、联合测试服务中心（Cooperative Tests Service）、教育考试服务中心（ETS）、美国大学考试中心（ACT）等[①]，其中最广为人知的是分别成立于 1948 年和 1959 年的教育考试服务中心 ETS 和美国大学考试中心（ACT）。

1948 年，以 SAT 为基础且属于非营利性机构的 ETS 在普林斯顿大学创立，标示着美国教育质量测试逐渐走上专业化、标准化和商业化道路。ETS 1949 年在测试内容上引进了 GRE 对学生能力倾向的检验。1952 年，ETS 又引进标准分系统来报告成绩[②]。1954 年，ETS 进一步细化了考试内容，增加了对学生学科领域的测试，也就是"领域测试"（Area Tests），这种测试方式取代了 GRE 原本的个人能力测试和通识教育测试，着重评估学生在人文、自然和社会等诸多学科领域的学习成果。到 70 年代后期，一些教师逐渐开始质疑这种标准化测试，怀疑这种测试模式能否改善学生的言语交际、批判推理、处理问题等能力。这些质疑声也使得 ETS 对结构性测试做进一步分析和研究，包括评估学生的交流技能、分析思维、综合能力和社会文化意识等[③]。1959 年，美国大学考试中心（ACT）成立，相继研发出了"大学学习成果测量"（College Outcome Measures Program，COMP）和"大学生学术熟练程度评估"（Collegiate Assessment of Academic Proficiency，CAAP）。其中 COMP 是通过多项选择题、简答、论文写作和口试等多种形式，直接考查学生在真实情境中的行为变化，从而测试学生的社交能力、分析和解决问题能力以及价值判断能力等三项过程性技能。

这些测试机构及其测试项目为学生学习成果评估贡献了力量。但到 20 世纪 90 年代后期，一些评估项目由于测试执行不力和评估成本昂贵等原因逐渐走向终

① 韩莹.美国大学生学习结果外部评估研究[D].开封：河南大学，2017.

② Shavelson RJ. 2007.A Brief History of Student Learning Assessment：How We Got Where We are and a Proposal for Where to Go Next[R/OL].[2009-12-10]. Washington D.C.：The Association of American Colleges and Universities. Council for Aid to Education.

③ Shavelson RJ. Measuring College Learning Responsibly：Accountability in a New Era[M]. California：Stanford University Press. 2020：25.

结,有些则又回到了最初的多项选择题测试。

2.大学内部的学习评估改革

20 世纪 70 年代初,美国高校开始质疑和否定评估的质量,于是掀起了一场评估技术改革,以此来准确测量学生学习成果情况。这场变革中影响最大的当数艾维诺学院(Alverno College)的评估项目和东北密苏里州立大学(Northeast Missouri State University)的增值评估。

艾维诺学院一直致力于改革学生学习成果评估方式,通过 AT&T 公司的支持创立了“综合测量评估中心项目”。这个评估项目从本质上来说是一个内部测试系统,主要关注学生的知识学习和个人发展。同时,该项目还规定了学生须获得的八项核心能力:社会交际能力、理解判辨能力、处理矛盾疑难的能力、价值辨析的能力、有效的社交联系能力、处理人际沟通能力、有效的群体互动关系、国际见识和目光、审视美好的人和事物的能力①。评估执行者不仅仅是教师和专业人士,也包括学生的同学和其他成员。该项目的实施具有深远影响,也为后来许多小型文科学院的评估提供了范本。

一开始,东北密苏里州立大学的评估意图是将本校学生在全国范围内的标准化测试中所获取的成绩进行比较,由此来校验课程设置的科学性和有效性。到后期,学校开始利用多层面的“增值”方式来检验学生的学习成果,如通过标准化考试来测评低年级学生和高年级学生,而毕业生只需要进行主要必修科目的考试。此外,学校还通过发放问卷或者其他方式来收集在读生和毕业生的主观心理感受。这些评估方法在后续的发展和应用中收到很好的成效,学生参加标准化考试的成绩有所提高,学校课程的有效性也有明显提升,学校的生源不断增加,培养出的毕业生更受欢迎。

这一时期,许多专业测试机构不仅致力于研发各种评估工具,还积极主动参与高校的学习成果评估实践。同时,高校本身也在努力变革学习评估方式,开发个性化评估技术,为应对外界各种变化和压力不断地突破自我。

(四)回应外部问责和促进学校与学生的改进与发展(1979 年至今)

20 世纪七八十年代,高等教育规模扩大、资金紧缺以及教学质量的“滑坡”现象,引发美国政府、高校以及外界对高等教育质量问题的热烈讨论。1985 年,美国大学协会发布了《学院课程的完整性》(Integrity in the College Curriculum),指出高

---

① 黄海涛.美国高校“学生学习成果评估”的历史演进[J].外国教育研究,2013(7):112-121.

等教育质量在过去 20 年间呈现出下滑趋势。一时间,各种各样的质疑和批判不断涌现,社会各界纷纷要求高校出具教育经费的使用情况说明,美国政府也在此背景下加强了对高等教育质量的问责,让高校出具可以证明自身有效教学的证据。为了回应政府的问责和社会公众的舆论压力,各高校主动或被动地开展了各种评估活动,其中学习成果评估成为问责与改进的重要依据。

各界此起彼伏的问责声致使美国政府、高校以及社会纷纷投身于"评估运动",学生学习成果评估成为美国高等教育界的探讨热点。各州政府通过设立法规、制定政策、拨付款项等形式推动评估运动,要求高校将学生学习成果评估情况以书面形式呈现。如新泽西州创立了"基本技能评估程序";佛罗里达州要求高校新生和老生都需要接受知识检测;田纳西州通过拨付一定的奖励经费来促进高校对二年级和四年级在读生进行学习成果测评。弗吉尼亚州的学生学习评估政策较为灵活,它允许高校选择最适合自身实际情况的评估方式开展学生学习评估,这种弹性政策让政府、社会各界对高校教育资源和经费的使用问责和高校自我改进之间达到动态平衡,也引导高校在开展评估活动时能够采取更科学的形式。

问责压力迫使美国高校逐步提高了对学生学习成果评估的重视。但是在应对问责的同时,也不可避免地出现了一些反对和质疑的声音,反映了高校对自身声誉和教学质量的担忧和政府对大学的强制问责和大学自治思想的矛盾对立。但这并没有对学习成果评估的开展产生多大的障碍。除此之外,由于院校认证的压力,学生学习成果评估也成为了高校自我评价和自我改进的内在需求。同时,评估运动的推行也衍生了许多专门从事学习测量的评估机构,这也是另一种将教育市场变相扩张的趋势。

20 世纪 90 年代末期,高校认识到应对政府部门和外界的问责不再是学习成果评估的唯一目的,更重要的是能从长远的角度去衡量教育质量,促进教育教学的持续改进。同时,这一阶段美国高等教育质量保障模式发生了急剧变化,不再执着于认证,更加关注学生学习成果评估。此外,高校纷纷组建评估机构、设计和研发评估工具、培训专业的师资队伍,大力支持教师从多个角度去了解和评估学生的学习成果。

21 世纪以来,学习成果评估进一步成为质量保障的焦点和重大议题,许多高校开始主动运用学生学习成果评估机制。2002 年,美国大学学习全国论坛(The National Forum on College-Level Learning)要求收集能体现大学生在接受教育之后所形成的具有个人特征的学习成果的有效信息。2003 年,美国高等教育认证委员会(CHEA)发布了关于学生学习成果评估的宣言,指出学生学习成果评估在美国高等教育评估体系中愈发重要,且它是证明一所高校办学效益的主要依据。2005年,美国联邦教育部设立了斯佩林斯委员会,讨论大学高昂的耗资是否和高校办学效率成正相关。2006年,美国教育部高等教育未来展望委员会发布了关于完善高等教育评估体系的报告草案,提出注重学生学习情况和学生学习成果评估是美国高等教育质量保障的重要构成因素,科学的评估标准和具体措施是评估机制建设的需要,报告建议构建一套大学生个人教育记录系统(National Student Unit Record),用以记录和收集学生在校期间的学习行为和学习成就。

随着评估运动的不断推进,众多专门评价学生学业成就和发展前景的测试工具相继出现。这些工具侧重于检测学生的一般技能、学习行为和学科成绩,如"大学生学习评估"(CLA)、"大学基本学科能力测验"(CBASE)、"大学学业水平评估考试"(CAAP)、"专业成绩测试"(Area Concentration Achievement Test, ACAT)、"专业测试"(Major Field Test, MFTs)、"全国大学生学习投入度调查"(NSSE)、"能力测试"(EPP)等。这些评估工具在实践运作中具有较好的信效度,也进一步推动了评估运动。目前,虽然学生学习成果评估还面临诸多挑战和现实图圈,但是在不断强调质量与效益的问责环境下,大部分高校还是积极地采取多样的评估方式和评估工具来测量学生的知识与技能。学生学习成果评估的发展已经趋向于多向发展,不仅服务于高校回应外部问责,也服务于促进学生学习进步、教师教学改进和学校教育教学工作改善。

二、民间机构评估制度安排

目前,"学生学习成果评估"作为美国高等教育质量保障的一种重要形式,对提升学生学习能力、推动学生个性成长起着不可或缺的作用。美国学生学习成果评估主要是以高校内部自评和高校外部评估相结合的形式,并围绕高校这一中心进行。其中外部评估主要由政府和民间机构组织实施,而后者逐渐发展衍生出一套精准、科学的评估程序,包括评估标准、评估方法、评估工具等,对美国高等教育改革和提升办学绩效给予积极的帮助。

(一)评估机构

自20世纪40年代中期开始,在承担评估职责方面,政府并不是美国大学生学习成果评估的主力军,这一角色更多由民间机构承担。民间评估机构开发并提供评估工具,政府委托民间评估机构开展评估,将评估结果用于对高校的问责和教育经费配置,而高校则通过购买民间评估机构的评估工具,在具体实施中对评估过程进行管理。目前,美国民间的学生学习成果评估机构有三种:第一种是直接开展学生学习成果评估活动的机构,第二种是负责开发评估工具但是不直接开展评估活动的机构,第三种是为评估活动提供相关资料和支持的机构。政府对这些民间评估机构进行了不同程度的资助和扶持,但不影响这些机构的独立性。

1.直接参与评估活动的认证机构

在美国高等教育质量保障制度中,认证制度的影响无疑是最大的。认证主要由不隶属于政府、自发参与的大学和学院协会或特定职业协会管理下的独立认证机构主导运行。这些认证机构主要评估大学的办学资质和教育质量是否达标。认证机构主要分为全国性认证机构和地方性认证机构。全国性认证机构主要包括高等教育认证委员会(CHEA)、圣经学院认证协会(AABC)、远程教育与培训认证委员会(DETC)、独立院校认证委员会(ACICS)、跨国基督教院校认证委员会(TRACS)、希伯来语与犹太法典高等学校联合会(AARTS)、美国和加拿大神学院协会(ATS)等。这类认证机构主要认证教育目标单一或者持有某种特定需求的高等院校。美国共有六大地方性高等教育认证机构,分为是新英格兰院校协会(NEASC)、西北地区院校协会(NWCCU)、中部各州院校协会(MSA)、南部院校协会(SACS)、中北部院校协会(NCACS)和西部院校协会(WASC)。这些认证机构又进一步联合,组成了地区认证机构联盟,旨在促进各区域认证机构之间的合作与发展。这些认证机构是民间机构中直接开展学习评估活动的主力军。

2.开发评估工具但不直接开展评估活动的评估机构

一些机构虽然不直接开展学习成果评估活动,但却为学习成果评估开发出了多样化的评估工具。其中,教育考试服务中心(ETS)、大学考试中心(ACT)和教育资助委员会(CAE)都是颇具代表性的机构。

ETS致力于为高校提供公正高效的测评、研究和有关的一系列服务,帮助高校应对各方问责和提高办学质量。ETS作为一个非营利组织,在研究、发展和评估学生学习成果方面具有与高等教育界和评估社区合作的独特地位。此外,ETS还承诺向高等教育界提交一系列重要报告,帮助解决学生学习领域的问责问题。ETS开发的大学生学习成果测量工具主要包括"大学专业知识测量"(MSK)、"通识教育技能测量"(MGES)、"学术熟练程度与进步测量"(MAPP)(2009年更名为

EPP)等①。

ACT 也是一个独立的非营利性民间组织,它提供了上百项考试、项目管理、调研和信息处理服务,致力于帮助人们实现教育领域和职场能力的发展。ACT 在近60 年的研究基础上,为政府和高校提供了高质量的评估服务。ACT 的很多项目都是为了推动高等教育改进对学生学习成果的评估,尤其是对学生在通识教育方面的学习成果的评估。其中,它开发的标准化考试评估项目"大学学业水平评估考试"(CAAP)的评估结果常常被用来回应认证和问责报告、各种检验、校内外的纵横向比较等。

CAE 和独立学院理事会(CIC)共同研究开发出的大学生评估(CLA)被认为是影响最大的学生学习成果标准化评估工具。CAE 开发的评估工具往往以办学绩效为评估标准,评估指标的使用范围广泛,包括大学管理者、师生、家长、雇主以及战略方案开发者等在内的人员都可以用它来对大学教育质量进行直接评估。CAE 对标准化评估的绩效任务的创新为大学教育质量评估领域制定了标准,其主要目的是在形成性评估中弥合评估与教学之间的差距。

3.为评估活动提供资料和支持的机构

美国有许多民间评估机构和组织虽然没有开发出评估工具,但是它们也为学习成果评估提供了相关研究资料和平台支持,如学习成果评估国家研究中心(National Institution for Learning Outcomes Assessment, NILOA)、美国评估协会(American Evaluation Association, AEA)等②。其中,NILOA 成立的根本宗旨是支持开展设计和研发活动,向高等教育界提供必要的信息和资料,帮助改进本科教育质量。

(二)评估内容

努什(Nusche)将学习成果分为认知性学习成果和非认知性学习成果。前者包括专业知识成果和技能成果,后者包括心理、社会发展、态度与价值。评估实践中一般将学习成果分为通识教育学习成果和专业教育学习成果。

1.通识教育学习成果

通识教育就是学生除了在专业课程知识领域的学习之外所应该涉及的知识领域,而这部分知识恰好可以弥补学生的知识空缺,增强他们与其他文化领域的思维

① 黄海涛,常桐善.美国高校学生学习成果评估的组织架构及其职能[J].高等教育研究,2014(3):98-104.
② 黄海涛,常桐善.美国高校学生学习成果评估的组织架构及其职能[J].高等教育研究,2014(3):98-104.

碰撞,增强学生独立思考能力、分析和解决问题能力。由于通识教育并不具有硬性划分的专业,它的种类也是丰富多样的,学生可选择人文、自然科学、社会科学、世界文化、批判推理、艺术文化等多方面的知识。和专业学科知识相比,通识教育知识更具灵活性和延展性,可以被应用于不同的学科,如使用信息能力、数据推理能力、批判性思维能力和写作能力,等等,可在众多学科中跨界使用。其中,ACT 开发的标准化测试工具 CAAP 对学生通识教育学习成果的评估主要包括测量学生在批判性思维、科学、数学、阅读和写作等方面的技能;ETS 设计的 EPP 则是将批判性思维、阅读、写作和数学等技能纳入通识教育学习成果评估指标中;CAE 研发的 CLA 认为对学生通识教育学习成果的评估应该涉及批判性思维、分析推理、写作交流等技能。

2.专业教育学习成果

专业知识是指在某一专业领域中具有稳定性、系统性的知识。大学生所面对的专业知识学习成果主要是指专业综合知识和实践技能以及一个特定领域的课程内容与其需要具备的能力。学校对学生的专业课程教学从某种程度上来说是培养学生专业能力的关键,不同学科、不同专业的培养目标也不尽相同,专业课程的设置也会不同。而专业课程评估的学生学习成果主要是指学生在通过本专业课程学习之后获得的相关知识水平和技能。学生专业课程的学习成果评估结果不仅可以体现出学校课程的教学目标和学生在经过专业课程学习之后所掌握的知识和技能水平,也能对比出不同院校对于学生专业学习成果评估的侧重差异。一直以来,学生专业课程的学习成果评估主要是由教师利用课堂教学、考试考核、实习经历、研究项目参与度等各种方式来进行。随着大量民间测试机构的崛起,评估学生专业知识水平的外部测评工具也不断涌现。

（三）评估标准

不同机构由于其创办初衷有所不同,学习成果评估的标准也不尽相同。这里选取美国三大最具影响力的民间评估机构美国教育考试服务中心（ETS）、大学考试中心（ACT）和教育资助委员会（CAE）的评估标准进行分析比较。

1.ETS 的评估标准

正如上文所述,ETS 是一家独立的、集研究和发展为一体的非营利性民间评估组织,其目的在于通过与其他高等教育评估组织协作,协助大学提高学生的学习能力。ETS 经过对多家高等教育评估项目和多所大学教育教学改革项目的研究,归纳出具有一定系统性的学生学习成果评估维度和评估指标,并且开发出与之契合的标准化测试工具,构建形成了自己的学生学习成果评估体系(见表5-1)。

表5-1　ETS 的学生学习成果评估标准

评估维度	评估指标	评估工具
通识教育技能和职业准备技能	批判性思维能力;阅读能力;写作能力;数学能力	大学生能力测试;大学基础学科学习测试;大学学术能力评估测试;信息通讯技术标准化测试;大学学术水平及过程评估
特定领域技能	专业学科知识;专业技能	专业测试;领域测试
软技能	团队合作;人际交往	结构性回答测试
学生投入度	实证研究文献学习;大学实践;师生交流	全国性学生投入度调查;社区大学学生投入度调查

注:根据 ETS 的学生学习成果评估框架整合而成。参见:Catherine MM., Leslie MS., David JP. & Carol AD. A Culture of Evidence: Critical Features of Assessment for Postsecondary Student Learning. Educational Testing Service, 2007:6-22.

2.ACT 的学生学习成果评估标准

ACT 成立于1959年,旨在为人们提供教育领域学习和工作能力发展的机会。20世纪70年代后期,ACT 针对大学生的测试项目开始侧重于对学生的人文知识、科技知识和技能等学习表现进行评估。通过全面审查相关理论、教育和工作标准、实证研究、该领域专家的意见,ACT 制订出了一套关于教育和职业准备的全面发展框架(见表5-2)。

表5-2　ACT 的学生学习成果评估标准

评估维度	评估指标	评估工具
核心学术技能	英语语言艺术;数学;科学	大学学习成果测量;大学校际学生学术能力评估
教育和职业导航技能	个人特征、过程和知识	
跨领域技能	信息技术素养;协同解决问题;思维和元认知;学习和研究	工作键评估(WorkKeys);工作键团队评估(WorkKeys Teamwork)
行为技能	人际关系;自律;努力	

注:根据 ACT 的学生学习成果评估框架整合而成。

3.CAE 的学生学习成果评估标准

CAE 在 2000 年开发出了标准化测试工具 CLA,其目的是帮助改进学校教学、权衡学校的绩效以及评估学生在高阶思维方面的发展。CAE 在参照其他各类制订标准的方法的优点的基础上制订评估标准,有效地减少了偏差,使得评估标准更科学严谨,评估结果更准确(见表 5-3)。

表 5-3　CAE 的学生学习成果评估标准

评估维度	评估指标	评估工具
选择性应对技能	分析和解决问题; 写作效率; 写作机制	大学校际学生学习成果评估
执行技能	批判性阅读和评价; 科学和定量推理; 判断论点	

注:根据 CAE 的学生学习评估框架整理而成。参见:Wolf R., Zahner D., Kostoris F., and Benjamin R. A Case Study of an International Performance-Based Assessment of Critical Thinking Skills. Council for Aid to Education, 2014.

将以上三个民间评估机构的评估维度进行归类整理(见表 5-4)可知,三大民间机构的评估维度可归纳为认知技能和非认知技能两个类别;三大民间评估机构的发展路径、评估初衷和评估对象不同,因此各自在两大评估维度下的评估重点也有所差异,如 ETS 注重学生的个人学习和发展,ACT 针对的是学生对知识和技能的应用,CAE 关注学生的高阶技能提升。

表 5-4　ETS、ACT 和 CAE 的评估标准比较

评估机构 评估维度	ETS	ACT	CAE
认知技能	通识教育技能和职业准备技能; 特定领域技能	核心学术技能; 教育和职业导航技能	执行技能
非认知技能	学生投入度; 软技能	跨领域技能; 行为技能	选择性应对技能

（四）评估方法

从 20 世纪 80 年代开始，众多专业评估专家和机构对学生学习成果评估方法进行了多方面的探究，其中民间机构开发的客观评价考试所采用的评估方法主要有以下几种。

1.直接评估

直接评估主要指利用直接测量的形式来检测学生对应该具备的知识水平和技能的熟练程度。最常见的评估形式主要有标准化考试、校内组织考试、学生在社会实践活动中的参与度调查、学生能力发展记录档案、论文等。其中，由于标准化考试针对的群体人数比较多，相对来说它的测试结果具备更高的可靠性和信效度、测试分数具有可比性。另外，标准化考试耗时较短，评价标准比较规范和统一。但是它也有一定的局限性，例如这类考试题目的深度和广度不够，不能很好地体现出学校方方面面的办学情况，也不能灵活自如地对学生的实践能力进行测评。

2.定量评估

定量评估是指通过数字语言的描绘和表达以及统计、收集和分析关于学生各方面学习情况的信息和数据来对学生的学习成果进行评估，如统计分析学生考试成绩及格率、学生就业率与毕业率等。不同于定性评估主要凭分析者的直觉、经验，定量评估更具科学性和说服力，标准化测试和问卷调查就是典型的运用定量评估来开展评估工作。

3.持续性评估

持续性评估是指对教学进行不间断的、非抽查性的周期性评估，最常见的形式主要有标准化考试、汇报、学生成长记录档案和表演等。持续性评估可以清晰地呈现出教师在教学中出现的问题，也可以让学生及时意识到自己在学习期间的困难，从而促进师生相互改进，相互进步。

4.结果性评估

结果性评估是针对学生在修读完某一科课程、完成某个项目或者在学期末所形成的最终成效进行评估，且因为各门课程或者项目具有独特性，学生的学习成果也会以多种不同的方式呈现，如汇报、表演以及标准化考试。这种评估方法的执行过程比较容易，也可以帮助学生对自身接受课程学习之后的最终成果有一个较为全面的了解。但是它主要针对集体学习成果，具有一定的片面性，可能会忽视学生的个体需求。

(五)评估工具

第二次世界大战后,美国大学生就读人数的猛增和教学测量技术的提高造就了各种专门研究和开发标准化测试的民间评估机构的涌现,也衍生出了许多对大学生的学习成果进行评估的标准化评估工具,且逐渐发展为综合性的考试。美国民间评估机构在学习成果评估中使用最多的工具主要有大学学业水平评估考试(CAAP)、教育考试中心能力测试(EPP)和大学生学习评估(CLA)三种。

1.大学学业水平评估考试(CAAP)

CAAP 是由 ACT 在 20 世纪 70 年代开发的"大学学习成果测量"(College Outcome Measures Program,COMP)改进而来的。它旨在对学生的通识教育学习成果进行测试,提升高等教育质量。该工具将大学新生作为测试对象,主要考察新生在入学考试后是否具备可以接受更高层次教育的能力,其测试结果还可以比较不同高校之间办学效益和教学质量的差异。在测试板块方面,CAAP 主要包括批判性思维、阅读、数学、书面写作以及科学五个方面的能力测试。高校可以根据本校的课程设置现状或者预期的通识教育学习成果自主选择测试板块对学生进行测试。通过计算每个板块的得分,依次累积后,与学生刚入学时的考试成绩做对比就可以看出学生对知识和技能的掌握情况。

2.教育考试中心能力测试(EPP)

EPP 最早源于 ETS 研发的大学生学术能力测试(The Academic Profile Test),2006 年被更名为学术熟练程度与进步测量(Measure of Academic Proficiency and Progress,MAPP),到 2009 年被确定为 EPP。EPP 旨在测试学生在通识教育方面的学习成果,为高校提供教学质量监察和办学效益的证明。该工具的测试对象不限年级,不限时间。按照报名人数来划分,EPP 包括标准版和简化版两种测试形式。前者主要包括 108 种测试项目,且没有人数限制,后者为了保证测试结果的科学性和有效性,测试题目和内容相对较少,包括 36 项,且测试时间短。只有标准版测试才能较为精准地显示出学生的个人能力。一般情况下,测试对象为由学生组成的小群体,人数不少于 50 名。EPP 通过对学生批判性思维、阅读、写作与数学等领域进行技能检测之后可得出熟练、略熟练或不熟练的熟练程度分类,在人文、社会科学、自然科学、大学水平阅读和写作、批判性思维和数学等方面也有分项计分。在测试形式方面,EPP 提供现场笔试和在线考试两种形式,学生可以根据自身的实际情况选择其中一种形式。此外,EPP 的标准版测试题较为灵活和全面,允许各高校在既定试题内容的基础上设置符合自身课程实际的选择题和作文,以便更精准地考查学生在某些专业课程内容上的学习成果。同时,EPP 还为不同的学校设计出符合其办学条件的常模参照量表,方便各高校有针对性地选择最适合本校情况的一种。量表涵盖了学生的测试总成绩、分项得分与技能得分,测试结果将以数据与图表的形式来呈现学生在大学各个阶段分数的比例。

3.大学生学习评估(CLA)

CLA 是由美国教育资助委员会和兰德公司于 2004 年合作开发的。相对于 EPP 和 CAAP 来说,CLA 虽然起步较晚,但却在各种评估工具"百家争鸣"的局面下独树一帜,成为最常使用的评估工具的后起之秀。CLA 的主要评估对象为大学新生和应届毕业生,其测试得分表示为增值分数,增值分数用学校的实际平均 CLA 分数与参与学生根据他们的平均 SAT 或 ACT 分数预测的平均得分之间的差异来表示。CLA 通过计算学校新生和高年级学生之间的附加值分数差异,再与不同院校的测试结果对比,以衡量学校课程和教学方法的改革对学生学习的贡献和影响,明确高等教育教学改进和质量管理体制进一步完善的方向。相对于多项选择测试,CLA 是一种由计算机管理的开放式无纸化测试,测试内容都为主观题,主要包括执行任务和分析写作任务,要求学生分析取自实际生活中繁杂的、模棱两可的材料,对其进行建构反应,以此证明学生在分析推理、批判性思维、问题解决和书面交流等方面的能力。这种分析是在学校进行的,而不是在学生水平基础上进行的。同时根据输入情况对结果进行调整,评估学生在学校取得的进步是否比预期的好或差,或者与其他院校类似情况的学生的进步相比是好还是差。

分析比较 CLA、CAAP 和 EPP,可以发现三者在评估内容和评估重点方面既有相似之处,也有差异(见表 5-5),如 CLA 的测试题形式主要是主观题,而 CAAP 和 EPP 则主要采用客观题。

表 5-5　CAAP、EPP 和 CLA 的比较

评估工具	评估内容	评估重点
CAAP	批判性思维能力	考查学生在分析、评价和拓展论据等方面的能力。论据是涵盖看法和倡导批判性思维的一组表述(测试包括四个部分,源自大学课程中的文段和题目)

续表

评估工具	评估内容		评估重点
CAAP	数学能力		考查学生处理大学水平阶段的数学问题的能力。该内容注重定量推理,而非对公式的记忆(包括计算、代数、几何)
	阅读能力		考查参照、引用和推断等方面的能力
	科学能力		强调学生对诸如生物科学、化学、物理科学等科学知识的理解和推理能力
	书面能力	表达能力	要求学生确定问题,表达观点,给予解释
		写作能力	考查学生对标准书面英语诸如语句、各种符号以及句子构成等方面的掌握程度
EPP	批判性思维能力		考查学生是否能够分辨文章(非小说)中的修辞与叙述(辨别最佳的阐释和假设、推理和说明变量间的联系、根据信息获得有用的结果)
	数学能力		辨别和阐明数学术语,浏览和说明图表,利用公式进行求值,数字比较和排列顺序,说明占比份额,认识科学检测器材,明辨和运用相应的数学公式或表达式
	阅读能力		阐明关键术语、辨别文章主旨、信息、修辞,进行恰当适度的推理
	写作能力		熟知大部分从句、单句或句群的语法订正技巧、语言条理分明并善用修辞、辨别和阐明形象文字表达、组织素材以表述更全面的想法
CLA	执行型任务		全面结合相关材料,评价信息,判别隐藏的偏见,并总结出逻辑推论
	分析写作型任务	立论题	根据相应的历史知识,再综合课程要求、时事政治、自身阅历等阐述看法
		驳论题	考察学生评价和判断他人看法的技能

(六)评估结果的使用

民间评估机构对大学生学习成果进行评估所得出的结果主要应用于院校机构和专业认证、回应社会问责、为大学内部课程改革和证明教育质量提供依据、促进学生学业发展等。

1.用于机构认证和专业认证

美国民间机构大学生学习成果评估结果应用最广泛的领域是院校认证和专业认证层面的自我测评和改进。认证机构在对各院校进行机构认证和专业认证之前会要求其先进行自评。而大学生学习成果则是认证的主要内容,高校需要为认证机构提供相应的成果信息,尤其是能够体现出学校教育教学改革对学生学习成果的贡献和影响的有效数据来作为自身在优势专业上取得成绩的佐证。

2.回应社会问责

民间机构的评估结果不仅可以为社会大众提供所想要了解的高校和学校各个优秀专业的信息,回复民众所提出的学生在学校将会获得和实际上会获得何种知识和技能的问题,还可以成为各州政府部门发放教育经费的重要参考。应对社会大众的质疑和问责是各个高校不可避免的责任,也是促进高校教学质量发展的外部驱动力。美国民众对高等教育的投资很积极和慷慨,也非常关心投资是否"值得"。对于学校来说,面对这份"慷慨大餐",他们需要向这些"援助者"提供令人信服的有关数据,学生学习成果评估结果自然就成为最有效的证据。

3.为高校质量提升提供依据

评估结果最实际的运用便是为高校的教育教学改革、质量提升提供依据。1995 年,卡瓦斯(Khawas)的调查发现,有76%的高校依照学生学习成果评估结果对专业制订和课程传授进行革新。民间机构学生学习评估为高校教师、学生以及部门管理人员提供了一个能够改进教学和完善评估工作的平台。通过这个平台,可以为高校内部成员输送有关学生学习成果的信息,帮助大家及时变革课程、更正教学计划、拓宽知识的深度和广度。

4.促进学生学业发展

从某种意义上来说,评估结果可以直接反映出学生在学习中出现的"病症"关节所在,也能较为直观地显示出不同学生个体之间存在的学习差异,对学生学业发展有着直接推动作用。此外,利用民间机构设计研发的标准化测试工具来测量学生的知识水平和技能可以有效避免主观评估的随意性,帮助学校尽快发现学校师生在教授与学习这个过程中存在的问题、学生对于知识和技能学习的不足与遗漏,提升学生学习成果。

三、民间机构评估的运行程序

学生学习成果评估是一种持续性过程,需要规范化地收集、剖析和处理信息,这就必须要有一套科学合理、符合高校教学实际的运行程序。这种程序是融合数据收集和分析为一体,并且促使高校合理使用评估结果来提高教学质量的复杂过程[①]。各大民间机构基本上都构建了较为健全的评估程序和机制,运行效果总体良好。下面以 ETS 的能力测试(EPP)为例,来归纳学生学习成果民间机构评估的运行程序。目前,ETS 在全世界至少 180 个国家开设了 9 000 余个测试点,每年可以开展 5 000 多万人次测试的测量研发、执行、评定事宜[②],其中 EPP 的评估程序大致如下。

(一)确定评估对象

ETS 于 2006 年成立了关于 MAPP 的研究机构,于 2009 年将 MAPP 更名为 EPP。EPP 通常适用于高校新生和毕业生,作为衡量学生学习成果的一种方法。目前,EPP 在整个美国有 500 多所高校、55 万名大学生参加测试,主要是选取某个足以体现所有学生特点的试验学生集体在就读过程中的某几个节点进行测试,以此来判断学生在校期间是否取得了预期的学习成果。

EPP 以高校为测量单位,主要针对本科生的通识教育知识和技能进行测试,测试对象没有年级限制,有两方面的目的:一方面是测试结果可以作为学生学习成果的证据回应社会大众的问责;另一方面高校可在内部利用这些结果,就如何改进教育方案或学生的通识技能进行讨论。例如,某高校的某个优势专业的学生在大一入学时、大二就读期间以及大四毕业时分别进行 EPP 测试,如果这部分学生的 EPP 评估结果分数比较高,那么就认为这所高校的整体学生学习成果比较优秀。各高校还可以进行各种研究,包括横截面和纵向研究,利用 EPP 的测试数据来确定学生的学习水平以及如何提高学习成绩。另外,EPP 在选择评估对象样本的时候,一般是利用抽样方法,选取最具代表性的学生群体。这在一定程度上省时省力,但是由于只是抽取小部分群体,这部分学生是否可以完全代表整个学校的学习情况也遭到了大众的质疑,因此,评估结果的切实性也会有所偏差。

---

① Palomba CA, Banta TW. Assessment Essentials:Planning, Implementing, and Improving Assessment in Higher Education[M]. San Francisco:Jossey-Bass, 1999:20.

② 田霖.美国专业考试机构 ETS 的组织定位分析和启示[J].中国考试,2017(2):64-69.

（二）确立评估内容

EPP 是一种对大学生的阅读、写作、批判性思维和数学四个方面的通识教育知识的综合测试,旨在衡量通过通识教育课程而不是在某些特定课程中专门教授的学科知识所培养的学术技能,学生回答每个问题所需的学科知识都包含在问题本身或潜在问题的辅助材料中。EPP 有标准式和简化式两种测试形式。标准版测试包括 108 个项目,测试时间为两个小时。简化版测试旨在提供至少 30 名学生的群体信息,将标准考试分成三个小考试,每个考试有 36 题。两种测试的所有项目都采用多项选择的形式,每个项目都与特定的学术背景相关,如人文科学、社会科学或自然科学等。并且每个部分测试相同类型的技能,这种综合设计是为了确保所有技能领域都得到了平等的测试。对批判性思维技能的测试主要通过对相悖的原因和结果进行剖析和测量、对设想和既定事实的符合度进行评价、推断和识别信息数据的关联性并解析某一论点或论断、鉴别给出的信息资料能否支撑某一感性领会、甄别因果联系的考察措施是否得当、对材料和既定的实际情况、假定和方法的一概性进行判定,判别证据中存在的瑕疵与悖论等 7 个范畴进行考察,EPP 主要采用"价值增值"的评估理念与方法,根据学生在高校不同时期的测试分数来评价学生是否取得了预期的进步。因此,它的评估内容也具有灵活性。

（三）设计测试题型

在设计测试题型方面,EPP 具有一些独特性。作为一种标准化测试工具,它与间接测试工具有所差异,主要是直接测试学生经过通识教育培养之后获得的学术技能,而不是侧重根据在特定课程中传授的知识来设计测试题型,这是一种具体、清楚地衡量学生到底学到了什么和没有学到什么的方式。EPP 采用多项选择题形式和标准版和简化版两种版本直接评估学生的学习情况,可以在一定程度上缩小测试结果与学生真实学习成果之间的偏差。EPP 将所测试的四类技能划分成 3 个熟练程度等级,每个等级都根据学生的预期能力定义。

标准版测试旨在提供有关个别学生及学生群体的资料,对测试人数没有要求。它分为两部分,每个部分包括 54 个问题,共 108 个问题。两个部分可以在单独的 2 小时的时间段内完成,也可以在 2 个单独的 1 小时的时间段内完成。针对测试所要考察的 4 种能力,每种能力对应有 27 个问题。参加标准版测试的学生可以根据自己的成绩获得相应的成绩证书。在测试题目设置上 EPP 允许高校添加多达 50

个符合本校实际的多项选择题和 9 个有关人口统计学方面的问题。另外,高校可以将一篇作文添加到 EPP 测试试题中,更深入地了解学生的通识能力、批判性思维和写作技能。参加测试的学生在每个技能领域的熟练程度被分为熟练、一般熟练和不熟练这三个等级。每一个测试题与这三个等级中的某个等级相关,但每题在总技能熟练中所占的权重不一。根据学生的总体答题情况加权计算学生的四种技能的熟练情况。

简化版测试提供至少 30 名学生群体的信息,但是不提供有关个别学生的信息。简化版其实是将标准版划分为三个小测验来实施。每个小测验包括 36 个问题,测试时间为 40 分钟。标准版的 108 个问题均衡地分配给三个小测验,这样每一个小测验都成为标准版的缩略版本。三个简化测验是按照交替顺序设计的,因此每个简化测验都由三分之一的学生参加。参加简化版测试的学生只需要在写作和数学中的每个熟练等级上回答 3 个问题,在阅读时只回答 4 个或 5 个问题。因此,简化版测试并没有为个别学生的熟练程度提供足够的信息。而对于一个人数足够多的学生群体,如果学生参加的是标准版测试,则可以估计出该群体中三种技能熟练度分别占有的比例。在单个群体或组合群体中,必须至少有 30 名取得有效成绩的学生才能生成汇总报告。简化版测试通过计算每个学生的熟练程度等级,估算出每个学生在阅读、写作和数学各熟练程度水平上所占的比例。每一种等级分类都采用了学生对技能领域中所有问题的回答,但是问题的权重不相同,且个别分类不予报告,但会用于计算该组的估计百分比。熟练程度划分的切入点是通过一种统计程序选择的,目的是使简化版测试的分组百分比尽可能与标准版测试的百分比相当。

(四)选定测试方法

传统测试方式是在学生毕业前对学生学习成果进行测试,这种方式过于单一,并不足以显示出学生在接受高等教育之后所获得的真实学习成果。美国高等教育界认识到这种测量方式的弊端,积极探索新的测量方法。公立及赠地大学协会(APLU)和美国州立大学协会(AASCU)合作研发了自愿问责系统(VSA),采用的"增值评估"方法,将大一新生与大四学生在测试中获得的分数差值进行比较。这种"增值评估"分为两类方式,一类是代表性抽样评估,另一类是纵向评估。EPP采用前者。参与测评的高校在获取学生的 SAT 或者美国大学入学考试(ACT)得分之后,按照学生刚入学和即将毕业时的平均 SAT 得分和平均 EPP 测试得分,来创建普通最小二乘回归模型(Ordinary Least Square，OLS)，并以此来对比学生在这两个时间点间的增值情况。高校主要对新生和毕业生的五种分数进行增值比较：第一，学生的 SAT 平均分和 EPP 测试平均分；第二，所有在校新生和大四毕业生的 EPP 实际得分和 SAT 平均分的回归方程；第三，依照学生的 SAT 平均得分算出 EPP 的预期测试平均得分；第四，EPP 实际得分和 EPP 预期得分之间的分差；第五，大四学生分差和新生分差之间的差异即学生的增值成果[1]。这种计算方式主要是针对院校层面，而不是学生个体，因此其结果变量是 EPP 分数的平均值，即该校学生的平均得分。

图 5-1 至图 5-3 显示了 SAT 平均得分与 EPP 平均得分的总分、EPP 平均写作得分和 EPP 平均批判性思维得分之间的预测关系。如图 5-1 所示，大一新生的预期 EPP 得分是 445，而现实 EPP 得分为 443，反观大四学生的预期 EPP 分数和实际 EPP 分数分别为 452 和 453。由此可知，一般情况下，在掌握新生入学分数后，大四学生在 EPP 总评分上的表现要优于新生。这两个时间点之间学生表现的差异在所有可能的平均 SAT 分数上都相似，因此代表新生和大四学生的两条回归线几乎是平行的。这一模式对于学生在 EPP 批判性思维测试中的表现的预测也是如此，但是对 EPP 写作结果的预测有一些差异。

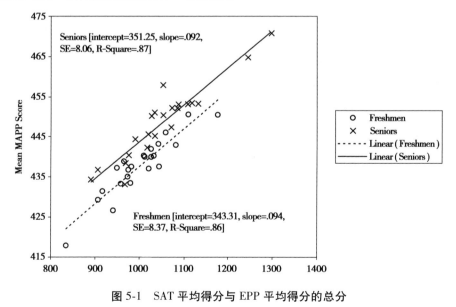

图 5-1　SAT 平均得分与 EPP 平均得分的总分

---

[1]　刘欧博士在北京语言大学教育测量研究所作题为"美国高等教育评估"的讲座纪要，俞韬烨整理.

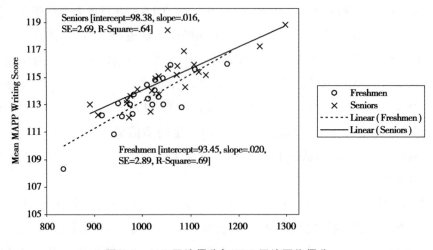

图 5-2　SAT 平均得分与 EPP 平均写作得分

资料来源：http://www.ets.org/research/contact.htnl.

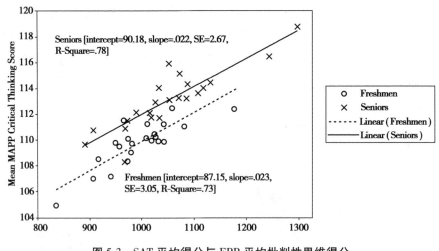

图 5-3　SAT 平均得分与 EPP 平均批判性思维得分

资料来源：http://www.ets.org/research/contact.htnl.

　　以某高校 EPP 评分为例。根据预期和实际的 EPP 评分标准误差差值，分别为新生和大四学生构建 5 个绩效水平，分别为远高于预期（>2.0）、高于预期（1.0～2.0）、符合预期（-1.0～1.0）、低于预期（-1.0～-2.0）和远低于预期（<2.0）。从表 5-6 可以发现，新生的标准误差值为 -0.9，大四学生的标准误差差值为 0.4，新生与大四学生之间的标准误差相差 1.3，表现水平处于 1.0～2.0，属于高于预期等级。这组数据说明该高校在 EPP 测量评分上的表现要好于其他 80% 的高校。

表 5-6　EPP 评分增值示例

	新生	高年级学生	增值
SAT 平均分	1 081	1 088	—
EPP 预期平均得分	443	452	7
EPP 实际平均得分	443	453	10
预期与实际的得分差值	-2.3	1.3	3.6
预期与实际的标准误差差值	-0.9	0.4	1.3

（五）应用测试结果

EPP 采用直接测量、增值评估和一般计算机化测试等多种测试形式的有机融合,使得测试结果更具科学性和有效性。由于 EPP 融入了计算机技术,其测量结果的统计更加便捷,测试结果数据也能更直观地呈现在政府和高校面前。EPP 评分按照给出原始分、等值、转化标准分等步骤进行,其结果可以作为各高校教学质量的佐证。与提供单一测试分数的其他学习成果评估工具不同,EPP 提供了数量庞大且多种多样的测量结果数据,以便有关人员在使用和解读数据时有更强的变通性。此外,它还为学生的个人成果、学生团体以及学生小组提供多种表现指标。EPP 被证明是衡量高等教育价值增值的一个有效手段,它的测试结果分数与 SAT 或转换后的 ACT 分数都呈现出相当高的相关性,并且该测试也能够区分新生和大四学生之间的增值情况。EPP 测试结果可作为评估高校教学体系有效性的一个标准。目前有 500 多所高校或教育机构使用 EPP 测试分数来衡量学生学习结果,与其他同类高校进行比较,找出自身的优势和弱势,制订有针对性的改进计划。EPP 不断探索、更新和发展,逐渐成为在美国影响最大的大学生学习成果标准化评估工具,世界各国纷纷引进和借鉴,推动了 EPP 的国际化发展。

四、民间机构评估制度的特点

（一）评估机构具有中介性和独立性

美国民间评估机构的中介性表现在它们是美国高校学生学习成果评估活动的重要助推力量,它们不仅重视学生的学习需求,同时也要顾及高校自我改进的诉求,各高校与其并无直接利益关联。评估机构成为联结和协调政府、社会、高校和学生及其家长之间关系的纽带,向各方传输信息和沟通诉求,这种中介性是其生存和发展的基础。民间评估机构的独立性在于它们是独立于政府的第三方组织和机构,既不隶属于政府部门,也不隶属于任何个体和团队,属于独立的实体。政府除了对评估活动进行相关立法、拨付资金、政策引导等必要的宏观调控外,不直接参与评估过程,在一定程度上避免了政府对评估的不必要干涉,给予评估机构更多的空间来调整和实施评估方案,提升评估结果的可靠性和合理性,帮助学校实施教学改革。这些民间机构在开展评估活动的过程中,坚守中立态度,既不会受到高校或者其他相关利益者的影响,也不会偏颇任何一方而损害另一方的利益。这些民间评估机构都是独立的法人组织,它们拥有独立的资金链和人员,能够自主决策和运营评估活动。

(二)评估维度注重通识能力

不同的机构和组织都认为不同学习阶段的学生具有不同的特点,应当根据学生的特点有针对性地设定评估维度,尽可能全面准确地评估学生学习成果。如亚利桑那州立大学将学生学习成果划分为知识了解程度、知识熟练程度、知识应用程度和知识反应程度4个维度加以评估。在民间机构的评估发展中,评估维度最开始集中关注专业知识,后来逐渐转为同时注重专业知识和个人通识能力,形成了较为完备的评估体系。学者弗雷泽(Frazer)认为,高等教育质量是一个非常丰富的概念,从不同的视角出发也就会有不一样的认识。国内外对设定大学生学习成果评估的维度主要从两个视角出发。其一是基于高校层面、专业层面以及课程层面的学科素养的视角。许多评估机构或者组织都是从这一视角去对学生学习成果进行评估,认为高校不同专业、不同学科的知识都有其自身的框架,因而学生在接受这些知识的学习后构建的个人专业知识水平、技能和学科素养存在着其本身固有的定向性。其二是基于学生通识能力或者一般综合能力的视角。一直以来,美国众多高等教育质量评估机构和评估工具都很注重学生通识教育知识的学习和提升,认为学生学习成果的增加离不开通识教育知识的积累。民间机构评估系统由始至终都是以学生的发展为重心,既注重对学生的学科专业知识进行评估,也把学生的通识能力作为评估的关注点。众多大学都会为学生安排所学专业课程的阶段性测试,评估学生的学科素养。而通识能力则主要通过这些民间评估机构开发的标准化评估工具来进行考察。

（三）评估内容聚焦高阶思维能力和写作能力

自 20 世纪 80 年代起，美国高等教育界就开始注重学生的高阶思维即批判性思维，批判性思维已然成为美国高校教育质量评估的重要议题。众多专家学者、评估机构和高等教育组织通过长期的研究、试验和完善，开发出了一系列聚焦高阶思维的测试工具。如费星（Facione）在美国心理学会（APA）阐述的批判性思维的定义的基础上设计出加利福尼亚批判性思维能力测试量表（The California Critical Thinking Skills Test，CCTST）和加利福尼亚批判性思维倾向问卷（The California Critical Thinking Disposition Inventory，CCTDI）；斯滕伯格（Sternberg）领导研发出三元智能测验（The Triarchic-Test of Intellectual Skills）；恩尼斯（Ennis）和米尔曼（Millman）创设了康奈尔批判性思维测试（The Cornell Critical Thinking Test）。CLA、CAAP 和 EPP 在吸取上述测试工具的成功经验之后，分别开发了相应的针对批判性思维能力测试的项目。这三种评估工具的测评内容都源于大学课程和现实生活，旨在检验学生是否能够分析和辨别他人观点或者某个说法的合理性和准确性，并且对此能够提供有力的支撑证据。其中，CLA 用主观题来测评学生的批判性思维能力，要求学生在具体情境中运用已经掌握的知识和技能分析和解决问题、科学和定量推理、批判性识别和论证。CAAP 通过选择最具代表性的、有关日常话题的文章对学生的批判性思维进行测试，从这些文章中都可以发现一个或多个观点。同时设置单项选择题，要求学生对题目论断中的各部分元素进行分析、评估和拓展。EPP 也通过单项选择题的形式，对辨析非小说散文中的修辞与论证、识别一般假设、识别对所提供的信息进行解释的最佳假设、推理和阐释变量之间的联系和根据所提供的数据总结出相关结论等五个方面的批判性思维能力进行测试。

此外，这三种民间评估工具对大学生写作能力方面的测试也很重视。CLA 采取主观题形式来对学生的写作技能进行测量，包括执行型任务和分析型任务。前者向学生展示一个学生普遍感兴趣的话题，要求他们从其所希望的任何角度对该话题做出回应；后者提示学生针对所给主题表达自己的论点，并要求学生对其进行评判，包括分析作者论点的有效性，而不是简单地同意或不同意作者的立场。CAAP 设置了两种题型测量大学生的写作技能。其中一个测试题目包含 6 个散文段落，这些段落中包含了学生在写作或阅读中经常遇到的各种修辞手法和情境描述。测试形式为单项选择，目的在于测试学生对于标点符号、句子构成和语法、篇章架构、行文格式和手法等书面英语规范使用的熟练情况。另一个测试题目是对学生的写作能力进行直接测量，评价学生是否能在规定的时间内依照给出的提示独立完成两篇作文。EPP 采用单项选择题来测量学生是否可以识别一个从句或一组句子并在语法上正确地修改、正确组织语言和应用修辞手法以达到语篇连贯、识别和复述修辞效果、合理组织语言中的各部分元素等方面的能力。

（四）评估方法突出"价值增值"测量

美国高等教育质量评估比较重视"价值增值"方法，形成了较为成熟和独具特色的增值评估体系，促进了美国高等教育的推进。"价值增值"评估也就是测评学生有无获取预估的学习成果或者高于预估的学习成果。该种评估形式还能够测量教师或学校对学生行为表现和学习成果的影响和贡献。在美国高等教育评估中，多以学生高中毕业后或刚入大学时和毕业时这两个时间点为参照点，观测和考查学生在其间的改变和进展，从而判定学校或教师对学生学业发展的影响情况①。CLA 和 CAAP、EPP 这三种民间评估工具都是采用"价值增值评估"方法来测量学生学习成果，检验学校的教学质量。并且它们对学生学习成果的内容分类，在某种程度上也显示出美国高校人才培养的焦点。比如，这三种评估工具对大学生批判性思维技能的多样化测试，就折射出美国高校关注学生的创新能力、独立思考能力。CLA 把入学新生和大四毕业生视作评估客体，在测量的过程中选择学生就读高中时的 SAT 或大学入学考试（ACT）的分数作为学生能力示例的基点，关注学生在入学前后的变化和发展，并将秋季阶段入学的大一新生所获得的 CLA 成绩和即将毕业的大四学生的 CLA 成绩进行对比，来评估学生在大学学习过程中的学习成果增值情况。CAAP 分别测量学生在高中后参加大学入学考试时的成绩和毕业时的成绩，然后将这两个点所测得的分数进行比较，判断学生在大学学习期间的价值增值。EPP 则采取抽样评估，假设被试样本学生群体能充分代表学校整体学生的特征，然后在大学四年期间的不同阶段或任意时间点，对这部分学生进行测试。

（五）评估工具的标准化

尽管各评估机构在发展中的评估目的和评估内容设置上有所差异，但是在开发和选择评估工具时都很注重工具本身的标准化。美国大多数高校运用这些标准化评估工具来对学生的知识水平和实践技能进行评估。一方面是因为标准化考试对于学校来说在管理上相对较容易，不需要耗费过多的时间和精力，而且和其他评

---

① Steedle J, Kugelmass H, Nemeth A. What Do They Measure? Comparing Three Learning Outcomes Assessments [J]. Change: The Magazine of Higher Learning, 2010(4):33-37.

估形式相比,其评分标准较为客观;另一方面是因为标准化考试既便于多所高校同时进行考试,也便于参评高校测试结果的比较。据调查,美国高校在评估学生通识教育知识时,约有四分之一的高校会使用全国性的标准化考试,而约有16%的高校会利用标准化测试来考查学生基本专业知识(表5-7)。民间机构开发这类标准化评估工具时会遵循严格的设计准则,提高评估工具的信效度。

表5-7　美国大学通识教育评估工具

评估工具	使用学校占被调查学校的比例(单位:%)
全国性标准化考试评估学生的批判性思维能力等基本技能	26
本校开发的标准化考试工具	23
全国性标准化考试考查学生的基本专业知识	16

(六)评估结果多向运用

美国大学生学习成果民间机构评估的结果至少有三重应用方向:①回应政府和外界公众对高校教育质量的问责和质疑。回应外部问责既是高校必须履行的职责,也是促使其自我改进和发展的外部驱动力,在这个过程中,学生学习成果评估结果提供了实质性的证据。②服务于高校教育教学工作的改革和学生学习能力和行为能力的提高和学业水平的发展。美国几乎每所高校都提供了相应的渠道发布这些民间机构的评估结果。这一方面是为了帮助实现校际之间的比较,发现各自存在的问题,及时修正学校课程和学科专业设置,提高教学成果;另一方面是通过对评估结果信息和数据的分析,判断学生的通识教育技能和核心素养能力是否符合其人才培养目标。同时,评估结果可以为教师提供参考价值,帮助其识别教学的不足,以调整教学计划,改进教学方法,促进学生学习。③服务于机构认证和专业认证。学习成果已然成为美国高等教育认证指标体系的组成部分,评估结果成为高校和专业向认证机构提供教学效果证明的直接证据,这种联系直接和间接地推动着高校重视学生学习及学习效果,满足了政府、社会和学生的教育信息需求,有利于学生求学和就学,形成一种多赢的局面。

五、经验与启示

一是要发展民间评估机构。我国的第三方教育评估机构按照性质来划分可归为两类:一类是"半官方"的第三方评估机构,又称教育评估中介机构;另一类是完全独立的社会评估组织和机构,如高校 ISO 认证以及各大学排行榜等①。上海市教育评估事务所、辽宁省教育评估事务所、广东省教育发展研究与评估中心、重庆市教育评估院、教育部学位与研究生教育发展中心、教育部高等教育教学评估中心等机构都是第一类组织,它们在机构性质上属于事业单位,少数属于教育行政机构,都隶属于上级教育行政部门,评估活动具有一定的行政色彩,缺乏相应的独立性和自治性,评估方式也相对单一,无法很好地满足不同高校和人群的需求。

我国构建学生学习成果的专业化、科学化的评估体系,就需要建立和完善民间评估机构,实现政府、高校和民间机构"三位一体"的架构。其中的民间机构按照专业性、权威性、公正性和非营利性的原则,既不隶属于政府也不代表学校,对学生学习成果进行公平、公正、公开和客观的评估,帮助消除社会公众对评估公平性的疑虑,引入专业化的评估专家,及时更新评估信息,保障评估结果的有效性和权威性。从 ACT、ETS、CAE 等美国民间评估机构的情况可看出,民间评估机构的评估可以更加全面及时地显示出高校人才培养和社会发展的共通点与不同点,在一定程度上给毕业生提供准备时间以提高竞争力,同时也能向政府和高校反馈有关学生学习的其他信息,促进学校教学、学生就业、社会服务的良性循环,增强高校的竞争力,改进教育教学制度。我国应当基于自身国情,积极鼓励和推动建立一批具备较强独立性和自主性的第三方评估机构。同时政府也要加强对这些机构的监管和引导,确保这些机构能够发挥其评估、收集与分析数据、反馈建议等作用。

二是要明晰预期的学生学习成果。对学生学习成果进行评估,首先要预设学生学习成果。实际上,在我国高等教育质量评估体系中很少提及"学生学习成果"这一专业术语,只有少数话语间接涉及,更多的表述是从学校、专业或者教学的角度提出的。在学校层面,高校都会在办学目标、办学定位等"顶层设计"中提出人才培养目标,出现"高素质""高标准""高水平""国际化"等对人才规格进行界定的概念。在专业层面,各专业人才培养方案中也会对"复合型""技能型""高层次"等专业人才培养目标进行界定。在教学和课程层面,教师会或明确或模糊地提出"教授""培养"等教学目标。这些概念都不是从学生这一主体和学习这一活动以及学习成果这一结果的角度提出的,不能对学生的学习进行明确、持续和深入的指引和支持,相应的外部评估以及校内评估也都不是从根本上以服务学生学习为出发点的。当务之急是回到原初,回归逻辑的起点,回复"学生中心""学习中心""学

---

① 何嘉宁.第三方教育评估机构:高等教育质量评估的必然[J].长春工业大学学报.2013(2):17-19.

习成果中心"的新"三中心",通过系统深入的调查研究,反复讨论和检验,提出一套明晰的、系统的预期学习成果,为学生明确学习任务,为教师明确教学职责,为学校明确教育使命。这就需要学界大兴学习研究,高校大兴学习调查,教师和管理者大兴学习服务和支持。

三是要合理设定评估维度和内容。我国的评估活动大多流于"素质教育""全面发展"等泛泛的维度,影响到评估的精准性。评估机构和高校在制定或选取评估维度时,少有将自身的教育目标、人才培养需求、学校教育资源和学生个人素质相结合,导致在开展学生学习成果评估工作时预估结果和实际结果之间的差距大。美国的民间评估机构所开发的标准化评估工具大多从通识能力的视角去设定学生学习成果的维度,同时重视对批判性思维和写作技能的评估。但是这些评估工具也有局限,它们都较为忽视对学生非认知性学习成果的评估,这部分学习成果包括道德判断、情感态度、价值观念等范畴的学习发展程度,而标准化测试工具对学生这部分学习成果无法进行准确评估。我国在设定大学生学习成果评估维度时,不仅要重视学生的认知性学习成果,也要重视学生在情感、态度和价值观等范畴的非认知性学习成果。美国民间机构评估的内容较为全面丰富,不管是学生的批判性思维技能和数理技能,还是读写技能都受到重视,这对学生的综合发展有益。我国的学生学习成果评估需要在内容上自我创新,确立全面丰富的评估内容,帮助提升学生的创新能力、批判推理思维能力,增强学生的就业和创业能力。

四是要开发多样化的本土评估工具。我国引进了不少国外的评估工具,也进行了相应的本土化调整。如清华大学按照自身实际情况对 NSSE 进行了汉化和改进,南京大学实施了 SERU 调查,厦门大学和中山大学也自主研发了学生学习成果调查工具,北京航空航天大学对 EPP 的批判性思维测试进行了本土改进等。这些改进仍基于外来工具的评估哲学和方法论,带有较浓厚的国外色彩,从根本上并不太适合我国的高等教育体系及其人才培养模式。我们需要充分考虑到我国的基本国情、文化以及教育差异,自主开发中国色彩、中国性格的本土化评估工具。我国多采用纸笔测试形式的标准化考试来测量学生的专业课程知识,对于通识教育知识和情感、态度与价值观的评定很少。学生的学习成果不仅是指通过标准化测试考察的专业知识水平和技能,还包括学生在某种学科中所形成的思维、理解、交际、社会与公民意识等知识结构与技能。[1] 学生的认知性学习成果可以通过标准化评

---

[1] Shavelson RJ. A brief history of student learning assessment: how we got where we are and a proposal for where to go next[EB/OL]. [2020-12-10]. Council for Aid to Education.

估工具来进行测定,但是非认知性学习成果和认知性学习成果不同,学生的情感、态度的发展是不稳定的,标准化评估工具不适用于测试学生的非认知性学习成果。开发出多样化评估工具来对包括非认知性学习成果在内的学习成果进行分类测评是一项重要的任务,也是一项巨大的挑战。此外,开发本土化的评估工具是一项耗时耗力耗资的事业,需要足够的资金支持、组建专业的评估机构、配备专业的评估人员。在这方面,政府、社会组织和高校等各界应当着眼长远,不惜血本,持续努力,抓好自主测评工具开发这一基础工程,弥补短板,为我国高等教育评估事业的发展奠定一石之基。

五是要改进评估方法。我国的学生学习评估多为高校内部针对学生的专业课程学习情况的课程考试,多采用直接评估和总结性评估等方式,方法较为单一,评定效果不理想一直是各界关注的一个话题。在综合素质评估上,我国高校主要通过测试评分表来对学生专业课程以外的学习成果进行评估。美国的评估大多都强调学生刚入学时到接受一定的高等教育之后发生的变化,CAAP、EPP、CLA 等成熟工具利用"价值增值"评估方法搭建评估体系、实施评估项目,获得了较好的评估效益,对美国高等教育发展总体上产生了有益的作用。我国的评估体系总体上仍属于输入型兼过程型的模式,注重教育投入和过程甚于教育的有效产出,注重教育有效产出的影响因素和支持性条件甚于教育的有效产出。与输入性评估相比,增值型评估基于学生的学习背景和经验、学习行为和学习成果,对学生在接受某种程度的大学教育之后所表现的增值进行纵向式评估,兼顾了投入、过程和结果,也兼顾了形成性评价和总结性评价,相对较为合理。我国的高等教育评估在目的上偏重人才评定和选拔,相对忽视评估的诊断性功能和发展性功能。增值型评估淡化了评定和选拔功能,更强调对学校教育、教师教学和学生学习的诊断和发展。在做好基本的人才评定选拔的同时,开发适合我国教情学情的学习成果增值型评估工具和方法,是我国高等教育评估的又一重要议题。

第六章　美国公立大学自愿问责系统分析

"问责"一词的英语为 accountability,意为"负有责任,有说明义务",主要指人们对自己的所作所为承担相应的义务或责任。教育问责通常与通过有效和审慎地利用教育资源实现教育目标来管理教育系统中的稀缺资源联系在一起。在教育系统中,问责制的关键是对学生学习成效进行问责。高等教育问责根据问责主体的差异可以分为内部问责和外部问责,根据问责实施路径的不同分为绩效问责和非绩效问责,根据实施形式的差别分为强制问责和自愿问责。2007 年,基于政府、市场和公众的呼吁,为主动回应外部问责需求,美国公立及赠地大学协会(APLU)和州立大学协会(AASCU)联合建立了自愿问责系统(Voluntary System of Accountability,VSA)[①],成为美国在公立高校中大力推行问责制的典型平台和工具,为公立高校提供了一个证明教育成功的证据和增强公众信心的框架。

一、高等教育问责制度变迁

随着美国高等教育的发展,公众、政府和专业人士对教育质量的关注促使教育工作者为学生和社会提供的教育服务负责。20 世纪 90 年代,教育问责制成为美国重要的政策性话语。从外部问责、内部问责到如今的自愿问责,美国高等教育问责的制度化水平逐渐提升。

(一)前制度化阶段

美国的学院和大学从殖民地不起眼的角落起步开始发展,其间产生了教育问责的萌芽。早在 1841 年,波士顿就出现了早期的问责形式,当时,学者曼(Horace

---

① 袁潇.美国公立高等院校内部问责制研究[D].重庆:西南大学,2013.

Mann)和教育委员会(Board of Education)将书面作文考试引入波士顿语法学校。书面表述、论文考试取代了口试,并用学生的考试成绩来判断学校教育的质量。这一做法的隐藏议程是努力取代当时强调体罚的学校管理制度。当时的教学评价和管理具有明显的威胁性和惩罚性,往往是建立在师生不对等关系的基础上,有些是基于错误的信任。几乎没有任何证据表明它们帮助保证了教育的质量或克服了教育的缺陷。20世纪20年代,教育工作者开始意识到问责和评价服务的重要性。到20世纪30年代,高等教育中出现了现代问责的一些尝试。一般情况下,教育问责程序与考试成绩密切相关。例如,米勒(Miller)被称为"最低能力"的早期倡导者,他建议国家颁布一项法律,要求每个公民都能达到一定标准,并宣布执行法律的手段只能是公开考试,适用于所有儿童。有的州出现了按结果付费的计划,现代教育问责的要素开始渐次产生。随后,对高等教育的认证浪潮逐渐风行,进一步推动了教育问责的产生。无论从实践还是理论层面,20世纪60年代之前的美国问责并没有形成制度化,虽然美国联邦政府和州政府通过一系列措施强化政府对高校的管理,但影响力有限,手段和途径也较少。

(二)制度化阶段

高等教育问责的制度化起步于20世纪60年代末期。如何利用有限的教育经费投入而又保障教育质量是各界关注的关键点,对高校问责的议案也越来越多。1965年《中小学教育法》(Elementary and Secondary Education Act,ESEA)颁布,联邦政府需要为学区提供资金,这些资金的目标是为经济条件较差的学生增加教育机会。2001年的《不让一个孩子掉队》(No Child Left Behind)法案是对ESEA的重新授权。该法案要求各州制定并管理针对特定年级所有学生的年度成绩测试,并根据成绩基准评估学生的学习结果。《不让一个孩子掉队》不像以往的法律那样仅限于一些特殊目标或指向一些需要特别关注的孩子们,而是指向美国所有公立学校的每一名学生和教师。这项立法对学生、教师、学校和学区产生了重大的、多层次的影响。法案还要求各州开发标准问责制(standards-based accountability,SBA)。在标准问责制之下,学区和学校对学生的成绩负责,学生成绩由学生在符合各州学术标准的高风险测试中的表现来衡量。在《不让一个孩子掉队》法案颁布以前,一些州已经建立了基于标准的问责制。在法案颁布后,其余各州被要求制定富有成效的州学习成果评估标准和进行高质量的质量评估。法案规定学校一方面要对学生的综合成绩负责,另一方面还要对学生考试参与率负责,至少95%的学生被要求在规定时间内到校参加年度考试和学生分组表现测试。年级分组统计的依据包括性别、种族、英语水平状况、移民状况、残疾状况和经济弱势状况。全部学生包括各个小组的学生必须达到各自州的年度成绩目标,联邦政府将"充分年度进步"(adequate yearly progress, AYP)作为标准对各州进行奖励和制裁。AYP 是由联邦政府根据法案制定的,它定义了一个州的进步指标,目标是到 2014 年 100% 的学生至少在阅读/语言领域和数学方面达到州的学术标准。在高等教育中,20 世纪 80 年代末 90 年代初,更多的公立高校以发布教育质量年度报告或自我审查报告的形式,向社会公示自己的教育教学成效。

(三)制度化完善阶段

21 世纪以来,美国高等教育的问责理念和实践发生了较大的变化。在早期阶段,问责制通常指全州范围内治理结构的设计,该结构能够同时满足机构自治和外部监督校园的需要。早期政策制定者面临的核心问题包括高校的哪些活动和功能应该由国家决定? 哪些应该由高校自行决定? 因此,问责制的重点是设计能够有效调节校园资源流动和校园决策的治理系统。后来,问责制开始获得新的意义,并纳入不同的形式。公立高等教育产生了"新问责"运动,不仅关注传统的投入产出,还要求将注意力重新集中在校园活动的结果上。在新问责时代,结构安排或资源投入不再是政府决策者的重心,越来越多的州要求高校按时公布学生学习成果。在审查结果时,政府决策者试图影响制度行为来提高制度绩效。例如,许多州在 20 世纪 90 年代开始试验新的奖励制度,旨在将校园资源投入与期望的绩效结果联系起来。在这些新的问责制中,政府财政资源的配置是根据特定领域高校的表现来分配的,这些领域包括学生留校率和毕业率、本科生入学机会、学生考试分数、就业率、教师队伍水平、校园丰富性等。绩效和经费之间的关系是预先确定的,如果一个机构达到了预定的绩效指标,它就会获得指定数额的公共资金。政府制定绩效预算,将高校绩效指标的成就作为公立高校拨款的一个因素。2003 年以前,建立了绩效预算项目的州达 35 个。后来,各州开始实施绩效报告。绩效报告为政策制定者提供有关高校和国家整体绩效的公共指标。但绩效报告与政府拨款并没有非常直接的联系,它注重信息和宣传,而不是资金或预算。而 2007 年建立的 VSA(voluntary system of accountability)成为高等教育界主动回应外界质疑和关切,从非自愿问责走向自愿问责和主动问责的标志。

二、VSA 制度安排

VSA 是公立高校积极回应外部问责诉求的有力措施,由专业机构设计开发和管理,历经十余年的发展,其问责主体与对象、问责原则、问责内容、问责工具、问责程序等逐渐完善,形成了有机的体系。

(一)问责主体与对象

1.问责主体

VSA 的主体是美国公立及赠地大学协会(APLU)以及美国州立大学协会(AASCU)。两个社团机构作为公立高等教育界的代表性组织,对协会内的公立高校开展问责活动。APLU 的前身是 1954 年成立的全美州立大学和赠地大学协会(American Association of Land-Grant Colleges and State Universities),1963 年协会改称公立大学和赠地大学全国协会(National Association of State Universities and Land-grant Colleges,NASULGC)。2009 年,NASULGC 更名为公立及赠地大学协会(APLU)。APLU 成员包括 243 所公立研究型大学、土地捐赠机构、州立大学和附属组织。APLU 的使命是扩大和提高学生的成功,为社会提供未来的创新型员工;推进和促进研究与发现,促进经济增长和应对全球化挑战;在本地和全球建立健康、繁荣、公平和充满活力的社区。APLU 与国会、行政当局和媒体合作,推进联邦政策,加强公立高校并使其服务的学生受益。AASCU 成立于 1961 年,由近 400 所州立学院和大学组成。AASCU 有五个基本目标:①促进对公共高等教育目标的理解和支持;②支持成员高校培养能够在经济和全球化社会需要中具有明显竞争力的学生;③在联邦一级倡导有效的公共政策,并提供联邦和州政策分析,推动成员高校服务学生;④领导有效的政策制定和方案支持,以加强学术质量,促进入学和包容,促进区域进步,促进教育创新;⑤为成员单位培养有助于教育创新的新领导人。APLU 和 AASCU 代表了学生、合作伙伴、学校、社区、教师、学校董事会、父母、资助者、志愿者、学区、雇主、立法机构共 12 类利益攸关方组织研究、讨论、开发和管理 VSA 平台及其工具,履行自愿问责的主体责任,维护和促进各方共同利益。

2.问责对象

VSA 是一项针对公立高等院校的问责平台,问责对象是加入其中的 500 多所公立高校,包括内华达州的内华达大学拉斯维加斯分校、雷诺分校;新泽西州的斯

托克顿大学、蒙特克莱尔州立大学、新泽西学院;新墨西哥州的新墨西哥高地大学;
纽约的纽约州立大学、纽约市立大学皇后学院、亨特学院等 15 所高校;北卡罗来纳
州立大学、北卡罗来纳中央大学、西卡莱罗纳大学等 16 所高校;北达科达州立大
学、北达科达州大学、迪金森州立大学等 5 所高校;俄亥俄州的俄亥俄州立大学、俄
亥俄大学、肯特州立大学等 7 所高校;俄克拉何马州的俄克拉荷马东中央大学、俄
克拉何马中央大学;宾夕法尼亚州的天普大学、滑石大学、匹兹堡大学匹兹堡校区;
罗得岛州的罗伊岛大学;南卡罗来纳州的克莱姆森大学、卡罗来纳海岸大学、弗朗
西斯马里恩大学等 6 所高校;田纳西州的田纳西州立大学、孟菲斯大学等 4 所高
校;得克萨斯州的德克萨斯州立大学、得州大学达拉斯分校、休斯顿大学等 20 所高
校;犹他州的犹他州大学;佛蒙特州的佛蒙特大学;弗吉尼亚州的弗吉尼亚理工学
院暨州立大学;华盛顿州的西华盛顿大学;西弗吉尼亚州的马歇尔大学、谢泼德大
学;威斯康星州的威斯康星麦迪逊分校、怀特沃德分校、密尔沃基分校等 4 所;怀俄
明州怀俄明大学等。

APLU 和 AASCU 合作对 VSA 进行了一系列的分析修订工作,构建了新的自愿
问责系统分析(Voluntary System of Accountability Analytics)平台。这是一个强有力
的、交互式的和用户友好的平台,用于对高校间的关键绩效指标进行比较和分析。
自愿问责系统分析允许用户在几分钟内使用自定义平台构建自定义分析和图形报
告,并满足用户对数据进行搜索、下载、集成和分析的需要。用户可以添加尽可能
多的校园用户,下载所希望的整个自定义数据集。自愿问责系统分析基于近 400
个变量的数据集为机构设计了 25 个基准报告。基本数据包括入学、出勤率、毕业
率、研发支出、财政援助、招生、学生人数与教师人数的比、学生成就指标等。每个
基准报告都提供了一个由用户定义的高校群体的比较概况。此外,用户可以将本
高校与定制的比较组进行基准测试。所有报告都可以被下载和打印。

(二)问责原则

1.实事求是

问责与效率、有效性和业绩有关,突出结果和效果。因此,在评估过程中,VSA
要求参与高校从事实出发,提供真实有效的数据和信息,实事求是公布问责报告。
学生的成功和高校问责的有效性之间存在一种相互联系。在某种程度上,VSA 是

针对高校的一种"对抗性努力",旨在向外界提供重要信息。① 高校不断从多个来源获取令人信服的数据,努力提供适当的问责信息。VSA 是高校为收集、确定、发送重要信息所做的努力的重要渠道和平台。通过这个平台,高校将大量日常的、分散的、看似毫无联系的数据和信息进行集中处理,其中也包含一些联邦和州政府授权或要求测量的数据。VSA 使用标准化测试工具来测量学生的学习成效,并报告高校的问责数据。其中 EPP、CLA 和 CAPP 是三个最基本的评估工具。通过测量工具获取的各校的各项成绩不进行直接比较,而是分析在四年本科教育过程中各校学生进步的学习增值。② 高校可以从三个标准化考试中进行选择。

2.精准问责

VSA 的评估并不针对所有获得学位的大学生,而是针对全日制且未转过学的学生。建立 VSA 框架的目的是为高校提供一种将教育成果与类似高校进行比较的方法。它以高校学生的核心教育成果为测量内容,直接测量高校所实施教育的"产出",并以高校为评估单元考察教育的增值情况。VSA 定义了"核心教育成果",包括"批判性思维""分析性推理""阅读"和"写作"四种能力,以之作为衡量标准。标准选择主要基于两点考虑:一是这四种能力构成了重要的综合能力,这些综合能力会伴随着大学毕业生走向社会,走入工作岗位,也会决定他们的工作表现是否出色。二是如果不测试综合能力而选择单项学科考核,比如物理、数学、英语,将导致因为考核科目太多而无法实际操作③。其中的写作能力和批判性思维是公民在全球经济中生存和发展所最必需的。根据一项对大型跨国公司的 413 名人力资源经理的调查,批判性思维被评为现代经济雇主最看重的素质。VSA 不仅有利于强化高校教育质量保证,也有助于学生精准发展,学校精准教学,雇主精准选才。

(三)问责内容

VSA 使用一个名为"大学肖像"的网络报告模板,帮助自愿参加的公立高校以透明和一致的方式交流有关学生和学校的信息,报告学生在校园和核心教育成果方面的经历,并允许对不同高校的本科教育进行比较,为有意就读的学生进行教育选择提供信息支持,也为学校发展和政府决策提供咨询信息。"大学肖像"包括学生和家庭信息、学生校园参与度、核心教育成果三部分,具体包括学生和校园特征、

---

① Syed S, Mojock CR. Assessing Community College Student Learning Outcomes: Where Are We? What's Next [J].Community College Journal of Research and Practice,2008(11):843-856.

② 吴瑞林,王建中.基于核心教育成果的美国大学教学评估[J].国家教育行政学院学报,2012(7):83-90.

③ 刘欧.美国核心教育成果为重心的高等教育评估[J].中国考试,2010(5):31-36.

留校率、费用、资助、校园安全、学生住房、学术课程等项目,这些信息大多出自自愿问责系统的公共数据集。

学生和家庭信息。"大学肖像"的前三页回答"在决定哪所大学或学院最适合他们的教育需求时,哪些信息对未来的学生和他们的家庭最有帮助?"这一问题。学费、学位、校园设施、毕业生就业统计(毕业率、就业情况)、转学率和学生计划等都会包含在其中。其中大多数数据要素采用共同数据集倡议(Common Data Set Initiative,CDS)确定的定义和标准。国家学生信息中心提供了数据渠道,可以报告同一所高校毕业的学生的信息,还可以报告那些已经转到另一所高校并继续攻读学士学位的学生的信息,方便进行适当的比较。这些数据集包括每所参与 VSA 高校的本科生名单,还包括学生的 ACT、SAT 和 GPA 等考试成绩数据。毕业率是衡量学生成功的重要数据,但无法从现有的数据中得出毕业率的准确情况,因为学生的转学信息由于隐私限制等原因较难统一整合。

学生校园参与度。学者们认为,学生参与校园的学术和社会生活等信息,是选择大学的一个重要参考因素,应该并且往往与学生的成就和努力等其他结果有关。校园参与信息是"消费者"非常看重的信息。"留级率"和"毕业率"在一定程度上与校园参与有关,但并不完全一致。"高校新生学习投入度调查""全国大学生学习投入度调查""合作机构研究方案"等工具都能够提供相应的校园参与的数据和信息。这些信息尤其可以为教师和工作人员改进学生的学习环境提供帮助。

核心教育成果。自愿问责系统是美国提高高等教育质量的有效手段,实质上是对本科阶段学生学习成果的测量。它要求每一个参与机构都按要求提供数据,通常包括发展审辩式思维、分析性推理和书面交流技能等方面的数据。像这样的核心教育成果是本科教育的一个主要组成部分,具体应根据讨论的问责目的加以测量。像大学学习评估(CLA)、学术进步测试(Measures of Academic Progress,MAP)、大学学业水平评估考试(CAAP)这样的测试项目在不同维度和程度上衡量学生,尽管后两个测试项目主要衡量普通教育而非核心教育的结果。即使是 GRE,尽管它衡量的学习水平要比上述三项测试高,但也反映了核心教育成果。关于使用标准化考试工具测量这些核心教育成果的研究正在进行中,继续研究衡量这些核心教育成果的各种考试的充分性也很必要。

(四)问责工具

VSA 在审查了一系列候选测试工具后,对最终选择了 CLA、EPP 和 CAAP 三个标准化测试作为测试工具。原因在于这三个工具都包括对书面交流和批判性思维的测量;已经被广泛使用,高校普遍比较熟悉,更容易使用和管理;所有这些测试都有充分的关于心理特性的研究证据。虽然每个测试都是标准化工具,但它们之间并不是直接可比较的,因为每个测试都有不同的要素、测试协议和规模。

CLA 是一项重点针对批判性思维、分析推理、书面交流和问题解决技能的增值性评估。评估增加值采用横截面测量方法,各机构对 100~200 名将在高校开始本科学习的一年级学生和 100~200 名即将毕业的大四学生进行检测。比较测试的实际分数与基于 SAT 或 ACT 的预期分数的差值,然后根据类别(远高于预期、高于预期、在预期中、低于预期和远低于预期)进行归类。通过测量计算出一所高校的教育增值,它还在保密的基础上向学生提供成绩信息,以便他们可以衡量自己的表现。评估由两种测试题型组成,即执行型任务和分析型写作任务,测试者需要在 2 小时 45 分钟内完成。

ETS 自 1974 年成立以来,一直致力于开发有效的学习成果测评工具,EPP 是其标志性产品。EPP 是针对大学水平的阅读、写作、批判性思维和数学技能四种主要的通识教育成果的测试。分为标准版和简化版,二者的发布方法、管理方法、时长、考生人数等既有共同点,也有一些差异(见表 6-1)。标准版提供有关个别学生以及学生群体的信息,由 108 项组成,四个技能领域各有 27 项,须在 2 小时内完成。简化版共有 36 项,须在 40 分钟内完成。所有项目采用多项选择形式。项目涵盖了人文科学、社会科学和自然科学三种学术背景。回答每个问题所需要的学科知识都包含在问题本身或伴随问题的辅助材料中。EPP 在测试内容上具有灵活性,高校或教师可以根据需求自主添加题目。

表 6-1　EPP 测试形式

	标准版	简化版
发布方法	在线或由现场工作人员组织的纸笔测试 注意:在线测试仅 PC 或 MAC 端可用	在线或由现场工作人员组织的纸笔测试 注意:在线测试仅 PC 或 MAC 端可用
管理方法	监考(校园内):在线或纸笔形式测试 监考(校园外):在线测试 非监考:在线测试	监考(校园内):在线或纸笔形式测试 监考(校园外):在线测试 非监考:在线测试
测试时长	2 小时	40 分钟
任务类型	108 个问题	36 个问题
最低考生人数	无限制	30

续表

	标准版	简化版
成绩证明	在线:有 纸笔:无	无
论文	30分钟	30分钟
作用	记录计划有效性和强制课程改进 使用分数作为咨询和补考的参考	记录计划有效性和强制课程改进
付款选项	学院负责 学生负责	学院负责 学生负责

资料来源:https://www.ets.org/proficiencyprofile/test_administration/format/.

CAAP 主要用来测量学生的阅读、写作技巧、写论文、批判性思维、数学和科学等六个方面通识教育核心技能的成绩。该测试帮助高校对学生在本科阶段所完成的课业进行成效评估,检测学生在学习和技能方面的提高,帮助学校推动教学改革,提高教学水平。CAAP 针对六大能力领域设计了六个部分的测试题目,其中五个部分为选择题,另外一部分为作文题(见图6-1)。

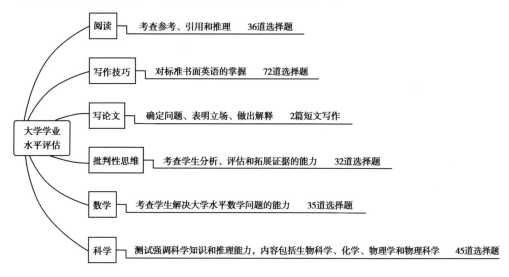

图 6-1　CAAP 的测试内容

EPP 和 CAAP 的测试题型都是单项选择题,使用纸笔方式进行,而 CLA 的题型涉及主观题,线上线下测试均可。测试形式上的差异造成了分数计算上的差异。EPP 和 CAAP 项目的评分可直接进行答题卡计算,而 CLA 的评分涉及主观的判断能力和对文章的机械评价。CAAP 对学生进行测试的分类多样且详细,在固定测试项目的基础上,高校可以根据测试意愿在各部分中进行随意挑选。如果测试结果达到或者高于国家平均水平,测试机构会给合格学生颁发成就证书。

三种测试工具对 VSA 实施问责发挥了基础而重要的作用,主要包括:满足认证和问责报告要求;在小组和个人水平基础上衡量学生的成绩水平;将学生成绩水平与国家标准进行比较;评价通识教育方案的优缺点;记录学生成绩水平随着时间推移的变化;分析可能需要哪些干预措施来提高成绩;确定学生是否有资格深入学习;建议个别学生如何取得学业成功;系统性地衡量学生学习成果。

(五)问责程序

美国学者莱文(Levin)认为,一个理想的问责制系统应该是一个封闭的圆环,圆环内部是要求所负的责任;它是动态的且包含一套相对独立的责任系统"[1]。美国公立高校尽管在办学理念、办学目的以及培养目标等方面不尽相同,但加入 VSA 的初衷有相似之处,都希望通过 VSA 这样完善的体系来向公众展示学校信息和办学成就,吸引学生就读,同时也接受外界的监督,吸纳好的建议。正因为如此,高校都是自愿加入 VSA 的。VSA 履行问责职责主要有如下步骤:

第一步,高校申请加入和登记。对 VSA 感兴趣的高校可以通过发送电子邮件与 VSA 工作人员取得联系。工作人员会对高校进行信息登记,包括高校名称、所属区、州、区号、邮箱以及校长、管理员等信息。接着高校要对参与协议进行同意确认。协议包括以下内容:自愿问责系统的过渡;新自愿问责系统的特征;高校同意条款以及其他补充信息。VSA 工作人员通过电子邮件的方式给申请高校的联系人发送注册链接,并附有对应的步骤,若有疑问,双方可以及时沟通,以确保正确注册。高校加入 VSA 需要缴纳一定的年度会费。会费的高低跟高校的规模有关[2](见表6-2)。高校签订协议时确认同意每年及时汇出会费。VSA 的资金主要来自参与机构支付的年度会费。

表6-2　VSA 年费收费标准

高校平均注册人数	平均 VSA 会费
1 000 人以下	500 美元
1 000~4 999	1 000 美元

① Levin HMA. Conceptual Framework for Accountability in Education[J].The School Review,1974(82):363-391.
② 张明广.美国公立高等院校自愿问责制研究[D].济南:山东师范大学,2018.

续表

高校平均注册人数	平均 VSA 会费
5 000~9 999	1 500 美元
10 000~19 999	2 000 美元
20 000 以上	2 500 美元

第二步,高校上传数据和信息。VSA 会发给加入系统的高校名为"大学肖像"的基于网络的报告模板,帮助高校以透明和一致的方式上传学生和学校的信息。其目标是帮助未来的学生选择适合他们的学校,允许对各高校的本科教育进行比较,并报告学生在校园的经历和核心教育成果。VSA 力图将收集和报告数据的重点从强调机构声誉和资源向强调教育教学成果转换,侧重于记录大学生在校期间实际获得的成长。"大学肖像"由学生和家庭信息、学生校园参与度以及学生的学习成果三个部分组成(见表 6-3)。

表 6-3　公立高校本科教育"大学肖像"模板

内容	信息要素	报告期限
学生信息	概况	3 个月
	学生特征	3 个月
	本科生成功与发展率	1 年以内
	全日制新生保留率	3 个月
	学习成本与财政资助	3 个月
	大学费用计算	6 个月
高校特征	高等院校主题描述	3 个月
	本科生录取情况	3 个月
	学位与学科	3 个月
	高等院校选择	3 个月
	班级环境与师资队伍	3 个月
	院校特征	3 个月
	学生住宿	3 个月
	校园安全	3 个月
	学位获得者未来计划	2 年以内
学生学习体验	学生的校园设施体验 学生的学术学习体验	2 年以内

续表

内容	信息要素	报告期限
学生学习成果	批判性思维 分析性思维 书面表达能力	4 年以内

第三步,测试和公布学习成果数据。VSA 要求参与机构选择使用大学高级调查(CSS)、大学生经历问卷(CSEQ)、全国学生参与度调查(NSSE)和加州大学本科生经历调查(UCUES)来衡量学生的校园体验。调查必须对学生进行随机抽样调查。调查内容为小组学习、积极学习、沟通交流、学生满意度、对学生学习结果的承诺、学生与教职员工的互动等六个与学生的学习和发展有关的维度。调查结果必须报告给 VSA。参与高校必须至少每三年更新一次调查结果。四项调查除了包括需要报告的以上六个方面的内容外,还包括图书馆基础设施、信息素养和研究技能等内容。VSA 管理人员可以访问参与高校的数据文件以及公开报告的结果。公布学习成果数据和报告对高校来说是一种不小的压力。为了缓解这种压力,VSA 设置了缓冲时间。在正式公布测试结果之前,高校有四年的时间可以制订改进方案和推出改进措施,以获得理想的成绩数据。四年之后,高校必须报告结果,然后至少每三年更新一次。

VSA 是自愿项目,高校校长或高级管理人员正式通知 VSA 执行主任后,可退出系统。如果还有剩余的会费,系统按月结算费用,将剩余费用退回高校账户。正式退出日期生效后,高校的任何个人都不能访问 VSA 数据和工具。

三、VSA 的特点

(一)问责透明性

VSA 旨在向公众提供一致、可比和透明的数据资料,说明高校学生特点、学生参与学习过程的程度以及核心教育成果。VSA 也是一种协会组织平台,高校认可问责的内容、结构、形式等,就可以选择自愿加入,成为该组织平台的一个成员。参与 VSA 的高校在 VSA 的可公开访问的网站上保存自己的系统问责信息。系统中的数据的格式是通用的,定义是统一的。参与高校的任何个体都可以通过网络进行访问,这可以避免每所高校都建立自己的数据库,进行重复而分散的数据收集和分析工作。在 VSA 的官方网站上,学生或家庭可以打印出感兴趣高校的"大学肖像",对高校进行比较。"大学肖像"的首页显示了高校的愿景、教育项目、学生团体、教师群体、吉祥物、徽标等,提供更多链接,供学生更仔细地了解高校的相关信息。"大学肖像"第三页标注了每一所高校的分校信息,并提供相应的分校链接,让准学生了解校园生活、教育项目以及该分校提供的其他机会。第三页和第四页上由高校提供学生评估、调查和学生学习成果的数据和链接。第四页和第五页集中呈现学生的校园经历和校园参与以及学习成果方面的数据和信息。

(二)认知诊断性

教育问责涉及明确可行的教育目标和标准、教育测评、客观可靠的数据系统等要素。其中学业测评成为监测教育质量的重要措施,而认知诊断(cognitive diagnosis)作为学业测评的关键技术被广泛使用。认知诊断是从对个体表现的观察中推断出认知状态的过程。认知诊断建模已成为心理测量研究的一个领域,旨在诊断学生所需的特定技能的存在或缺失,帮助学生理解没有掌握的知识、了解错误的根本原因以及为学生提供建议。这与 VSA 运作原理相似。实施教育问责可以有两种模式:第一种是自上而下的政府强制标准、评估和奖励;第二种是机构主动接受教育消费者进行自下而上的社会化监督约束和意见建议。第一种外部强制性问责越来越少被采用。第二种内部自愿问责越来越受到重视。满足高等教育潜在的消费者的教育信息需求,使他们能够很好地监督约束高校办学,这就是 VSA 这类系统平台出现的原因。VSA 也是高等教育界"先发制人"抵挡联邦或州政府的强制问责的一种尝试。但问责网络不是要迫使高校变得更加透明、专注于消费者需求。相反,VSA 更希望成为一种改善市场问责的机制,其"大学肖像"类似于一个认知诊断模型,通过学生参与、学习成果等信息收集、分析和直观呈现,让学生和家长得以直面高校的成绩以及问题。VSA 作为高校主导的自愿问责系统是迅速的、灵活的,能够根据各种因素的变化及时地进行认知诊断,调整和更新数据,并迅速采用新的测试工具来适应变化,更好满足公众对信息的需求,也让高校得以通过公众这面镜子发现问题和及时改进。

(三)批判性评估

长久以来,美国的教育评估与我国类似,更关注"基于投入的评估"(input-based assessment),后转向更多地关注"产出",强调"基于成果的评估"(outcome-based assessment)。而在对教育成果进行评估时,批判性评估显得尤为重要。高校对学生进行教育的主要目的是在满足学生需要的基础上,培养社会需要的人才。但是,学生学习科目繁多,需要掌握的知识技能复杂多样,根据每门科目的成绩来判断学生水平的高低过于片面。为了对高校的教育成果即"产出"进行评估,VSA应运而生。VSA问责的核心内容是"核心教育成果"。批判性思维是"核心教育成果"的重要元素。EPP、CLA、CAAP等测试主要围绕批判性思维进行。2014年,ETS就"核心胜任力(core competence)"开展了一次大型研究,包含对相关文献的综合分析、对市场的定性定量分析、对各种因素影响力的评估和对高校的调查。在调查研究的基础之上,ETS提出了6项核心胜任力:批判性思维、书面交流表达、定量分析素养、信息技术素养、公民胜任力和社会参与度、跨文化和多元视野。ETS认为,这6项核心胜任力不仅仅是高校学生学习能力的体现,也代表了重要的工作能力,这些能力对于现代大学生成为一名有能力的社会人和有责任感的公民至关重要。在此研究的基础之上,ETS于2015年11月推出了新的大学生学习成果评估项目《提升》(HEIghten)。迄今,HEIghten测试已经推出了批判性思维、定量分析素养和书面表达三个测试模块。

(四)增值性评估

增值评价是指将教育质量作为中间量,其增值表现为"初始学生质量与当前学生质量之间的差值,表现为学生接受教育前后质量的变化,即学生质量的增值"①。对高校学生进行教育增值评估的目的,一来测试学生在校学习的成效,二来反映高校的教学成果。为了衡量高等教育的教学效果,VSA引入了"增值"模式,即在对学生入学分数(如SAT、ACT)进行控制之后,测量一年级和四年级学生的成绩(如EPP、CAAP、CLA测试成绩)差异。VSA建议高校进行增值评估的横截面计算,这种计算要求高校同时对一年级和四年级学生进行测试。纵向设计需要对一年级学生进行四年的跟踪,而横截面设计成本较低,实施更加可行。然而,在增值评估中,横向设计的效果不如纵向设计。为此,为了计算增值指数,VSA推荐了一种目前与CLA测试一起使用的回归方法。在回归模型中,以机构作为分析单位。以EPP测试为例,回归法分三步实施:①使用平均SAT分数预测在"最小二乘法"(Oridinary Least Squares,OLS)回归模型中的平均EPP得分,并且在高校计算平均值,该分析分别对一年级和四年级学生进行分析;②每个高校分别对一年级和四年级学生计

---

① 杨启光,唐慧慧.从CLA到CLA+:美国高等教育高阶思维能力增值评估模式论析[J].现代教育管理,2019(2):119-124.

算步骤一中产生的剩余分数；③计算增值，增值是由对一年级和四年级学生进行测试的差值决定的。每所高校都有这样一个增值指数，并根据指数排序。

四、经验与启示

VSA 从最初单一的绩效评估报告发展到后来完善的网上评估报告平台"大学肖像"，为利益相关者提供了真实、有效、可比较的信息资源，取得了较好的问责效益，给我国高等教育界推行自愿问责带来了一定的经验和启示。

一是构建质量和服务的问责文化。VSA 得以成功实施的前提之一是其强调质量与服务的问责文化。大批公立高校自愿加入系统，以向公众展示高校信息。高校在系统内加入学校特色，向社会更全面地展示高校信息。新世纪以来，尤其是2006 年《领导力的考验》报告发布以来，美国高等教育的问责理念从被动问责向积极主动的自愿问责转变。为满足各利益相关者的要求，各高校联合起来积极开发新的问责形式，VSA 就是在此背景下产生的。VSA 的"大学肖像"工具通过公布真实、透明、有针对性的高校信息，帮助高校实施更有操作性的学生学习成果评估，同时更为科学化和规范化地向利益相关者报告评估结果[1]。我国的问责文化最初表现为"自省"文化，随后经历了以"谏官"制度和"批评与自我批评"作风为代表的"提醒"文化，到最近以关注行政问责为主的"追责"文化。这些文化观念总体上问责主体混乱，问责理念不明确，而教育因其固有的模糊性，更加缺乏问责文化。在高等教育中，高校的具体信息一直较为朦胧，公立高校因投入和办学体制的缘由"政府问责""行政问责"的倾向较为明显，督导问责体系中政府部门的中心地位始终保持唯一性和权威性。[2] 我国要建立内外结合、行政问责与自愿问责相结合的教育问责体系，就必须大力发展基于质量和服务的问责文化。政府和社会要确立、保护和尊重高校无论是在内部问责还是外部问责中的主体地位和作用。高等教育界要主动作为，主动了解和面对公众和政府的合理诉求，主动采取措施改进教学质量，主动展示和沟通教育教学成果，为国家和社会提供尽可能优质的教育服务。只有树立和发展这种现代问责文化观念，才能从根本上促进我国现代教育问责体系的发展。

二是基于内外部需求不断发展更新问责制度。VSA 于 2007 年推出了"大学肖

---

① 吕武,吕吉.新世纪以来美国高校问责制的新进展及其启示[J].高等理科教育,2019(2):59-65.

② 王瑜,马小婷.论我国义务教育问责制实施困境及其破解思路[J].教育科学研究,2019(9):29-35.

像",后来又逐步发展出了"大学肖像一瞥""卓越评估""学士学位获得者未来计划"等项目。"大学肖像一瞥"于 2015 年秋季推出,它是一个互动工具,供用户创建一页定制的学校肖像数据。第一版的"大学肖像"有 13 个模块,包括机构肖像数据,涵盖学生入学、入学费用和财政援助、成功和进步以及学生经历,为机构提供了一个强大的平台,用数据向决策者、学生和家庭讲述高校的成绩。访问"大学肖像"网站的人可以创建一个自定义的"大学肖像"页面,每个页面都可以作为链接或 PDF 文件共享,很容易通过 Facebook、Twitter 等社交媒体共享。2015 年秋季创建的"卓越评估"(EIA)计划侧重在大学校园中推动评估结果的使用,而不是学生的表现或成就。在"学士学位获得者未来计划"中,参加 VSA 的每一所高校都在学生毕业前的一年或一学期进行毕业生调查,了解学生毕业后计划从事的主要活动。2016 年,VSA 推出了新版系统,各高校在 2016 年下半年根据新的参与协定重新加入 VSA。新系统从 2017 年开始提供新的数据、数据产品、测试工具以及专业发展机会。

三是围绕学生学习披露问责信息。例如,创建于 1848 年的威斯康星大学麦迪逊分校(UW—Madison)主动回应内外部问责需求,通过 VSA 平台,采用"全面问责报告""问责指示板"和"大学肖像"等形式展示问责信息。[①] 其"大学肖像"内容在"自愿问责系统"数据统计的基础上增加了"威斯康星体验"一项,以更全面的学生信息展示其透明性,增强公众对学校的信任。相关的数据如:2015 年秋,学校新生 ACT 的作文分数为 27~31 分,数学 26~31 分,英语 26~32 分;SAT 的数学为 630~760 分,批判性阅读 560~660 分;99% 的入学新生在高中时排名年级前 50%,91% 的新生排名前 25%,平均学分绩点 3.85;本科生学费平均 16 131 美元,52% 的全日制本科学生平均获得 6 273 美元赠款或奖学金援助;49% 的学生在大学学习期间平均贷款 26 994 美元;生师比 17∶1;少于 30 名学生的本科班占 65%,少于 50 名学生的本科班占 79%;有全职教师 2 443 人,其中女教师占 38%,有色人种教师占 18%,在各自领域具有最高学历学位的教师占 92%;2014—2015 学年共有 10 222 名毕业生,其中 6 700 人获得学士学位,2 025 人获得硕士学位,1 497 人获得博士学位,所授学位中经济学、生物学或生物科学占 8%、政治学和心理学占 5%、言语交际与修辞占比 4%。2016 年,学校被接纳为 VSA 首届"卓越评估"计划的成员。"威斯康星体验"调查学生包括获得知识和分析技能的实质性研究经验、全球和文化能力以及接触能力、领导地位和行动主义的机会、知识在"现实世界"中的应用

---

① 张明广.美国公立高等院校自愿问责制研究[D].济南:山东师范大学,2018.

等四种经历的结果。学校希望通过该调查的信息展示,显示学校力图使学生认识所在的威斯康星州,通过校地合作和知识应用,对地方发展产生积极的影响。

四是以高校集体自愿行动为基础。VSA 是高校集体和自愿回应问责要求、主动提升透明度的一种努力。300 多所公立高校愿意在成立之初加入该系统,通过共同衡量和报告学生的学习成果来提高问责透明度,实现问责目标。面对外部要求问责的呼声越来越强的情势,高校可以被动反应,也可以主动回应,在主动中获得更有利的发展。VSA 是主动回应的典范,高校通过集体声音和集体行动,既很好地应对了外部的问责压力,也更好地捍卫了学校的办学自主权,还促进了学校的教育教学改革,收获了额外的益处。如今已经有 520 多所公立高校加入 VSA,显示其不凡的吸引力和认可度。VSA 通过集体统一行动塑造自身声誉和影响,其声誉依赖于各成员高校的集体声誉。多数公立高校的行动比单一高校的行动更有影响力。更多的公立高校愿意测量、公开报告学习成果和学生参与,愿意采取措施改进教学,回应外界的疑虑和关切,就会产生 1+1>2 的集体效应。VSA 已经成为一个校园领导的专业发展社区,社区内经常举行各种研究、评估和交流活动。进而,这种效应对公众和政府产生正面影响,从而在更大、更广的层面上产生正面的系统效应。VSA 如今成为一种校园内外关于学习成果的"通信工具",吸引了美国联邦和地方政府教育统计机构、资助机构、社会公益组织、评估认证机构、媒体机构、研究机构等的访问和使用,在一定程度上成为汇聚各方意见和信息的桥梁,放大了高等教育界主动问责的集体效应,有利于美国高等教育的整体发展。

虽然 VSA 的发展和实施总体上促进了美国高等教育问责制的推进,产生了不错的问责效益,促进了美国高等教育的进步,但也存在系统模型合理性、指标科学性、数据有效性等值得我们注意的问题。如系统采用"最小二乘法"回归模型,以机构平均标准化测试分数为因变量,以平均准入测试得分为自变量。这种方法统计学生入学分数等,未能考虑学生的性别、种族、语言状况、社会经济地位等影响学习成果的变量,还具有一定的改进空间。系统的增值计算中采用横截面设计,需要各高校对一组新生和一组大四毕业生进行增值报告,但是两组学生有可能不是同一个学生群体,这种设计是为了更快捷易行。没有研究证据表明横截面设计的结果与纵向设计的结果一样有效或可靠。VSA 的网络报告模板"大学肖像"虽然提供了各公立高校的运行信息,但缺乏实用的数据比较分析功能,用户不能搜索具有某些共同特点如招生、成本、平均获取学位的时间等加以直观的对比,无法根据任何标准对学校进行排名。相反,用户必须通过对学校名称进行搜索或点击学校的链接来导航到学校的肖像。这背后的障碍在于在"谁拥有数据"这一问题上尚未形成共识和妥贴的制度安排。系统的某些指标并没有严格限定,影响到学生和家长对数据的理解。如 VSA 提供了一个学习"价格"计算器,让高校提供学费、助学金、贷款等成本信息,但高校大多提供一个粗略的价格标签供学生和家长参考,缺乏细节信息,有的高校因较差的办学绩效而故意对成本信息淡化处理。

这些问题的存在,更多是由于 VSA 仍处在发展中,发展中的问题亦属正常,同时任何评估工具或平台都不能面面俱到解决所有问题,因为有聚焦所以在某些方面自然会有所偏颇,还有就是 VSA 与美国其他教育评估制度安排一样都是植根于美国独特的社会文化和教育系统中,VSA 的问题其实也从一个侧面反映了美国高等教育诸如问责与改进的矛盾、教育费用上涨与质量提升的矛盾、教育评估的效率导向与公平导向之间的矛盾等问题。因此,我们在学习借鉴 VSA 的成功经验的时候应当做好分析鉴别工作,应当结合我国高等教育独有的中国社会文化背景、中国教育体制特质和独特的时代背景进行学习思考,切忌照抄照搬。

第七章　英国高等教育认证制度分析

　　认证是衡量专业、文凭、学校是否满足某种外在标准的过程,涉及基准评估,评估结论取决于质量标准,往往是更大的质量保障体系的一部分,①是高校需要携带的重要质量证书,也是保护学生和社会各方教育利益的重要手段。英国高等教育拥有悠久的质量保障传统,认证是其重要内容,与其他质量保障体系要素紧密联系,相互支持。

　　近代以来,西方国家发展形成了三种有代表性的认证模式:由政府部门进行集中控制的欧洲模式;以市场机制为主导的美国模式;结合了有限的政府控制、市场机制和学术自控的英国模式。②

　　在欧洲模式中,欧洲大陆国家的质量保障主要由国家机构负责,政府部门为高等教育设定较严格的标准,并对高校的实施情况进行较严密的监控。专业认证或机构认证也通常由政府部门或其指定的机构实施,认证制度在全国具有从上至下的统一性。如德国联邦政府指定德国认证委员会(German Accreditation Council)代表政府制定认证标准,规范认证程序,批准认证机构。③ 荷兰政府制定了专门的《高等教育认证法》,成立了专门的荷兰认证局(Netherlands Accreditation Organisation)开展专业认证,并授权高等教育督导局对认证活动进行监督。

　　美国高等教育在历史发展中形成了较强的市场传统,其中认证是"通过自发发

---

① K. Hämäläinen, Haakstad J. Quality Assurance in the Nordic Higher Education-accreditation-like practices [EB/OL].[2020-3-12]. ENQA.

② Ghoneim Sywelem MM, Witte JE. Higher Education Accreditation in View of International Contemporary Attitudes[J]. Contemporary Issues In Education Research, 2009(2):41-54.

③ Heintze R. The General Framework of the Accreditation System for Higher Education in Germany[J]. Education and Law Review, 2016(14):1-8.

展新的社会组织来解决新的教育问题的美国方式",①认证模式也具有明显的市场取向。第二次世界大战后,联邦议会明确采用市场基础的认证模式来保障高等教育质量,在 1972 年《高等教育法》的再授权中,联邦资助的着眼点从学校转变为学生,进一步强化了认证的市场导向。美国模式的重点在于通过市场化的认证配置教育资源,激发高等教育活力。

英国模式介于欧洲模式和美国模式之间,在发展中选择性吸纳了二者的合理要素,有机结合了政府控制、市场驱动和学术自我管理,以高等教育质量保障署(QAA)实施的认证评估为代表的外部质量保障与以大学实施的学位授权验证评估为代表的内部质量保障有效均衡,政府与市场力量驱动的他律与高校学术自律较好协同,是一种具有混合色彩的中间模式,其发展和运行中的成功经验值得我国高等教育认证制度发展变革审慎借鉴。

一、认证制度变迁

英国高等教育认证源自近代大学的外部检查者制度,第二次世界大战后至 20 世纪 90 年代初逐步发展起来,至 20 世纪 90 年代末初步建立起混合型认证模式,进入 21 世纪后进一步发展完善至今。英国认证模式的发展史也是一部高等教育质量保障体系的发展史以及认证制度对整个质量保障体系的融入史。

(一)认证制度的萌芽(近代—第二次世界大战前)

英国古典大学长期以来形成了自治传统,大学以自身学术价值和目的为导向,与社会保持间接联系。大学通过各自的章程确立和保障机构独立性,有权自主设立学科专业,授予学位。在自治传统下,大学主要依靠内部自觉保障教育质量。大部分大学逐渐建立了对院系、专业和教师的评估和监督制度。

随着近代工业革命的兴起,大学与外界的距离逐渐缩短,大学质量自律机制面临的风险和压力越来越大。在此背景下,大学和高等教育界开始引入"外部检查者"(external examiners)理念。1832 年建校的杜伦大学首先引入该理念,从古典大学邀请同行专家对本校进行诊断。1880 年,维多利亚大学正式创立了外部检查者制度。伯明翰大学等新建或历史较短的大学在其章程中规定由外部检查者对教育

---

① Harcleroad FF. Accreditation: History, Process, and Problems [R]. Washington: American Association for Higher Education, 1980: 5.

教学进行检查,向公众证明本校的教学标准和学位的"含金量"与老牌大学是可比的。外部检查其实是大学内部评估的一部分,基本做法是大学从剑桥大学、牛津大学、伦敦大学等老牌大学邀请同行专家来帮助诊断和检察特定专业的教学、考试、学位授予等。大学会在校内外公布外部专家提交的评价报告。

外部检查者制度在大学长久以来依赖的以内部自觉为主的质量保障机制旁扎下了新的篱笆,使质量的外部保障拥有了第一个较正式的制度手段。虽然"外部检查者"从同行专家的角度看属于高校的"内部"人士,外部检查者制度属于高等教育的自律制度,不是真正意义上的外部保障程序,但为认证这种外部质量保障制度的建立和发展奠定了基础。而且广义上说,高校根据内外部标准进行的自我认证也属于认证的范畴,是外部认证的重要补充。

(二)认证制度的发展(第二次世界大战后—20 世纪 90 年代初)

第二次世界大战后,英国高等教育逐渐形成了另一种传统——"服务"传统,即高校在服务学术目的的同时,也服务政府、个体和社会需求,并接受相关制度的约束。从办学定位来说,古典大学主要定位在学术目的。为了支撑"服务"目的,政府新建了一批以应用为导向的科技学院(Polytechnics),但科技学院没有法律规定的学位授予权。为了保障科技学院的文凭质量,议会通过决议成立了全国技术文凭委员会(National Council for Technical Awards,NCTA),管理新建的科技学院技术文凭的颁发。NCTA 规定科技学院必须建立外部检查者制度,并对其专业质量进行审核,通过的才能颁发技术文凭。这相当于专业认证,只不过在制度安排上还较粗糙。

至 20 世纪 60 年代,地方政府又设立了一批科技学院、普通学院(colleges)等新型高校。这些新型高校可以提供包括博士学位教育在内的学历学位教育,但都没有学位授予权,都以"服务"为主要的办学方向。另一方面,古典大学拥有学位授予权,形成了自治传统,它们与正在打造服务传统的新型高校分属不同的轨道。英国高等教育双轨制由此形成。与此对应,1964 年,英国成立全国学术文凭委员会(Council for National Academic Awards,CNAA),代替 NCTA 的职能,负责新型高校学术型学位颁授审批,技术学位颁授则转交专业协会进行认证评估。CNAA 依据皇家宪章(Royal Charter)成立,是第一个真正意义上的独立认证机构,包括 1 名主席和 25 名委员,全部由教育大臣任命,高校以机构会员的形式与其保持联系。CNAA 建立了 5 年一轮的学位专业认证制度,很好地适应了英国高等教育双轨制,开创了一种"认证模式"。①

20 世纪 70 年代末,英国掀起了一场新公共管理运动。之前,科技学院、普通学院等被归为"公共部门",古典大学被归为"私人部门"。新公共管理运行下的高等教育改革强调建立一种合理的竞争性机制,原"公共部门"高校被重新定位为"私人部门"机构,但这些高校仍大量依赖政府公共资金。引入市场机制后,政府退出了原有的一些监管和认证领域,主要通过拨款机制和激励机制来引导高等教育,或者将监管和认证权委托给行业协会性认证机构。例如,1980 年,当时的英国教育与科学部宣布到 1982 年不再对私立继续教育和高等教育进行审查和认证。在这种情况下,1984 年,英国私立继续教育和高等教育认证委员会(British Accreditation Council for Independent Further and Higher Education,BAC)成立,私立高等教育属于其认证对象,政府则通过移民政策和学生申请政府贷款对私立高校进行间接控制。古典大学也开始主动创建高等教育认证制度。1990 年,古典大学的协会性组织大学校长委员会(Committee of Vice Chancellors and Principals,CVCP)建立了学术审计中心(Academic Audit Unit,AAU)。大学自愿邀请 AAU 组织同行专家到校开展学术审计。

1992 年,议会通过《继续教育和高等教育法》(The Further and Higher Education Act),取消了高等教育双轨制,授予满足条件的科技学院、一些规模较大的普通学院以及苏格兰的"中央院校"以"大学"称号。新型高校要想升格为"大学"并获得学位授予权,需要由枢密院批准。其他非大学类高校则与大学合作,由后者对其学位专业进行验证性评估,满足标准者得以以该大学的名义颁发学位。相应地,政府尝试建立一元化的认证制度,AAU 被拓展为高等教育质量委员会(Higher Education Quality Council,HEQC),涵盖了 CVCP 的成员大学和代表非大学类高校的院长常设会议(Standing Conference of Principals)的成员高校。HEQC 继承了原有的"学术审计"制度,对大学和学院进行 5 年一轮的"质量审计"。同时,政府在每个地区的高等教育资助委员会(Higher Education Funding Council)建立了质量评估委员会,对地方院校进行教学质量评估。至此,英国建立了相对统一的认证制度体系。

(三)认证制度的完善(20 世纪 90 年代末至今)

1997 年发布的《迪尔英报告》[The Dearing Report,又称《学习社会中的高等教

---

① Pechar H. Accreditation in Higher Education in Britain and Austria:Two Cultures, Two Time-Frames[J]. Tertiary Education and Managemen,2002(8):231-242.

育》(Higher Education in the Learning Society)]对认证制度产生了重要影响。在该报告的促进下,政府成立了QAA,代表政府对高等教育进行统一的评估和保障,标志着当代英国认证模式的初步成型。QAA代表高等教育资助委员会对高校进行"机构审核"(Institutional Audit),同时也开展专业评估(Subject Review)。2006年,QAA发布《质量保障框架审核》,将"质量提升"正式制度化了。[①] 2017年,苏格兰推出了"提升的证据"主题活动。同一年,QAA开始在威尔士实施"质量提升评估"。

　　QAA是准政府机构,既能反映高校的呼声,也能传达政府的要求。QAA将认证评估的宗旨确定为维护有关高等教育文凭标准方面的公共利益,促进高等教育质量持续提升;核心职能为制定和监督高等教育标准,包括制定和完善《英国高等教育质量规范》,制定和监督"高等教育文凭通道"(Access to Higher Education Diploma)课程标准,并批准这些课程的办理、评审和认证机构。最新的"质量规范"为QAA与英国质量评估常设委员会(UK Standing Committee for Quality Assessment)于2018年10月共同更新后发布的版本,分为对高等教育标准的要求和对高等教育质量的要求两个方面。

　　2017年,英格兰议会通过了《高等教育与研究法》(The Higher Education and Research Act)。政府根据该法成立了学生办公室(Office for Students, OfS),接管了高等教育资助委员会的学生资助职能,并负责高校的登记工作。OfS继承了资助机构"绩效拨款"的市场理念和机制。高校要获得登记需要满足一系列条件,其中不少与高等教育质量和标准相关。QAA被OfS指定为履行高等教育外部质量保障的法定机构,其中包括对高校的学位授予权进行评估。QAA将评估建议提交给OfS,OfS据此做出学位授予权的最终决定。根据议会决议,从2018年4月开始,QAA作为"法定质量机构"(Designated Quality Body)开始正式运行,标志着英国结合了政府控制、市场机制和学术自律的混合型认证模式进一步完善。

二、认证制度安排

　　英国高等教育认证包括准政府和政府机构实施的元认证、专业机构开展的专业认证、监管机构开展的专业认证和大学对合办专业的授权认证四种类型,这些分

---

① Filippakou O, Tapper T. Quality Assurance and Quality Enhancement in Higher Education: Contested Territories [J]. Higher Education Quarterly, 2008 (1/2):84-100.

工明确的认证相互联系,成为英国模式的实质内容。

(一)准政府和政府机构实施的元认证

QAA 作为代表高等教育资助委员会或者学生办公室的准政府机构,对高校和学位专业进行的审计和评估,对"高等教育文凭通道"审核机构进行的授权评估,对政府科研管理机构进行的科研评估,是其他高等教育认证的基础,发挥着元认证的作用。

一是 QAA 对所有接受公共资金资助的高校进行机构审计和专业评估。QAA 开展的评估主要看高校的质量保障体制和机制的效果以及专业的质量。机构审计结果与高等教育资助委员会的拨款相联系。QAA 实施评估的依据主要有《英国高等教育资历框架》(The Framework for Higher Education Qualifications of UK, FHEQ)、《学科基本要求》(Subject Benchmark Statements)、高校提供的《专业方案》和 QAA 自己制定的评估《实践准则》(Code of Practice)。《学科基本要求》是对一系列学科领域的学位标准提出的要求,提供了表达与专业相关的学习成果的一般性指导,包括毕业生预期学习成果的基本标准和一般标准。《专业方案》是高校提供的关于学生成功修完一个专业后在知识、理解、技能和其他素质方面的发展成果的信息以及专业点的教学方法、评估、职业机会方面的信息。根据这些文件,QAA 共承担 4 类评估:①针对新办高校的质量和标准评估(Quality and Standards Review,QSR);②针对已注册高校的质量和标准评估;③新学位授予权评估;④完全学位授予权评估。根据 FHEQ,学位分 4 个层次:①基础学位(FHEQ 1~5 级资历);②学士及以下学位(FHEQ 1~6 级资历);③教学型学位(FHEQ 1~7 级资历);④研究型学位(FHEQ 7~8 级资历)。学校可以分学科申请不同层次的学位授予权,或是申请涵盖所有学科的学位授予权。

二是 QAA 实施的高等教育文凭通道评估。"高等教育文凭通道"是指由继续教育机构或高校向那些中断学习较久,或是没有资格上大学的个体提供的攻读高等教育文凭的课程渠道。QAA 审核认可的"授权验证机构"(Authorised Validating Agencies)对这些课程进行评估,评估合格的课程可向学生颁发文凭。

三是资助机构实施的科研评估。从 1986 年开始,英国对与高校公共科研经费相关的科研人员和项目实施"研究评估活动"(Research Assessment Exercise, RAE)。2014 年,RAE 被"研究卓越框架"(Research Excellence Framework,REF)取代。REF 由英格兰研究管理办公室、苏格兰资助委员会、威尔士高等教育资助委员会以及北爱尔兰经济部等 4 个机构研发、实施、管理,已成为欧洲最先进的高校研究评价系统之一。REF 分为 34 个学科领域,从科研成果、科研影响力和科研环境三个方面由专家对高校科研进行同行评议,评议结果与经费资助挂钩。

(二)专业机构开展的专业认证

专业机构实施的专业认证是英国高等教育认证的重要内容。专业机构(Professional Bodies)是本专业领域内的自愿性社会团体。与欧洲大陆国家的专业教育主要由政府机构审批不同,长久以来,英国形成了一大批很有影响的独立专业机构,负责制定专业准入标准,认证专业教育项目。专业机构几乎都是协会组织,评估专家是同行专家,有利于增强高校对认证的归属感,减少外界对高校的不良干预。

英国全国共有广播电视记者培训全国委员会(National Council for the Training of Broadcast Journalists)、英国皇家建筑师协会(Royal Institute of British Architects)等 100 多个专业机构,对工程、法律、会计、医学等行业职业进行认证。还有诸如认证以英语为外语的国际教育课程的英语联盟(English UK)这样的准专业机构。专业机构的权力不是来自政府授权,而是来自专业机构对该专业的知识和管理权威。

专业认证的目的是确保学位专业拥有培养专业人员的能力和条件,培养活动按要求进行。专业机构一般会制定明确、详细的认证标准,达到标准的专业获得认证。专业认证的主要内容包括明确进入某一职业所必需的教育和培训的本质,评估学生必备的知识、能力和价值,确保专业教育和培训提供者的合适性,评估专业发展的可持续性。学生获得学位必须为通过认证的专业所颁发,就业后才能申请相关职业许可证。可见,专业认证与就业密切相关,虽然这已不属于专业认证的范畴。虽然高校尤其名校也可以开设未获得认证的专业,但这毕竟会影响学生就业,因此,绝大部分高校专业都会想办法获得认证。大部分专业机构认证学位专业,也有少部分专业机构对高校的院系或中心进行认证。

大型的专业机构一般不直接开展专业认证,而是由下属组织负责。以英国工程理事会(Engineering Council,EC)为例,EC 是对英国工程职业进行促进和管理的协会组织,负责英国特许工程师登记。EC 对工程职业的管理通过其下的二级机构实现。全英共有民用工程学会、医学工程学会、建筑工程学会等 35 个二级工程学会,它们获得 EC 的许可,对高校的特定工程专业进行认证,对个体申请者颁发登记证。

（三）法定监管机构开展的专业认证

法定机构（Statutory Regulating Bodies）即根据法律设立、旨在保护公共利益的非协会性监管机构。虽然其中一些法定机构对从业者进行登记注册，但法定机构一般不向从业者提供会员身份。开展专业认证的法定机构的数量比专业机构要少，一般是与公共利益联系非常紧密的职业或行业才会通过立法设置法定机构。如英国医学总会（General Medical Council, GMC）、英国牙科服务委员会（General Dental Council）、卫生专业委员会（Health Professions Council）等都是由政府通过法令设立，拥有法定权力，对特定职业进行管控，确保公共利益不受侵害。

不少法定机构由专业机构发展而来。例如，1993年成立的大学教职工与教育发展协会（Staff and Educational Development Association, SEDA）是负责对大学教学发展项目实施外部认证的协会类组织。SEDA 的认证功能于1999年被高等教育教学研究所（Institute for Learning and Teaching in Higher Education, ILTHE）取代。2004年，ILTHE 并入当年成立的英国高等教育研究院（Higher Education Academy, HEA）。HEA 接受国家经费资助，除了教学发展项目认证，还关注学生学习体验，推行全国性教学改革项目。①

法定机构把自己定位于服务机构，但首先是一个监管机构。以教学管理署（Teaching Regulation Agency, TRA）为例，该机构依据《教育法》设立，受教育大臣领导，其目标为服务于教育界，服务于与教师培训有关的高校和中小学校。或者更准确地说，法定机构通过法律授权的监管活动为相关机构和人员提供专业性服务。法定机构通常会规定专业人员必备的知识和能力，对专业教育和培训进行控制；通过从业者登记制度，对专业人员进行职业准入控制；制定和实施由公共利益所确定的从业准则，对专业人员的职业活动进行控制。

法定机构对专业的认证较为复杂，受到法律严格限制，与就业密切相关。以英国医学总会（GMC）为例，GMC 拥有《医疗法》所授予的权力，对医疗职业进行监管，认证医疗教育，对从业者进行登记。高校的医疗专业获得 GMC 认证后，获得该专业所颁发学位的毕业生才有资格申请注册医师资格证，也才有资格开展诊疗活动。根据《医疗法》的规定，GMC 在医学专业认证、医学教育中的职责包括：确定授予的医学文凭所必需的知识和技能；确保大学向医学专业学生提供获得这些知识和技能所必需的教与学的机会；确定医学专业毕业生必需的知识和技能熟练标准；

① 黄慧娟,成丽.英国大学教学发展认证项目述评[J].河北师范大学学报:教育科学版,2013(10):38-41.

确保考试机构在资格考试或评估中维持这种标准;确定学生在实习期间必须获得的经验;确保大学所授予的文凭要能证明学生在实习期间获得了必要的经验。医学专业认证标准在 GMC 发布的《明日医生》(Tomorrow's Doctors)中有明确、详细的规定。

(四) 大学对合作办学专业的验证

20 世纪 80 年代,大学与非大学类高校以及英国大学和其他国家高校间的合作办学(collaborative provision),为学生提供了更多的教育选择。大学对合办专业进行"验证",授权合作方以自己的名义颁发学位,这被称为"授权认证"。以这种方式得到授权的机构包括由诺丁汉特伦特大学(Nottingham Trent University)认证的南安普敦学院(Southampton Insititute),由开放大学(Open University)认证的拉斯金学院(Ruskin College)以及海外的一百余所院校。①

学位授予大学对以该校名义开办的专业和颁发的文凭质量有保障的义务,需要制定"合作办学"的专业和学位质量的标准和制度,并对标准和制度的实施情况通过专业验证的方式加以评估。QAA 实施的机构审计和专业评估会审核大学建立和实施合作办学专业验证制度的情况,审查的重点包括学术标准的等价性和责任、政策和程序、合作机构的挑选、书面协定、与代理机构的协定、保证学术标准以及专业和文凭的质量、评估要求、外部审核、文凭和成绩单、向学生提供的信息、公共宣传和营销等 11 大类问题。

在 QAA 的审核框架下,不同的学位授予大学对合作办学专业的认证的安排会有一些差异,但大同小异。一般来说,一个机构(国内外的教育机构或非教育机构)要想开设学位授予大学的专业、颁发其文凭,首先要从机构层面获得学位授予大学的认可,这一过程相当于机构认证。通过机构认证后,合作双方会进行商议,选定拟合办的专业并对其进行认证。如果满足条件,大学就会与合作机构商签合作办学协议,明确合作办学专业、拟授的学位、教学安排、质量保障安排、合作时间等。在合作办学期间,学位授予大学一般会通过现场检查或远程检视等方式进行日常监控,定期开展质量评估。也有的学位授予大学在通过机构认证后,授权合作机构自主确定合作专业,在专业举办过程中很少过问,但对出口的学位授予环节严格把关。

---

①　刘静.英国:大学授权认证出现危机[J].比较教育研究,2004(2):93.

三、认证制度的特点

英国模式介于欧洲模式和美国模式之间,有机结合了政府控制、市场力量与学术自律的合理要素,形成了核心职能政府主导、多元主体协同、认证机构保持独立性、以认证对象为中心等较鲜明的特点。

(一)政府主导核心职能

政府主导学位授予权分配。学位授予权分配是一国认证模式的核心议题。高校需要有学位授予权,才能向学生颁发学位,这是世界各国法律通行的规定。英国高校的学位授予权由政府依法管理,高校需要依法获得授权才可以颁发学位。古典大学根据学校章程一直拥有学位授予权。从 1992 年开始,满足条件的新办大学通过从枢密院获颁皇家宪章的形式获得学位授予权。枢密院是英国女皇的顾问机构,基于政府建议做出是否颁授皇家宪章的决定。从 1997 年开始,学位授予权申请由 QAA 和商业、信息和技能部(Department of Business, Information and Skills, BIS)进行审核评估,枢密院基于 QAA 和 BIS 的评审做出决定。

政府主导公共经费配置。英国高校不论是公立还是私立,政府资助都是其重要的经费来源。政府机构主导着公共经费的配置,通过公共经费配置推动高校质量发展。首先,政府资助机构直接根据科研评价活动的结果配置公共科研经费,促进科研质量提升。其次,政府资助机构将学位授予权作为重要抓手,将 QAA 实施的外部评价作为经费配置的重要依据,撬动高校重视质量发展。QAA 负责评估所有高校的学位授予权,大学与其他高校的合办专业及其学位授权也属于 QAA 的评估范围。高校接受 QAA 的外部评价是自愿的。但是,要通过政府资助机构获得公共经费,就必须接受 QAA 实施的外部评价。QAA 每年向高等教育资助委员会报告对高校开展机构审核和专业评估的情况,这相当于是对 QAA 作为认证机构的认证。在美国,高校和高校学生要想获得联邦政府经费资助,高校和学生就读的专业必须是由联邦教育部或半独立的高等教育认证委员会(Council for Higher Education Accreditation)认可的认证机构所认证过的。相比而言,英国政府对认证的强制力要比美国联邦政府更大。

(二)多元主体密切合作

政府机构与认证机构密切合作。政府机构虽然主导着最为核心的学位授予权管理和公共经费配置,但并不会直接开展认证,而是委托法定机构、专业机构或准政府机构实施各种类型的认证,它们之间结成了委托代理关系,也结成了紧密的合作关系,双方保持交流和协商,共同保障认证质量。例如,教育部与18个法定机构和独立公共机构存在委托代理和合作关系,教学管理署(TRA)是其中之一。TRA成立于2018年,是教育部的执行机构之一,其前身是2013年设立的全国教学与领导学院(National College for Teaching and Leadership),被教育部授权两项职能,其一是教师资格认证,包括对本国公民申请教师资格以及欧盟、冰岛、列支敦士登、挪威、瑞士、澳大利亚、加拿大、新西兰、美国等其他国家公民申请英国教师资格进行认证,其二是教师失范行为管理。TRA在教育部的指导下开展工作,向教育部提交年度工作报告,提供教师和教学管理方面的政策咨询。

认证机构与其他机构密切合作。认证机构除了主动加强与政府机构的协作外,还通过人员交流、公布教育标准和质量信息、提供质量改进建议、培训评估人员等方式加强与高校、其他认证机构、捐助机构、企业、雇用者等利益攸关方的联系,主动交换信息、交流意见,促进对教育公共利益的保护。认证机构在认证标准的制定、修改中注意吸纳高校、学生、企业等参与,听取意见建议。认证机构还通过吸纳各界人士参与内部治理加强与外界的联系。如BAC的委员既包括古典大学联盟(Universities UK)、验证评估大学委员会(Council of Validating Universities)、小型公立高校联盟(Guild HE)、继续教育学院协会(Association of Colleges)等高校协会组织的代表,也包括英国认证机构联盟(Accreditation UK)、英国资历联合委员会(Joint Council for Qualifications)、资助机构联盟(Federation of Awarding Bodies)等相关机构的代表,还有议会、国际学生事务委员会(UK Council for International Student Affairs)、学术认可信息中心(National Academic Recognition Information Centre)等政府机构代表,这种人员构成的开放性,有利于增强认证机构的外部亲和性。

(三)认证机构保持独立

在英国,独立公共机构介入认证是一大特色。独立公共机构是指在政府施政过程中扮演一定角色但又不是政府的一部分或者政府的部门之一。① 全国学术文凭委员会(CNAA)、原大学拨款委员会(University Grants Committee)和后来的高等教育资助委员会等,都属于独立公共机构。独立性是独立公共机构的本质属性。例如,QAA号称代表政府的全英第一号高等教育监管机构,但是,QAA是一个独立

---

① 李明华.英国高等教育认证制度的形成[J].复旦教育论坛,2009(2):5-10.

机构,不受《信息自由法》约束,独立于英国政府,更多属于大学和学院的代表性机构,成员单位涵盖英格兰大学联盟、苏格兰大学联盟、威尔士高等教育联盟、院长常设会议等协会机构所属高校。政府资助曾是 QAA 的主要经费来源。从 2019 年 8 月开始,QAA 的经费筹措模式从以政府资助为主转变为高校支付评估费用以及基于自愿会员模式缴纳的年费,进一步淡化了政府色彩,增强了独立性。

从事认证活动的专业机构多属于行业协会组织,具有很强的独立性。除了专家团组建、做出认证决定等认证事务独立、内部治理的组织独立外,专业机构在财务上也是独立的。例如,BAC 类似于一个"有限责任公司",每年通过收取认证费、咨询费等筹措资金,没有政府经费资助。报告显示,2014 年,BAC 收入 87 万英镑,支出 67 万英镑,完全能够保障其运行所需。对学位专业进行授权认证的大学尤其是古典大学也具有显著的独立性。升格更名而来的大学也依据枢密院签发的皇家宪章而享有很大的独立自主权。

(四)以认证对象为中心

高校及其学位专业,既是认证的对象,也是质量保障的重要主体。在认证制度安排中确立和保障认证对象的中心地位和质量保障的主体地位,是英国认证模式的重要特点。首先,高校在认证中处于中心地位。自愿认证是英国模式的法定要求。不管是公立高校还是私立高校,不管是否接受公共经费资助,高校及其专业接受认证都必须是自愿的。认证标准和程序会充分考虑高校定位和使命的独特性以及学位专业的特殊性,注意增强认证的响应性。认证以学生及其学习成果为中心是高校中心地位的重要体现。不管是机构认证还是专业认证,不同认证机构的标准存在差异,但都会强调以学生为中心和以学习成果为导向,要求高校和专业明确教学的知识和能力目标,为学生学习提供充分的资源、支持和指导,建立健全学生学习质量保障制度,将学生评价作为教学评价的重要参考;在认证程序中注意吸纳学生代表参与认证,听取学生的诉求和建议。

其次,明确认证对象在质量保障中的主体责任。英国模式明确认证机构和政府管理部门承担外部质量保障责任,高校承担内部质量保障责任,这种责任划分有利于调动高校的积极性,同时保护高校免受有害的外部压力。英国模式的发展来源之一是公共部门传统,将主体责任赋予高校,由高校建立健全质量保障机制、设计和推动专业发展、证明教学质量和办学水平,是这种传统在认证中的体现和延续。这种自我证明机制既是对高校的信任,也有利于落实高校在质量保障中的主体责任,对认证的成功运行至关重要。认证机构往往要求申请认证的高校和学位专业陈述经济、社会和教育合理性,阐明教学和教学管理的连贯性与发展性,展示已经建立的教学和评估机制。认证也是一个全员参与的过程。教师和学生积极参与这种自我证明过程,有利于发现问题,促进改革创新,尤其有利于青年教师在参与认证的过程中增强质量意识、问题意识、责任意识和创新意识。认证推动高校和专业制定弱项提升目标,有利于高校办学质量的切实提升。

四、经验与启示

一是认证制度建设要融入整个高等教育质量保障体系中。在英国,其实"认证"(accreditation)一词用得并不多,"审核"(audit)、"验证"(validation)、"批准"(approval)、"审批"(authorization)、"检测"(examinization)等经常交叉使用,含义与"认证"差不多。原因之一是英国的高等教育认证并不像美国模式那样自成一体,而是有机融入整个高等教育质量保障体系,与 QAA 的机构审计、专业评估,与政府资助机构和科研管理机构进行的科研评估,与高校自己进行的内部评估和邀请同行专家进行的外部检查等紧密相关。这就保证了认证制度在实施中能获得其他制度的支持和补充,更好地发挥认证制度的实际效益。

二是对认证的认证对认证制度进行托底保障。专业机构进行的专业认证、法定机构进行的专业认证以及大学对合作办学机构和专业的认证,都可以看到 QAA 的托底保障作用。这类似于一种元认证。QAA 依据政府的"资历框架"、《学科基本要求》和自己制定的评估《实践准则》等,对高校进行机构审计和专业评估,都会对各种类型的认证进行原则性的规定,提出相关的要求,如为合作办学专业的认证拟定评估框架,对专业认证中学校的《专业方案》的制定和实施情况的评估进行检查等。QAA 的托底,保证了各种认证活动能与国家的法律法规和政策一致,兼顾高校其他类型的质量保障活动,不出大的偏差。

三是用好财政拨款这个有力武器。英国的大部分高校号称私立,但都很依赖政府的财政拨款。政府虽然与高校保持一定距离,保障高校的办学自主权,却把财政拨款这个几乎唯一的调控工具用好用活了,对高等教育质量发展起到了四两拨千斤的推动作用。政府很少直接出面,通过 QAA 这个独立机构代表政府资助机构对整个高等教育系统的质量进行评估保障,QAA 的评估结果几乎都与财政拨款直接或间接挂钩。科研管理机构进行科研评价结果也与财政拨款挂钩。学位授予权管理也是政府控制的武器,但政府也将其与 QAA 实施的外部评价联系起来,进而与财政拨款联系起来。这样的制度设计,促进了合理竞争,有利于公共经费效益的发挥。我国公立高校是高等教育系统的主力军,政府的基本拨款加上近些年实施的各种重大项目以及一些竞争性拨款,数量非常庞大,但总体效益不尽如人意,一个重要的原因是财政拨款对良性竞争的推动和对教育质量提升的推动作用还没有充分发挥。如何通过包括认证在内的制度安排,充分用好我国巨量投入的高等教育财政经费对质量发展的撬动作用,是新时代我国高等教育改革创新的重要政策议题。

四是专业认证的多样化发展很有必要。英国的高等教育认证虽然也有对高校、院系或中心的机构认证,但更多是针对学位专业的专业认证。专业是办学的重要单元,抓住了专业也就抓住了认证的牛鼻子。但专业多种多样,专业认证的主体、模式、制度安排也应当多样化,充分调动各种组织资源为认证所用。英国各行各业和各个学科领域的专业机构非常多,这些机构的历史也比较长,在本领域有很大的号召力。因此,英国充分利用这些专业机构开展职业型专业的认证,并与就业市场联系。同时,政府授权一部分专业机构代表政府对与公共利益密切相关的专业进行认证,认证结果与学历学位和职业资格挂钩,对这些专业规范办学、确保质量、保障公共利益起到了很好的作用。英国大学利用悠久的传统和影响力,积极开展合作办学。对此,英国设计了 QAA 把关、大学自主认证、合作机构自主运动的机制,充分发挥学位授予大学的主体作用,保障合作办学的质量。由大学自己来设计标准、制定程序、实施认证、对认证的结果负责,这在世界上都是比较有特色的做法。我国高等教育专业繁多,情况复杂,专业认证的推行,也应当坚持多样化发展的思路,充分调动各方资源,优化整合,形成自己的特色。

第八章　澳大利亚高等教育课程认证制度分析

澳大利亚是一个教育出口大国。近年来更是吸引了大批留学生,其高等教育质量得到了世界广泛认可。2011年,澳大利亚联邦政府建立了高等教育质量与标准署(Tertiary Education Quality and Standards Agency,TEQSA)取代原有的保障体系,标志着澳大利亚高等教育进入新一轮改革和发展。TEQSA作为一个独立的机构,改变了以往机构活动的分散性,依据统一标准对全国高等教育进行监管,维护国内外所有学生的权益。其后,围绕TEQSA,澳大利亚逐渐构建形成了结构合理、运作权威、循环良好的新高等教育质量保障体系。课程认证是TEQSA的核心职能。这里的"课程认证"类似于我国的"专业认证",实质都是对高等教育专业(课程体系)最低标准的评鉴过程,以此来保障高校课程建设的顺利实施,促进高等教育质量提升。

一、课程认证制度变迁

(一)澳大利亚高等教育质量保障体系的萌芽

在澳大利亚高等教育发展初期,高等教育基本处于自治状态。20世纪60年代,随着辍学率的上升以及教学质量的下降,澳大利亚政府开始参与到高等教育的管理当中。政府主要采用拨款机制,设立奖学金制,成立大学助学金委员会,进而影响高等教育发展。进入20世纪70年代,高等教育规模开始扩大,当时的执政党取消了本科生收费制度,加大了援助,以保证教育质量不会随着规模的扩大而下降。政府还鼓励高校实施自我监控和自我评估。这一时期,高等教育内部质量保障处于萌芽中,政府的参与度比较低,并未干涉高校内部的治理。20世纪80年代初,针对高校专业设置,联邦政府对澳大利亚国立大学等重点大学的主要课程进行了调研。20 世纪 80 年代末,联邦教育部出台《高等教育政策的讨论》,对高等教育机构进行重组,废除此前执行的双轨体制,转而实行将大学与高等教育学院合并的"全国统一系统"体制。1988 年,联邦政府成立了高等教育质量评估小组,由此出现了初步的外部质量保障制度。在这一阶段,虽然高等教育在政府拨款及相关政策的扶植下,加强自我监管,教育质量有所提升,但整个高等教育体系缺乏一个系统的制度性的质量保障机制来保证这些措施的有效实施。

(二)澳大利亚高等教育质量保障体系的初步发展

20 世纪 90 年代,澳大利亚高等教育大众化程度进一步提升。在教育规模不断扩大的情况下,联邦政府加大了对高校的影响。1991 年,《高等教育:20 世纪 90 年代质量和多元化》政府工作报告发布,针对高等教育教学质量提出了一系列改革计划。为了响应该报告的建议,高等教育质量保障委员会于 1992 年成立。委员会具有一定的中介性,每年会对高校进行审核,并针对高校问题提供质量保障方面的意见。但是,高校评审结果并不公布于众。委员会根据评审结果向政府提供分配专项资金的建议。在经过几轮的质量审核活动后,由于新旧政府的更迭,委员会的弊端日益暴露。1998 年,澳大利亚教育就业培训和青年事务部(Department of Education, Employment, Training and Youth Affairs, DEETYA)取代了该委员会。DEETYA 制定了教育质量最低标准,各院校依据标准提交《高校质量保障和改进计划》。计划中包括对课程设计实施满意度、学生对教学的满意度、雇主对毕业生的满意度以及就业率进行调查。DEETYA 将高校的质量保障计划整理后提交联邦政府,作为拨款的依据之一。

(三)澳大利亚高等教育质量保障体系的深入发展

进入 21 世纪,各国政府越来越意识到高等教育质量是国家发展的重要影响因素。澳大利亚社会各界因此更加关注高等教育质量保障问题。政府和大学呼吁建立新的第三方机构独立检验高等教育质量保障过程。为了应对高等教育的新变化,联邦政府于 2000 年通过议案,成立澳大利亚大学质量保障署(Australia University Quality Agency, AUQA)。

AUQA 作为一个非营利的第三方全国性机构,主要负责:对高等教育机构、州和地区资格认证机构实施五年一轮的质量审核工作;审核的过程、标准以及结果形成报告后公布在网上;及时公布澳大利亚高校的世界排名。AUQA 是由董事会直接领导的独立于政府的机构,它接受联邦政府的资助并向受审院校机构收取审核费用。AUQA 董事会成员由 12 名来自高校、社会、政府的人员构成,任期三年。①

澳大利亚高等教育机构分为具有自我认证权的大学和无自我认证权的院校这两种类型。大学依法建立并享有自治权。大学有自己的教育目标以及学术标准,并采取相应的措施确保目标的实现,负责自我内部质量保障和管理。主要表现在:第一,每所大学都建有内部质量保障机构对教学、管理等方面进行监督。第二,教师的聘任按需进行,对申请人员的学术能力、教学经验以及学历等方面有基本的要求;经聘用的教职工必须接受两年的工作技能的培训;教师每年都要对自己的教学工作进行总结,报院领导进行审核;教师根据学生评教结果改进教学方法。第三,大学会有内部保障程序对新课程进行评估审核并配合政府进行年度大学本科生课程经历问卷调查(Course Experience Questionnaire),根据学生对课程的满意度进行改善。无自我认证权的高校想要设置一门新课程,需经过州和地区政府的认证。大学作为整个质量保障体系的主体,进行着内部质量监管的同时,不断接受外部机构的审核、评估、认证。

为规范义务教育阶段后的学历资格标准,杜绝假学历、假学位现象的发生,MCEETYA 在 1995 年建立了澳大利亚学历资格框架(Australian Qualification Framework,AQF)。该框架包括整个教育体系的学位授予和学历颁发的标准。②AQF 主要负责对澳大利亚新开办的大学进行注册登记,确保整个教育体系的完整与正规。在这个体系中,大学和职业教育有些学历证书是重叠的。这有利于促进人才的流动和教育的发展。

澳大利亚联邦、州以及地区三级政府在高等教育管理中的职责不同。联邦政府没有直接管理学校的权利,但是在质量保障体制中利用财政手段影响高等教育。联邦政府负责高等教育的宏观调控,确定国家整体教育目标,并通过协调引导和拨款两个手段来实现自己在高等教育质量保障中的职能。2000 年,联邦政府成立了澳大利亚大学教学委员会(Australia University Teaching Committee,AUTC)。该机构成立的任务就是提升大学教与学的质量。政府通过 AUTC 协调国内大学和国际大学的交流与合作,鼓励教学模式和方法的创新,及时诊断国内大学出现的教学问题,并提出解决的方案。从 1998 年开始,根据《1998 年高等教育基金法案》,受到三年一次教育资助的高校需要向联邦政府提交质量保证和计划。联邦政府评估审核通过后,高校才能获得教育经费。

---

① 李胜元,梁德旺,宋学锋,等.澳大利亚高等教育质量保障体制略论[J].西南师范大学学报:人文社会科学版,2006(1):142-146.

② 陈馨.中澳现代远程高等教育质量保障体系比较研究[D].厦门:厦门大学,2009:87.

州和地区政府除了享有各级各类教育的立法权之外,在高等教育质量保障中肩负着很多职责。州和地区政府每年与联邦政府就各级教育的国家目标进行会议商讨,签订协议确保教育目标落实到各州的法律当中。① 2000 年 3 月《高等教育批准方法的国家协议》的签署使州和地区政府的教育职责进一步标准化,改变了六个州和两个地区所采用的审批程序和标准各不相同的局面。州和地区根据协议统一标准,在对学术能力、财政计划等进行审核后批准高校能否成立;对无自我认证权的院校进行新课程认证;对海外合作办学的认可和留学生课程进行认证;②对国外学历进行鉴定等。

(四)TEQSA 的建立与发展

为了缓解本国高等教育规模快速扩张而产生的经费危机,澳大利亚政府借着多元文化和地域优势,在经济全球化背景下,积极推进高等教育国际化发展,寻求更广泛的跨境教育合作。高等教育服务已经成为澳大利亚的龙头产业之一。2011年,前往澳大利亚的留学生人数猛增至 25 万,排名世界第三。在留澳人数激增的同时,其教育质量也受到了冲击。澳大利亚政府对海外留学生的个人权益进行了保护,却忽略了对招收留学生院校的资格的法律规范。一些不合格的私立院校和黑机构在利益的驱使下,以牟利为目的,迎合留学生的移民目的,向留学生兜售假毕业证等。同时,澳大利亚高等教育已经进入普及化阶段,远程教育、网络大学、在线视频、继续教育培训机构等非传统形式的教学方式和教育机构不断出现,而这些新型教育形式或机构在当时的澳大利亚高等教育保障框架中,并没有明确的资格要求、审核认证规范及程序,它们的出现不仅是对澳大利亚传统教育的冲击,也是对教育质量的考验。

以大学为主体,联邦政府、州和地区政府、AQF、AUQA 所形成的"五位一体"的高等教育质量保障体系,为澳大利亚高等教育发展起到重要作用。然而高等教育所处环境的不断发展变化,使得这种保障模式的适应性出现问题,不能更好地发挥作用。2007 年,陆克文政府对高等教育进行了改革。2008 年,由布莱德雷(Bradley)领衔的专家团提交《布莱德雷报告》,认为当时的质量保障体系复杂、零散;AUQA对高等教育机构以及认证机构实施质量审核,但 AUQA 只享有审核权,没有制裁权。根据这些问题报告提出了成立统一的质量保障机构等建议。③

① 张加民.澳大利亚高等教育国家质量保证框架概述[J].安阳工学院学报,2005(2):130-134.
② 李兵.澳大利亚高等教育质量保证体制综述[J].外国教育研究.2004(1):49-53.
③ 张胜利,孙兰萍.澳大利亚高等教育质量管理与标准署概述[J].世界教育信息,2012(302):66.

2009 年,联邦政府发布了《改变澳大利亚高等教育体制》的报告。报告分析了为什么要对高等教育进行改革、如何进行改革、改革的目标等。政府希望转变对大学的投资方式,以需求为导向优化资源配置,使大学自己"赚取"教育经费。该报告与《澳大利亚高等教育评估》都是高等教育改革的纲领性文件。为了解决保障体系出现的问题,加强对跨国教育的管理,恢复澳大利亚国际教育的竞争力,统一高等教育要求,《澳大利亚高等教育评估》号召成立一个独立的、统一的机构来保障高等教育的质量。作为对该报告的响应,联邦政府颁布了《2011 年高等教育质量和标准署法案》(《TEQSA 法案》),并于 2011 年 7 月正式成立了 TEQSA。

TEQSA 成立之初并非一帆风顺,遭到了澳大利亚一些学者的强烈反对。但是,经过几年的实际运转和不断的自我改进,TEQSA 逐渐赢得国内外的认可。为了适应高等教育不断变化发展的环境,TEQSA 定期对高校进行追踪反馈。TEQSA 根据反馈结果进行相应改革。除了对高校反馈结果的运用,TEQSA 还借助网络搜集教育消费者建议。TEQSA 机构网站上有"咨询协商"专栏,公布机构进行的各种改革尝试,关心高等教育质量保障问题的社会公众可通过此平台发表意见。2015 年,TEQSA 就"核心+"课程认证模式改革收集意见。学生、家长、用人单位等通过专用邮箱提交"意见书"发表看法,供 TEQSA 参考。这种开放、自由的协商制度保障了 TEQSA 的不断完善和发展。

二、课程认证的主体

澳大利亚联邦政府对高等教育课程政府认证权的配置有两个方向:一是整合原有的众多国家和地方认证机关,由 TEQSA 统一代表国家直接实施政府认证,以实现政府认证权的上收。这种上收契合了澳联邦政府希望建立全国统一的质量保障系统的愿望。二是联邦政府授权 TEQSA 对部分高校进行审核,授予符合资质的高校课程自我认证权,以实现政府认证权的下放。这种下放部分满足了大学对学术自由、办学自主权等传统价值的诉求,安抚了大学对高等教育集中化和统一化改革的不安心理。TEQSA 在这种政府认证权结构中处于核心地位:在第一个方向上,TEQSA 直接行使政府认证权;在第二个方向上,TEQSA 间接行使政府认证权。

(一)处于政府认证权力结构核心的 TEQSA

1.TEQSA 法案

为促进新一轮高等教育改革的启动,澳大利亚联邦政府向国会提交了《TEQSA

法案》。2011 年 7 月,国会批准了法案,TEQSA 正式成立。法案旨在建立一个以学生为中心、促进高等教育可持续发展的、以需求为驱动的高等教育新体制。具体目标为:制定并使用《高等教育质量标准框架》,对高等教育进行规范;加大高等教育信息透明度,确保学生享有教育信息知情权,保障在澳大利亚接受教育的学生的正当权益;鼓励并促进其高等教育的多样性发展,增强澳大利亚的国际声誉。

2014 年 7 月法案得到修正,修正后的法案共十二部分。新法案详细阐述了 TEQSA 机构的建立、功能、权利及工作人员的任命资格,介绍了 TEQSA 的工作程序、机构年度计划的审核与变更;从监管依据、监管方法等方面详细制定了 TEQSA 进行全国统一监管的原则;明确了登记注册的内容;从课程认证主体、认证步骤、认证条件、认证更新方面对高等教育课程认证进行了规范;对 TEQSA 的工作依据《高等教育质量标准框架》进行严格规定。①

2.TEQSA 机构组成

TEQSA 的内部权力结构分为三个层次,第一层次是拥有认证决策权的 TEQSA 委员会。成员由联邦教育部部长任命。所任命委员必须具有相关领域尤其是在高等教育质量保障和监管方面的专业知识。委员会由一名主任委员和四名委员构成。主任委员为 TEQSA 机构首脑,负责机构的日常行政及管理工作。委员的任职期限一般不超过五年。委员会必须向教育部部长提交机构年度计划,并通过审核。

第二层次是为委员会提供决策支持、拥有认证决策提议权以及认证管理权的高级管理团队(Senior Management Team,SMT),团队成员分别负责 TEQSA 日常运转、管理危机与数据提供、监管与评估、财务和法律事务。SMT 由委员长、三个执行董事、首席财务、运营员以及首席律师组成。TEQSA 经常以会议形式进行工作商议。

第三层次是执行层面的各个工作小组。这些小组根据职能的差异分别接受相应的高级管理团队成员直接领导。其中具体实施课程认证的是监管与评估执行主管及其领导下的校别管理小组(Provider Case Management Teams),小组成员被称为"管理专员"(Case Manager),每位管理专员与一个或多个被认证高校对接,组织实施所联系高校的课程认证。校别管理专员制度较好地保证了课程认证的针对性和个别适应性。

---

① Attorney-General's Department,Canberra. Tertiary Education Quality and Standards Agency Act 2011 [EB/OL]. [2021-03-05]. Australian Government Federal Register of Legislation.

3.TEQSA 的职责

TEQSA 于 2012 年 1 月正式运行。澳大利亚之前的高等教育质量保障职能由 AUQA 行使,州和地区政府、认证机构行使管理职能,TEQSA 将两大职能统为一体,替代了"五位一体"的质量保障机制。作为一个非营利的一体化的高等教育质量监管机构,TEQSA 制定最低评估标准,对符合条件的高等教育机构进行注册、评估和监管;根据标准审核高校新开设的课程。高等教育提供者注册时首先向 TEQSA 提交申请。申请必须包括注册名称和注册分类(大学、学院、专门大学等)、通过认证的课程项目。TEQSA 依据该申请机构是否达到最低设定标准来判定是否允许其采用所申请的称谓。不同于之前的质量保障机构,TEQSA 不仅享有建议权,督促高等教育提供者不断完善优化其服务,而且具有注销权,对违反注册标准或课程认证标准的高等教育机构,TEQSA 有权撤销其课程认证和注册登记。TEQSA 除了具有对新开设课程进行认证、对高等教育机构进行注册登记的职责之外,还要收集、审核、监督、分析并公布各高等教育机构质量提升状况以及教育教学活动进行情况;根据收集的信息为高等教育机构的不断完善作出整改计划。此外,TEQSA 担负着与国外其他质量保障机构合作、交流探讨的任务。

4.TEQSA 的基本特征

独立性。TEQSA 是一个独立于社会、高校和政府的高等教育质量保障机构。它由联邦政府资助成立,但是在运营上享有高度自治,不受政府的控制和干扰。《2011 年高等教育质量和标准署法案》为确保 TEQSA 的独立性,明确规定 TEQSA 在行使权力时,任何机构或个人不得干涉。教育部部长必须在限制性范围内指导 TEQSA 工作。TEQSA 具有政府机构的某些职能,却又不同于政府,扮演"和事佬"的角色,是沟通政府和高校的"纽带",能及时缓解政府和高校之间的利益冲突。独立性是世界高等教育质量保障机构改革的一大趋势。TEQSA 在政治以及经济上的独立,是保障其评估、认证等活动顺利进行的前提。

计划性。TEQSA 机构的计划性主要表现为三年规划和年度工作规划。自成立之日起,TEQSA 目前已处于第三个三年规划期(2018—2021 年战略规划)。三年规划包括机构整体目标和如何实现总目标的战略框架。年度工作规划则是基于三年整体蓝图所制定的详细行动安排。规划报告必须在规定日期向教育部部长提交,经教育部部长批准后方可生效。年度规划自生效之日起,因情况变化可经教育部部长同意批准变更后得到修改。这种整体规划和局部策略调整充分保障了 TEQSA 的运作有序进行。

学术性。TEQSA 能够获得政府、社会、家长的信任还在于其学术性和专业性。不同于州和地区政府、AUQA 所进行的质量保障活动，TEQSA 从人员的选拔到监管结果的发布都非常严谨。委员会及其他职员不仅要具备专业的评估认证知识、良好的职业素养，而且在正式被任命前都要进行一系列培训。TEQSA 对工作人员的经验、知识和学历有着严格的要求。机构人员的专业性保证了 TEQSA 的学术权威性，从而赢得了社会各界的认可。

公平性。TEQSA 作为一个国家级别的中介机构，其运作必须做到公正公平。首先，TEQSA 不代表任何一方，不偏袒任何机构或个人。它有自己的实施标准和权利依据，以此协调各种教育质量问题。其次，TEQSA 实地考察各校申报资料信息的可信度，毫无保留地向社会、家长和学生公开监管结果，保证校与校之间的公平公开竞争。最后，TEQSA 的法律救济制度进一步确保其行使权力的公正性。TEQSA 的运作接受行政申诉法庭的监督和审查。法律规定，对 TEQSA 的登记、注册、认证等决定不满的高等教育提供者可以获得法律援助。

非营利性。TEQSA 是一个非营利性的质量保障机构，其所有的运作均要接受澳大利亚公众的监督。TEQSA 具有社会责任性，所有工作人员必须遵守职业道德。通过 TEQSA 官方网站，澳大利亚高等教育提供者可以在费用专栏了解到自己所应缴纳的费用以及费用的支付方式。2014 年，《TEQSA 费用决定》进行了部分修改，其中规定对招收海外留学生院校的课程注册登记不收取任何费用。TEQSA 机构的非营利性使其保障高等教育质量的职能得到充分发挥，同时也减轻了高等教育机构的负担。①

（二）拥有自我认证权的高校

《TEQSA 法案》规定：已经获得 TEQSA 注册的高校可以向 TEQSA 申请自我认证课程的权力。TEQSA 依据自我认证权授予标准对申请进行评估。一般来说，以下 4 类"大学"类高校可以被授予一定范围的课程自我认证权：第一，"澳大利亚大学"（Australian University）可以认证自己的所有课程；第二，"澳大利亚大学学院"（Australian University College）也可以认证自己的所有课程；第三，"澳大利亚专业大学"（Australian University of Specialisation）可以认证自己的 1~2 个学科领域的课程；第四，其他高校、国外大学和国外专业大学可以认证自己的一个或多个学科领

---

① Tertiary Education Quality and Standards Agency. Determination of Fees No. 3 of 2013 [EB/OL]. [2021-03-05]. Australian Government Federal Register of Legislation.

域的课程。

自我认证是高校的一种自主权。自我认证指与课程和学位内容相关的学术自主权。自我认证是世界上大学作为长期的知识和学术的独立中心的核心特征。如果说 TEQSA 被授权统一对全国大部分高校课程实施直接认证是一种联邦政府的集权行为,那么向满足条件的部分高校授予自我认证权则是一种放权行为。高校课程政府认证权的这种收放结合取得了良好的效果:减少了 TEQSA 对高校不必要的干扰,减缓外部管理压力,调动了高校提升发展质量的积极性;极大减轻了 TEQSA 的认证工作量,若过分惜权、集权,事事亲为,TEQSA 将疲于奔命,认证效果无法保证。自我认证使 TEQSA 的权力篮子活了起来,也使高校活了起来,不失为一种好的高等教育质量保障机制。

拥有自我认证权的高校无须再接受 TEQSA 对课程的直接认证,但并不意味着它们可以不进行课程认证。自我认证必须保证基本的质量。高校在行使课程自我认证权的同时,必须履行以下法律义务:高校要理解 TEQSA 监管高校的课程认证标准和学历资格标准的要求;要判断课程的发展、批准、教学和终止的所有活动是否满足和遵守这些标准;要保证所有的自我认证活动都遵循这些基本标准。自我认证权作为一种办学自主权是相对的:TEQSA 可以视情况对高校的自我认证权施加限制条件,或在高校不再满足自我认证权的标准时撤销其自我认证权。放权不等于放任自流,自我认证不等于自行其是。把权力放进空气流通的笼子里,这非常值得我们借鉴。

三、课程认证制度安排

(一)认证标准

TEQSA 高等教育质量保障的依据是《高等教育标准框架》。框架由专家团拟定,包含了 TEQSA 课程认证的具体标准。高等教育标准专家团与 TEQSA 是两个相互独立的组织机构,确保监管及执行职能与标准的制定分开。专家团由 1 名组长和 4~10 名成员组成,人员的选派由教育部部长决定。委派人员时必须确保成员拥有相应的专业知识和质量标准制定方面的经验,且考虑各州和地区、学生、高等教育提供者的相关利益。专家团成员不得同时在 TEQSA 委员会担任职务。根据《TEQSA 法案》,高等教育标准专家团可以建立咨询委员会来辅助标准框架的制定和完善。专家团可直接向教育部部长提供制定和修改《高等教育标准框架》的意见。《高等教育标准框架》作为对高等教育机构进行登记注册认证的统一标准，由高等教育机构标准、学历资格标准、教学标准、信息标准、研究标准五部分构成。其中高等教育机构标准与学历资格标准为澳大利亚高等教育提供者登记注册的最低门槛标准，这两个基本准入标准在整个框架体系中起到了核心支柱作用。

高等教育机构标准是根据高等教育发展指导方针制定的，是澳大利亚高等教育提供者获取认证资格的基本标准，包括高等教育机构注册标准、高等教育机构分类标准和高等教育课程认证标准。其中注册标准包括院校背景、财务、机构管理、学术质量及诚信、人力资源管理、保障学生权利和基础设施等7个一级指标。高校要满足注册标准，获得注册，成为合法的"高等教育提供者"，才有资格申请课程认证。根据机构分类标准，澳大利亚高等教育机构分为大学、学院、专业大学、海外大学和海外专业大学等类型。TEQSA根据机构分类标准确定高校的类别，以此作为TEQSA进行直接认证和间接认证的依据。高校分类标准中的"澳大利亚大学"的标准包括"课程认证状况"等10个一级指标。根据学历资格标准，学历体系中1~4级为基础教育学历，5~10级为高等教育学历。只有满足学历资格标准的高等教育学历课程才能获得认证。学历资格标准共有"层次与类型"等3个一级指标。教学标准是对教师教学的过程和学生学习的结果方面所做的规范。教学标准注重教师的专业发展，强调教师经过定期培训后应具备的专业知识和专业实践能力；学习标准作为终结性评价的依据，规定学生在高等教育阶段所应该掌握的知识和培养的能力。信息标准的出台是为了引导并确保高等教育利益相关者之间达到信息共享。TEQSA必须保证所做的决定透明、公开，高校也必须确保学生、教师等可以获得准确、即时的教育教学信息。

满足以上标准的高校课程必须同时满足"高校课程认证标准"的要求才能最终获得认证。高校课程认证标准包括"学生学习成果"等6个一级指标。"高等教育提供者"中的"大学"类高校若满足"各类评估活动中无重大问题和违法行为"等6个自我认证权评估一级指标，经TEQSA审核就可以被授予一定范围的课程自我认证权。拥有自我认证权的高校在实施自我认证时，同样必须以"高校课程认证标准"为依据。

（二）认证内容

高校申请课程的初始认证时，要填报统一的《澳大利亚学历资格框架高等教育学历课程认证申请表》。申请表包括11个方面的内容，每个方面又有数量不等的具体内容（相当于"观测点"，共有54个）。这些内容也就是认证评估的内容，它们分别是:①申请单位基本信息,包括 TEQSA 注册信息等 4 个观测点;②课程简介,包括课程目标等 15 个观测点;③入学、衔接和出路,包括课程招生标准等 4 个观测点;④课程发展、批准与合作,包括课程的知识产权等 7 个观测点;⑤课程教学的方法和结构,包括教学模式等 3 个观测点;⑥教与学的安排,包括教师队伍等 10 个观测点;⑦教与学的资源,包括图书资源等 5 个观测点;⑧课程评估、改进与中止,包括评估程序等 3 个观测点;⑨学习成就的证明和鉴定文件,包括文凭颁发程序等 3 个观测点;⑩非英语教学,包括非英语教学人员等 4 个观测点;⑪国外教学,包括国外教学的宣传等 3 个观测点。

这 54 个详尽的"观测点"是对上文所述的"基本标准"的具体体现和支撑,较为全面和系统,但在全面中又不失重点与特色。这些内容涵盖了申请者的背景信息以及课程运行的"输入—教学—结果—评估"等基本环节,既强调教师、图书、经费等投入和保障要素,也重视课程发展、合作、改进等过程要素,还高度重视毕业生在基本技能、人际技能、思维技能、个人技能四个维度的预期学习成果或"毕业生关键特质"、学生的英语能力、非英语教学的学习成就、学习成果的证明与鉴定等结果性要素。由于澳大利亚高等教育国际化程度较高,认证内容因此兼顾了非英语教学、澳大利亚联邦政府招收海外学生院校及课程注册情况、国外教学等方面。此外,课程电子化学习的比例、课程教学的信息环境、信息资源等认证内容则体现了认证的与时俱进和对教学技术的重视。最后,教师队伍的结构、保障和改进课程质量、非英语教学的质量保障等内容体现了认证对质量发展的重视。

高校申请更新课程认证时,需要填报统一的《澳大利亚学历资格框架高等教育学历课程认证更新申请表》。申请表包括 9 个方面的内容:①申请单位基本信息;②课程简介;③课程教学成果;④课程监督、评估、发展和终止;⑤课程招生、衔接、学前资历认可与学分转移;⑥课程资源与信息;⑦教与学的质量;⑧课程证明文件;⑨科研。每个方面也有数量不等的具体内容。总的来说,TEQSA 认为申请更新课程认证的高校其管理风险更小,认证内容主要集中在课程获得初始认证后各方面的变化和取得的成绩、是否持续满足基本标准等内容上,比初始认证显得更集中和精简。

"大学"类高校申请自我认证权时,需填报统一的《自我认证权申请表》。申请表包括 3 个方面的内容:申报单位基本信息、申请自我认证权的范围、申请依据;高校满足授予自我认证权的基本标准的情况;课程样本。与认证更新评估一样,TEQSA 也假设申请自我认证权的"大学"管理风险较小、基本办学条件不存在大的问题,认证内容也主要集中在基本标准的持续满足、发展和进步的幅度、特色的打造、超越"标杆"对学术卓越的追求等方面。

（三）认证程序

TEQSA 对高校课程的初始认证包括 9 个前后相继的步骤：①申请者提交申报材料。②预评估。③申请者决定是否继续申请。④实质性评估。⑤形成实质性评估结论建议。⑥TEQSA 对申请者的反馈意见进行审议。⑦TEQSA 做出最终认证决定。⑧将最终认证决定书面通知申请者。⑨更新申请者的注册信息。9 个步骤构成了有机的程序系统。

这 9 个步骤又分为 4 个阶段：认证准备与预评估阶段（1~3 步）→正式评估阶段（4~5 步）→评估结论形成与处理阶段（6~8 步）→认证信息处理（9 步）。

这些步骤的含义、具体内容、要求等信息在 TEQSA 的文件中被详细、正式说明，还用图表加以形象表述。申请者、TEQSA 领导和工作人员、外部评估专家等有关各方依据这些正式规范的程序开展各自的活动，可以尽量避免歧义、误解、主观等个人负面因素的影响。

这套认证程序有效地保证了认证活动程序的合理性与合法性，还注重程序的公正性，在具体运行中注重凸显以下三个程序要素：

（1）明确、合理的时间安排。在第一步的申报准备阶段，要求申请者在正式提交申报材料前 3 个月内与 TEQSA 联系，表明申请意向，以便 TEQSA 进行必要的安排，申请者有充裕的时间准备申报材料；TEQSA 在收到申请者缴纳的预评估费用后，要在 5 个工作日内告知申请者是否收到申报材料。在第二步的预评估阶段，TEQSA 要在确认收到申报材料的 30 天内通知申请者是否需要提供后续信息和材料。在第三个阶段（6~8 步）中，TEQSA 要在完成实质性评估的 9 个月内形成评估结论建议稿；要在申请者缴纳实质性评估费用的 9 个月内做出最终认证决定；要在做出最终认证决定的 30 天内将认证决定书面通知申请者。

（2）强调认证材料的规范、完备与真实。在第一步中，申请者必须按要求提交一系列申请表及其附件和支撑材料，这些申请表由 TEQSA 统一制作，并附有填写说明和要求。在第二步中，TEQSA 人员会重点审核材料是否完整、符合规范，信息是否充分，若有疑义或需要，则会要求申请者提供后续信息和材料，申请者只有提交了后续信息和材料后，才能进入实质性评估阶段。在第四步中，专家实施实质性评估的重要目的就是要核实申报材料中的信息是否真实。

（3）申请者有表达意见的渠道和机制。在实质性评估中，申请者有权根据利益冲突原则提出需回避的专家名单；专家在实质性评估中会与教师、学生、课程合作方代表座谈,获取相关信息。在确定最终认证结论之前,TEQSA 会寄送一份书面的评估结论建议摘要及其相关证据给申请者,申请者可以表达对评估结论建议的看法。如果申请者表达了对评估结论建议的疑问或不同意见,TEQSA 需要在做出最终认证决定前审议这些疑问和意见。

高校课程的再认证程序、高校申请课程自我认证权的评估程序与课程初始认证的程序基本相同,大致也包括以上步骤。

(四)认证结果的使用

TEQSA 所进行的课程认证,既是一个过程也是一种状态。其认证结果不论是对于高校、政府还是对于学生、家长,都有独特的作用。

对于高校而言,课程认证首先是一种资质证明。TEQSA 所进行的课程认证有着严格的认证过程和认证标准。高校所开设的课程如果通过了认证,就等于向公众宣布该课程在师资、学生服务、硬件设施等方面达到了规定的标准。通过 TEQSA 官方网站"国家高等教育提供者注册"专栏,访问者可以查找到通过注册登记的大学和通过认证的课程信息。该专栏每月对课程信息进行更新。同时,课程认证也是一个引导高校不断完善课程、提高教学质量的过程。TEQSA 实施课程认证活动所依据的课程认证标准为高校课程建设提供了发展和改革的方向;学校可以根据课程认证结果,自我完善课程建设。TEQSA 对高校课程进行监管、认证和再认证以及学生通过 TEQSA 反馈平台所发表的意见,促使高校不断更新完善课程资源、课程结构、课程内容,引进更好的师资力量,充实科研队伍。

政府并没有直接管理高等教育的权利,而是通过 TEQSA 这一桥梁对高等教育进行宏观调控。政府为维护本国教育服务业的地位,对高等教育进行大量资助。TEQSA 所进行的课程认证结果为联邦政府教育经费的划拨提供了依据。而且课程认证更新会促使高校不断进行改进和反思,使得高等教育质量在得到保障的同时,也确保联邦政府所投入的资金得到有效的利用。政府通过参照课程认证结果间接参与教育质量的保障,同时维护大学的学术自由。

对学生而言,TEQSA 对高校开设课程的认证活动保障了学生对教育信息的知情权和监督权。在校学生或者即将报考大学的学生,均可以在 TEQSA 机构网站上查找和了解所有课程的认证信息,选择合适的课程和学校。"我的大学"(My University)网站提供"课程查找"(Course Finder)入口,提供澳大利亚高校通过认证的所有本科课程和研究生课程信息。通过课程名称查找,学生可以了解到该课程的具体信息:认证时间、所属院校名称、课程层次、修学年限、肄业证书、课程资金来源、就业前景和课程认证状态。这些信息可以帮助学生选择适合自己的课程。其次,TEQSA 严格的认证程序为学生接受高质量的课程提供了保障。满足认证标准的课程才可以在高校开展正常的教学活动。TEQSA 规定课程在认证期限截止前要重新进行认证。认证活动循环性督促高等教育提供者不断完善课程体系,保障课程质量。如果课程认证更新未得到 TEQSA 审核通过,或高等教育提供者未进行课程更新认证,该课程都将不再招收新生。TEQSA 依据最低门槛标准规定高校在课程开设前须提供有效的课程过渡计划。高校必须确保在读学生顺利完成该课程的学习或者在对学生无不利影响的情形下提供过渡课程。

四、课程认证制度的特点

(一)健全的法律体系

为了明确 TEQSA 的法律地位、职能与义务、内部结构、认证的实施等内容,澳联邦议会专门通过了《TEQSA 法案》。为一个高等教育质量监管机构制定和颁布一部专门的法律,这在世界上是很少见的。《TEQSA 法案》共有 11 章,内容涉及管理原则、调查权、高校注册、高等教育标准框架、TEQSA、高等教育标准专家团、强制措施等方面。其中第三章对高校申请课程自我认证权进行了规定。第四章为“课程认证”,其下包括课程认证申请者、认证的申请、认证的条件、认证的更新等四个方面的内容。在《TEQSA 法案》中,课程认证与高校注册、高等教育标准、学历与学位体系、学科分类体系等都产生了逻辑关联,共同构成了一个有机的法律体系:第一,高校要能够开设授予澳政府认可的高等教育文凭课程,首先必须获得 TEQSA 实施的国家高等教育机构注册,满足这一条件的文凭即为“国管高等教育文凭”(Regulated Higher Education Awards);第二,高校要开设“国管高等教育文凭”课程,还必须先获得课程认证,其中“大学”类高校经 TEQSA 审核可以获得一定范围的自我认证权,对课程实施自我认证;第三,TEQSA 是高校的登记机构和课程的认证机构,它依据《高等教育标准框架》尤其是“基本标准”进行登记和认证。此外,《竞争与消费者法》(2010)、《隐私法》(1988)、《信息自由法》(1982)、《总审计长法》(1997)、《监察专员法》(1976)等法律也直接为课程认证提供了依据和保障。当前,我国高等教育法治化水平相对较低。“法治中国高等教育”是“法治中国”的重要组成部分。我国高等教育专业认证、审核及其他质量保障活动必须做到有法可依、有法必依,才有可能真正建成高等教育强国。

（二）科学的认证标准管理机制

首先，TEQSA 采取立足标准、围绕标准的监管方法。TEQSA 强调高校要达到最低标准，同时强调推广最佳做法，具有显著的"下一代"管理机构的特征。这里的标准即《TEQSA 法案》规定的《高等教育标准框架》中的"基本标准"。通过联邦法律的形式固化认证标准，有效地保证了认证标准的权威性。"基本标准"也是控制性的"最低标准"。TEQSA 实施课程认证的焦点是高校课程是否达到了这些基本标准。明确红线和底线，认证标准具有"强制保险"功能。其次，标准的执行与制定和监督职能相分离的机制使课程认证的科学性与合理性有了根本保证。《TEQSA 法案》授权 TEQSA 负责运用《高等教育标准框架》尤其是"基本标准"对高校进行认证，但本身不制定和修订认证标准，课程认证标准的制定、修订以及认证标准实施的监督由独立于 TEQSA 的高等教育标准专家团承担。这就避免了TEQSA 既当运动员又当裁判的弊端。TEQSA 拥有认证标准的执行权，在具体实施课程认证的过程中具有一定的自由裁量权；标准的制定和修订权以及实施监督权在专家团，这是对 TEQSA 的一种限制，可以减轻 TEQSA 失范的风险。此外，"学历资格标准"以学历资格框架的高等教育部分为准。学历资格框架是一项管理全澳教育文凭的国家政策。学历资格框架由澳大利亚学历资格框架委员会（Australian Qualifications Framework Council，AQFC）制定和修订。TEQSA 与 AQFC 的关系类似于 TEQSA 与专家团的关系：TEQSA 只负责实施学历资格框架，AQFC 负责学历资格框架的制定和修改。标准的制定权与执行权分离，这对优化我国高等教育质量保障的权力结构尤其具有启示意义。

（三）认证评估的程序化与规范化

TEQSA 对课程的认证和再认证以及对自我认证权的审核都有规范的程序，对每一步的核心任务、时间节点、要求、评估费用等进行了明确规定。同时，在所有认证评估中，申请者都需要填写 TEQSA 统一制作的申请表。其中，课程初始认证的申请表共包括 11 个部分的内容，每一部分内容后都列出了需要提交的支撑材料。其中一些核心支撑材料在格式上进行了统一。申请表末附有《课程大纲》《学术人员简历》《申请者承诺书》《支撑材料清单》和缴费凭证等 5 个重要的附件。课程再认证申请表共有 9 个部分的内容，每一部分内容后也列有必须的支撑材料。申请表末也附有 5 个附件，其中 4 个与初始认证相同，另一个是总结课程成就的《课程表现数据表》。课程自我认证权申请表包括 3 个部分：学校详细信息、申请范围、申请依据;申请者满足自我认证权授予标准概要;学习课程样本。每一部分开头都要呈现一段约 1 000 的此部分满足自我认证权标准的概述。此外,TEQSA 为三类申请表的填报都提供了统一的《指导手册》,其中包含了统一的术语表和其他指导信息。这些做法都提高了认证评估的规范化程度,能有效避免过多的差异性和主观性。

(四)内外结合的申请者权益保障机制

一是 TEQSA 内部建立了认证申请者权益保障机制。TEQSA 根据《澳大利亚公共服务价值》和《澳大利亚公共服务行为准则》和自己的价值观(专业化、问责性)处理与高校、公众、高校在校生和考生、专家、社会团体等利益相关者的关系。此外,TEQSA 制定有专门的《服务公约》,其中列出了 TEQSA 处理与利益相关者关系的一些承诺,提出 TEQSA 的认证是响应型的和服务导向的,对服务标准和如何处理投诉等进行了规定。如果利益相关者感觉 TEQSA 没有遵循《服务公约》的承诺,或者对 TEQSA 有其他投诉,可以写信或发送电子邮件进行投诉。如果对 TEQSA 网站提供信息的准确性和有用性有投诉,可以通过网站的在线系统进行反馈,提出意见。二是联邦监察专员制度是认证申请者权益的重要外部保障。如果 TEQSA 的内部投诉处理机制不能使投诉者满意,投诉者可以与联邦监察专员联系,提出申诉,寻求外部解决。但一般而言,在申述送达联邦监察专员前,申请者与 TEQSA 应先进行协商,尝试达成和解,和解不成,再由联邦监察专员依据相关联邦法律对申述进行处理。

(五)全方位的信息管理制度

第一,联邦法律法规对课程认证的宣传报道有严格的规定。《TEQSA 法案》规定,在 TEQSA 正式批准课程认证之前,申请者不能进行如下宣传:该课程已经获得认证;该课程正处于被认证的过程中;申请者被授权颁发学历;课程正在向政府"报批"(subject to approval)。虚假宣传课程认证属于严重的违法行为,将会受到严厉的法律制裁。此外,申请者还需遵守《竞争与消费者法》关于消费者信息的规定。第二,TEQSA 制定了课程认证《信息指南》,对认证评估信息的收集、分析、使用、公布等进行了严格的规定,遵循以下原则:尊重学校隐私,严格保密;除非评估需要,不能提出信息要求;在课程的初始认证、再认证、自我认证权、高校注册等各种申请中不要求学校重复提供同样的信息,减轻学校的负担;用信息识别学校潜在风险,并在预评估阶段与学校充分沟通,加强信息的风险预警作用,在采取正式的管理措施之前加强风险评估,真正使评估能为学校改进教学质量服务,而不是为了惩罚或控制学校,使学校被动服从监管决定。第三,TEQSA 建立了全方位的信息沟通渠道:一是课程获得认证后,TEQSA 将基本信息在高校国家注册系统中公布,向社会和考生提供真实可靠的信息;还通过《TEQSA 时讯》《信息表》各种评估的《指导手册》等载体,向高校和有关各方提供及时、准确的信息。二是 TEQSA 在其门户网站上,精选提供澳大利亚毕业生调查、国际学生调查、教师和学生英语能力、毕业生技能、学校治理、教学材料、学习成果、学生实习、跨国教育等方面的系列资源,为学生申请高校提供专业的指导和帮助。[①] 三是建立了良好的外部信息渠道,其中包括建立和定期更新外部专家库;邀请澳大利亚大学联盟等重要教育协会成员以及其他经验丰富的专家,组成管理风险、信息管理、质量评估等 3 个 TEQSA 顾问团,以获取外部的权威和合理化建议;与澳大利亚护理和助产士协会等专业认证机构加强沟通与合作,探索建立互补式认证模式。全方位的信息管理制度保证了信息的真实、全面、适度的透明和动态的交流,也保证了信息使用的合理、合规与合法,是澳高等教育课程认证取得良好效果的重要"基础设施"。

五、经验与启示

一是要建立统一的、权威的、独立的质量保障机构。在高等教育质量保障中,政府和高校的关系一直是各国所关注的。近年来,各国政府的教育管理职能发生了一系列变化,无论是地方分权制还是中央集权制国家,政府逐渐趋向于借助中介机构实现对教育体系的宏观调控。各种类型的教育评估是我国政府对教育进行质量管理的重要手段。但政府不可能包揽这些复杂多样的评估活动,民间教育评估机构在不同程度上参与进来。民间评估机构参与质量保障,改变了政府"自导自演"的模式。但这些民间机构总体上较为零散、缺乏专业体系和统一管理,使得评估活动的有效性大大降低。同时,政府在评估中的强势地位和绝对影响力面前,社会机构处于弱势地位,作用有限。构建符合我国国情的高等教育质量保障体系并不是一蹴而就的事情。我国的质量保障体系不能完全照搬别国经验,让政府和民间机构的地位与作用倒置,但也不能完全沿用过去的"大一统"管理模式。TEQSA 的成立与实践实现了学术权力与行政权力的共赢。[②] 对于二者的关系,不能简单

---

① TEQSA,Selected Resources to Guide Good Practice 2013-12-23[N/OL].[2021-03-14]. TEQSA.

② 解飞厚.中外高等教育管理体制比较研究[J].湖北大学学报(哲学社会科学版),2008(2):105-110.

地理解为"去行政化"。从我国基本国情出发,我国需要在政府和高校之间建立一个独立的、专门的高等教育质量保障机构,政府享有机构高层人员的任命权,并通过法律、拨款等形式来确保中介机构的独立性。通过这种安排,既维护教育教学评估结果的权威性,又保留政府的调节和监督职能,同时保护高校的办学自主权。

二是要制定科学的、系统的、可操作的高等教育质量标准。高等教育质量标准是所有保障活动的准绳和依据,是保证质量监管结果权威性的基础。我国质量标准单一且带有明显的行政化色彩。我国高校的类型、职能各不相同,采用一套标准会造成教育资源的浪费,影响学校发挥优势,无法满足经济发展对人才的多样化需求。TEQSA 进行质量监管活动所依据的机构注册标准、学历资格标准等构成了"基本标准"框架,是澳大利亚高校成立的最低门槛标准,达到标准"底线"的高等教育机构才能够注册。这样既保障了大学遵循国家和社会对教育的基本要求,也满足了大学多样性、特色化发展的需求。标准框架对评估及认证活动开展的过程都有着严格的规范说明,确保标准的可操作性。高校可以对照质量标准认识自身的优劣势,不断完善其内部质量保障体系。我国也应制定科学的、系统的、可操作的高等教育质量标准框架。框架应刚柔相济,既保障高等教育固有的品质,也为高校的自由发展留下空间。框架同时应坚持统一性与多样性相统一。过分强调标准的多样性,高等教育质量保障会失去"底线";过分强调标准的整齐划一,又会造成"千校一面"。因此,应将统一性与多样性有机地结合起来。

三是建立统一的高等教育质量保障信息发布平台。我国的高等教育质量保障活动没有达到预期的效果,原因之一在于我国长期缺乏公开透明的信息发布制度。学生、家长以及用人单位无法全面获得高校在课程、师资、硬件设施、教育质量状况等方面的信息。TEQSA 建立了"我们的大学"专门网站,并提供"课程查找"入口,为有需要的学生和家长提供课程设置情况、学生人数、学费及奖学金信息、学生满意度、校园设施状况、毕业生就业率等大量有价值的信息,帮助学生和家长选择合适的学校和专业。我国缺乏统一的高等教育消费者信息披露机制和平台,本科教育和研究生教育信息相对分割,政府统一发布的质量信息、高校自主发布的办学信息、民间机构发布的教育信息在口径、维度、形式、真实性、时效性等方面参差不齐,缺乏一致性。学生并不缺质量信息,甚至会面临信息过量,他们缺的是有效的信息。为此,我国应建立一个专门的网站,提供高等教育质量信息数据库的查询、比对等功能,供学生、家长、用人单位使用,给社会公众提供一个了解和监督高等教育质量保障信息的窗口。

四是加强认证队伍专业化建设。高等教育认证是一项专业性很强的活动,认证队伍的专业性是确保认证工作有效开展的关键因素。目前,我国专业评估、认证人员主要由教育行政部门或者具有行政色彩的评估机构聘任,由教育行政干部、高校行政人员和专业评估研究人员构成。这支队伍专业水平参差不齐,政治色彩比较浓厚,缺乏规范管理。行政干部往往忙于行政事务,缺乏对质量评估标准的研究,会影响评估结果的信效度。TEQSA 课程认证的工作人员由澳大利亚联邦教育部部长和 TEQSA 委员会负责选拔和任命。选拔过程对人员的学历、资质、专业知识都有严格的标准和要求。评估人员和 TEQSA 工作人员在开展工作前必须接受相应认证培训活动。构建我国高等教育认证体系,首先要加强认证人员队伍的专业化水平建设。专业化队伍应该由学科专家、评估专家、管理专家构成。应加强对认证人员的培养和选拔工作。可通过开展认证人员职业资格考试来增加专业人才储备。TEQSA 的工作人员都有一定的任职年限。我国的教育认证人员管理相对松散,没有统一的任期规范,往往会出现终身制现象。为了使认证队伍能注入"新血液",人员素质不断得到提升,可以建立对认证人员的资格考核机制,并定期开展培训活动,对审核不合格的人员要及时辞退。

五是将专业认证与高校招生资格挂钩。TEQSA 作为一个国家层面上的高等教育质量保障机构,特色之一就是具有对高校的行政处罚权。行政处罚权确保了TEQSA 的监管工作可以落实到实处,避免"面子工程"。我国高等教育专业认证活动近几年搞得如火如荼,但认证效益发挥却不理想。很多院校还专门建立了"认证办""迎评小组"等,在学校接受专业认证前进行各种软硬件设施的准备工作。当专业认证小组撤离后,部分高校又回归到了之前的状态。这使得部分高校的专业认证就像一场盛大的阅兵仪式。我国本科专业设置门槛相对较低,重复性设置或课程结构不合理问题较严重。澳大利亚课程认证是走在高校注册之前的,只有通过了课程认证的高校才有资格申请注册。这一定程度上杜绝了不合格课程的出现,可以防范高校为了拼学生人数、学科综合性、热门专业开设量而盲目开办专业或在专业设置上打"擦边球"的现象。我国应将专业认证与高校招生挂钩,专业认证合格后,高校才具有该专业的招生资格,招生的规模也与认证挂钩。这样一方面可以保证政策有据可依,另一方面保障认证工作的有效性和权威性,同时维护了学生和社会对教育的知晓权。

第九章　芬兰高校质量审核制度分析

芬兰教育享有世界"奇迹教育"的称号。芬兰中学生的综合表现曾被世界经济合作与发展组织评为世界第一,每一届的经济论坛中芬兰的高等教育也几乎为最好。① 以高等教育机构质量体系审核(Quality System Audit,简称质量审核)制度为代表的高等教育质量保障制度体系,正是芬兰摘取"奇迹教育"美誉的"密码"之一。芬兰的高等教育审核评估既不像美国那样政府完全放手把评估交给中介机构,也不像英国那样主要由政府负责,而是在两者之间找到了一个平衡,政府虽然委托中介机构进行评估,但中介机构必须参照国家制定的相应标准,因此政府在评估中的作用非常明显。

一、审核制度变迁

芬兰的高等教育起源于 1640 年,其第一所大学——赫尔辛基现代大学成立于 20 世纪初。在 20 世纪 60 年代到 70 年代,芬兰的高等教育得到了快速发展。1991 年芬兰发布了《中等和高等职业教育法》,当年设立第一所多科技术大学(又称应用科技大学)。2003 年颁布《应用科技大学法》(Polytechnics Act),标志着芬兰高等教育双轨制正式形成。自 2005 年开始,芬兰对大学和应用科技大学(UAS)构成的高等教育双轨制进行重大的变革。新的《大学法》2010 年开始实施,目的是建设世界一流大学,机构合并创建了 4 所新大学。大学的独立法人地位得到确认,公立或私立大学都可以自主办学。大学可以授予博士学位,强调科学研究与教学,另外还强调将科学研究和社会发展相联系。2014 年颁布修订后的《应用科技大学法》,UAS 也成为独立法人,资助主体从地方政府变成国家。截至 2015 年,所有 24 所

---

① 唐景莉.芬兰这样破解高教发展难题[N].中国教育报,2009-02-24.

UAS 都被登记为非营利的有限公司。UAS 更加强调实用性,将研究与劳动力市场相联系,注重学校和地区的合作。截至 2017 年,芬兰共有 14 所大学和 23 所应用科技大学。高等教育从 2005 年开始引入更注重绩效的薪酬结构。2015 年采用基于成果的筹资公式,将大学教育的影响力、质量和国际化程度都纳入参考标准,高校必须提高教育质量才能获取更多资金。[①] 政府每三年与各个高校签订"绩效协议",协定为高校设立定量和定性目标,并据此确定预算。拨款预算由核心拨款、项目拨款和绩效拨款三个部分组成。其中绩效拨款是依据教育质量和效率是否具有示范性而给予高校的奖励性拨款。这些改革都促进了新自由主义、管理主义思想和实践在芬兰高等教育中的实施。[②]

芬兰高等教育的成功归因有很多,其中一个十分关键的因素就是其完善的高等教育质量保障体系和评估制度。1985 年,芬兰教育部在一次报告中首次提出对大学进行系统评估的要求。20 世纪 90 年代,政府财政拨款从之前的项目拨款方式变为综合性财政拨款,高校有权自行支配其款项,但必须接受质量评估,满足一定的标准。1992—1995 年,教育部对 6 所高校进行了导向评估(pilot evaluation),评估的目的有两方面:评价大学教育的质量;建立适合所有芬兰高等教育机构的质量评估程序。在 1994—1995 年教育部还负责了高等教育评估质量的欧洲向导项目。1996 年,芬兰高等教育评估委员会(Finnish Higher Education Evaluation Council,FINHEEC)成立,对剩余 14 所高校进行了评估。[③]

20 世纪 90 年代后,政府在一定程度上下放教育管理权。在此之前,教育质量保障主要依靠政府的规范和检查。教育管理权下放后,教育质量保障主要通过教育机构的自我评估和外部专业机构的评估进行,高等教育机构依据国家立法以及核心课程所提出的目标要求进行日常教学活动,政府则主要通过信息支持和财政来对教育质量做政策性的引导。1997 年的《大学法》和 2003 年的《应用科技大学法》对高等教育机构参与评估进行了规定。

进入 21 世纪,芬兰根据《欧洲高等教育质量保障标准与方针》(European Higher Education Quality Assurance Standards and Guidelines)并结合本国情况建立

① Department for Higher Education and Science Policy of Ministry of Education and Culture.Towards a future proof system for higher education and research in Finland[M]. Publications of the Ministry of Education and Culture, Finland, 2015:11.

② Ursin J. Tranforming Finnish Higher Education: Institutional Mergers and Conflicting Academic Identities[J]. Revista de Investigación Educativa, 2017(2): 307-316.

③ Liuhanan AM. Lliuhanen. University Evaluations and Different Evaluation Approaches: a Finnish Perspective [J].Tertiary Education and Management, 2005 (11):259-268.

了由上到下的三级高等教育质量保障体系。在宏观层面,教育部加强国家教育战略规划对质量问题的政策引导,对学校的教育进行总的监管并制定相关政策引导,根据高校绩效进行财政拨款,决定高校学位授予和办学执照。政府先后制定了2016—2019 年和 2020—2023 年国家教育评估计划。在中观层面,2009 年修订的《大学法》(*University Act*)(558/2009)和 2014 年修订的《应用科技大学法》(932/2014)再次规定:高等教育机构有义务参加关于其运行情况和质量保障体系的评估,并公布其结果。FINHEEC 作为国家质量保障机构,通过外部评估和审核促进高校质量保障体系的完善与发展,另外还协助教育部完成一些与高等教育有关的工作。在微观层面,高等学校主动建立内部质量保障机制,为自身的教育质量负责,定期参与外部质量评估。政府在质量管理方面给予高校很大的自主权,高校有权决定自身的质量保障策略。但各个高校都应该自觉评估自己的教育质量及有效性,另外还应积极参与外部评估活动。在"2007—2012 年教育与科研规划"中,教育部将建立质量指标、完善外部审核、加强国际合作、深化学科评估作为高等教育质量发展六年规划的重要内容。教育部还规定所有高校在 2015 年之前必须建立起完善的质量保障和发展体系。在"芬兰 2009—2015 年高等学校国际化战略"中,教育部明确提出加强国际科研合作交流、完善国际学生选拔程序、吸引全球顶尖科研人员等多项举措,以期提高高等教育质量,增强芬兰国际竞争力。

总体来看,目前芬兰高等教育质量保障的制度安排包括三类:对高等教育机构的质量审核、专题评估(thematic evaluation)以及工程专业认证。评估的目的包括:支持地方、区域和国家在评估过程和评估结果方面的发展和决策;提高教育质量,提高学生的学习质量和教师队伍的工作水平;促进实现更新教育系统的目标,并加强对学习成果发展的监测。评估主题有六个方面:教育系统和教育结构的整体功能;学习道路的畅通,防止排斥和辍学;能力本位教育和学历与工作生活相关性;教育平等;数字化;将移民融入教育系统和学习社区。

《大学法案》和《应用科技大学法案》规定高校的活动和质量体系需要接受外部的审核评估,评估结果向外公布。质量体系包括质量管理组织、职责分工、程序和资源。质量体系审核是一种对高等教育机构质量保障体系所进行的独立、系统、公正的评估,包括对维持、提高、确保高等教育质量的过程、程序和系统的审核。①

2005—2012 年,FINHEEC 组织实施了第一轮高等教育机构质量体系审核评

---

① Finnish Education Evaluation Centre. Audit Manual for the Quality Systems of Higher Education Institutions 2015—2018[R]. Hand book of Finnish Education Evaluation Centre,2015:38.

估。2011—2017 年,第二轮高等教育机构质量体系审核评估举行。在 2014 年,
FINHEEC 的职能被整合进芬兰教育评估中心(Finnish Education Evaluation Centre,
FINEEC),由后者统一负责开展外部评估,为教育政策决策和教育发展提供评估信
息。第二轮审核依据《2011—2017 年高等教育机构质量体系审核手册》进行,重点
是质量管理程序及其有效性,着重突出符合 FINEEC 的管理模式,提高审核标准的
透明度和清晰度。① 通过审核的高校获得 FINEEC 授予的"质量证书"(Quality
Label),有效期为六年。FINEEC 的审核记录中列出了带有有效质量证书的芬兰高
等教育机构。目前,FINEEC 正在组织实施第三轮 2018—2024 年的审核评估,目标
是支持高等教育机构持续发展,并鼓励院校国际化、实验性和创造性氛围。第三轮
审核的依据是《2018—2024 年高等教育机构质量体系审核手册》,采用新的审核评
估模型,以标杆学习(Bench learning)为核心,重点是以学生为中心的教育方法以及
高等教育机构活动的社会影响,②高校可以申请"质量卓越"(Quality Label for
Excellence)标签。审核以芬兰语、瑞典语和英语进行。审核可以选择芬兰或国际
审核团队进行。第二轮约有一半是由国际审核小组进行的。

专题评估涵盖教育系统内广泛的主题(如高等教育中的移民)和初等教育、中
等教育、高等教育等各个教育层次,目的是支持教育的决策和发展。2016—2020
年完成的专题评估有:①人文、商业、技术和社会科学研究领域评估(2020);②高等
教育移民(2019);③职业教育与培训以及高等教育的企业家精神(2017—2018);
④教师评估教育论坛(2017—2018);⑤医学本科教育评估(2017—2018);⑥移民
融入教育系统的国际比较(2016—2018);⑦海事部门的教育评估(2015—2017);
⑧教授瑞典语作为芬兰的第二语言(2015—2017)。2020 年正在进行的专题评估
有:①学生过渡和顺利学习道路的评估(2017—2021);②社会和医疗保健高等教育
评估;③教科文组织 IIEP 高等教育灵活学习途径项目;④高等法学教育评估。
FINEEC 会发布专题评估报告,如发布了 2020 年第三个专题评估报告《带着高能力
走进工作:人文、工商、技术和社会科学高等教育评估》。③

① Finnish Education Evaluation Centre. Audit manual for the quality systems of higher education institutions 2011—
2017[R]. Hand book of Finnish Higher Education Evaluation Council, 2012:15.

② Finnish Education Evaluation Centre. Evaluating the state of the Finnish education system: Results of the Finnish
education evaluation[R]. Hand book of Finnish Higher Education Evaluation Centre, 2019:14.

③ Finnish Education Evaluation Centre. Entering Working Life with a High Level of Competence: Evaluations of
Higher Education in Humanities, Business, Technology and Social Sciences[R]. Paper Presented to Finnish
Education Centre, 2020:3.

工程专业认证旨在支持芬兰工程学位教育质量的发展,提高国际可比性和芬兰工程学位的认可度。认证基于由欧洲工程教育认证网络(European Network for Accreditation of Engineering Education,ENAEE)管理的欧洲认证工程师(European Accredited Engineer,EUR-ACE)标准。通过认证的工程专业获得 EUR-ACE 标签,有效期为六年。高等教育机构自愿申请认证,缴纳有关费用。FINEEC 设有专门的工程专业认证委员会。委员会负责制定认证程序和标准,组建认证专家组,确定认证结果。认证标准强调学生的知识、技能、能力等学习成果。认证专家组一般由 4个人组成,成员代表高等教育机构、工程行业和学生。通过认证的专业被授予学士学位专业 EUR-ACE 标签或硕士学位专业 EUR-ACE Master 标签。

二、审核制度安排

(一)审核目的与原则

第三轮审核评估的目的有四项:①评估高校的质量工作是否符合欧洲质量保障标准。《欧洲高等教育区质量保证标准和准则》(Standards and Guidelines for Quality Assurance in European Higher Education Area,ESG)是审核评估的基本参照,ESG 强调基于能力、以学生为中心和基于研究的教育方法。通过审核,证明芬兰在机构和国家层面都有功能性和一致性的质量保证程序。②评估高校的质量体系的实施、高校持续发展以及是否导致有效改进活动。高校根据自身的需求和目标自主发展质量体系。③鼓励高校的国际化、实验和创新氛围。④在芬兰高校中积累有关质量工作的公开透明信息。

第三轮审核评估的原则有四项:①以学生为中心。以学生为中心的高校能够提供灵活的学习途径,支持学生的福祉、能力发展和国际化机会。以学生为中心的方法,鼓励学生在学习过程中发挥积极作用。②社会影响。影响可以体现在教育和文化、福祉、产生新知识的研究中,也可以表现为积极参与区域发展、社会改革或应对全球挑战。③标杆学习。高校学习其他高校和机构的好的实践。高校选择一个目标和伙伴作为标杆。通过基于标杆学习的审核评估支持高校的质量体系自主权和战略发展。④公开信息支持高校发展。数字化平台使审核工作更加透明、互动,结果更易于使用。这促进了参与性和开放性的高质量文化。

FINEEC 还以发展进步为原则实施提示导向评估(Enhancement-Led Evaluation)。这一原则已成为芬兰审核实践中的一个强大传统。提升导向评估的目标是帮助高校确定优势、良好做法和需要发展的领域,指导未来的发展活动,为高校的持续发展创造一个框架。提升导向评估强调参与、实施者与评估参与者之间的信任,还强调高等教育机构提高其活动质量的责任,强调评估结果可用于促进教育发展,使多方受益。评估的主要受益者包括高等教育机构的人员、整个高等教育系统的人员、不同学习领域的学生和高等教育机构以外的参与者。侧重于提升而不是控制或遵守,这对高校的办学自主权是一种重要的保护。

FINEEC 审核的关键原则是尊重高等教育机构的自主权。高校根据目标和需要开发自己的质量体系,因此审核的重要内容是评估高校设立的质量体系的全面性、功能性和有效性。高校对自己的质量和改进负责,审核的重要内容也包括评估高校为保障和提高教育质量所采取的措施以及实施措施的流程。审核旨在支持高校实现自己的目标。

(二)审核主体

FINEEC 是代表芬兰政府对高校的质量体系进行审核的主体。2013 年,议会审议通过了《FINEEC 法案》(1295 号),对 FINEEC 的使命、权限、组织机构、费用、运行程序等进行了规定。[①] 法案规定,FINEEC 为隶属于教育部的独立国家教育评估机构,负责芬兰从幼儿教育到高等教育的外部评估,向教育培训机构和高等教育机构提供评估和质量管理方面的支持。虽然名义上隶属于教育部,受教育部资助,但在运行方面 FINEEC 有明显的独立性,不会受教育部的操纵和控制。审核评估是 FINEEC 最主要的评估,主要是对高校的质量保障体系设立情况及其有效性进行定期审核。

法案规定,FINEEC 的使命为:第一,根据评估计划对教育机构的教育和教学进行评估。第二,根据评估计划,进行《基础教育法》(628/1998)和《普通高中法》(629/1998)中提到的与课时分配和国家核心课程目标有关的学习成果评估;评估《职业教育和培训法》所述国家核心课程目标、《成人职业教育法》(631/1998)所述国家核心课程的国家资格要求以及《艺术基础教育法》(633/1998)相关的学习成果。第三,在与评估和质量管理有关的事项上支持教育培训机构和高等教育机构。第四,发展教育评估。

FINEEC 的权限为:第一,FINEEC 以独立专家组织的身份运作,对教育进行外部评估。它产生的信息服务于教育政策的决策和促进教育发展。第二,FINEEC 在

---

① Finnish Education Evaluation centre. Rules of procedure[EB/OL][2021-01-12]. Hae karvi.

教育部内运作,也即 FINEEC 是政府主管部门的代理机构。

FINEEC 设主任一名,负责领导该组织,并对该组织的有效性负责。政府任命 FINEEC 主任。除非议事规则另有规定,由 FINEEC 主任决定 FINEEC 事宜。政府法令进一步规定了 FINEEC 主任的决定权。FINEEC 下设评估委员会(Evaluation Council),负责监督和发展 FINEEC 的活动。评估委员会成员应具备履行职责所需的专业知识。评估委员会的组成、职责和法定人数由政府法令规定。评估委员会委员最多任期四年。FINEEC 主任和工作人员代表有权参加评估委员会的会议并发言。FINEEC 选出一名代表,成为评估委员会的成员。评估委员会可设分委员会,分委员会可包括来自评估委员会以外的成员。教育部根据评估委员会的提议任命分委员会成员。分委员会的组成、职责和法定人数由政府法令予以规定。

FINEEC 负责起草国家教育评估计划,然后提交教育部批准。评估计划包括计划的评估项目和评估的时间表。制订评估计划所需的标准由政府法令予以规定。FINEEC 的服务收费标准由《国家收费标准法》(150/1992)和教育部颁布的相关法令予以规定。

2013 年,政府依据议会通过的《FINEEC 法案》制定颁布了《FINEEC 政府法令》,明确了 FINEEC 的运行原则、人员、资格要求、评估委员会、薪酬等。[①] 法令规定,FINEEC 的运行原则为:第一,FINEEC 应在其运作中采用独立和提升主导的评估原则;第二,应公布所采用的评估标准和评价结果,并与利益相关者进行沟通,应当将评估结果告知被评估的机构;第三,参加国际评价活动与合作;第四,应定期参加对其自身活动的国际评价。

评估计划的形成。FINEEC 一次制订为期四年的评估计划。下一个评估计划可在上一个评估计划执行期间进行审定。在制订评估计划时,应听取关键利益相关者的意见。

人员组成。FINEEC 的工作人员包括一名主任和其他工作人员。FINEEC 也可雇用合约雇员。

FINEEC 主任的决策权。在听取评估委员会的意见后,主任就以下事项作出决定:第一,关于评估的项目计划和评估委员会小组的组成;第二,组建评估咨询机构。

工作人员任职资格要求。FINEEC 主任一职所需的资格包括硕士及以上学位、

---

① Finnish Education Evaluation centre. Government Decree on the Finnish Education Evaluation Centre.[EB/OL]. [2021-01-12]. Hae karvi.

该职位所需的相关专业知识以及可证明的领导技能和经验。主任授权的二级单位负责人职位所需的资格包括硕士及以上学位、熟悉有关领域和具有明显的领导能力。

FINEEC 评估委员会。评估委员会共 13 名成员。他们是具有教育领域、教师培训、研究、工作、生活和学生方面的专业知识的专家。评估委员会的组成必须考虑到国家的芬兰语、瑞典语两种官方语言。评估委员会应从其成员中选举一名主席和一名副主席。除主席外,至少半数成员出席时,即达到评估委员会会议的法定人数。评估委员会的基本职责为:第一,参与 FINEEC 的战略规划;第二,就影响深远或重要的声明和倡议作出决定;第三,根据《FINEEC 法案》的规定,起草评估计划提案和计划变更。

FINEEC 评估委员会设高等教育评估分委员会(Higher Education Evaluation Committee)。高等教育评估委员会有 9 名成员,其中至少 3 名必须是评估委员会的成员。高等教育评估分委员会成员必须熟悉高等教育机构的评估。高等教育评估分委员会的基本职责为:决定高等学校评估计划和评估小组的组成;批准高等学校质量保证体系审核的最终结果。

咨询机构。FINEEC 可组建或指定一个评估咨询机构,负责促进 FINEEC 与其利益相关者之间的合作以及评估数据的使用。FINEEC 评估委员会可组建一个国际咨询机构。

程序规则。FINEEC 在听取评估委员会的意见后,由主任牵头制定和实施《FINEEC 程序规则》(FINEEC Rules of Procedure),在《FINEEC 法案》和《FINEEC 政府法令》的原则性规定之外,进一步明确 FINEEC 的内部分工和组织结构。[①] 程序规则包括一般规则、组织规则和管理规则三个方面。

一般规则明确,FINEEC 运行的依据包括《FINEEC 法案》、《FINEEC 政府法令》、教育部批准的国家教育评估计划、FINEEC 的运营和财务计划以及 FINEEC 的质量手册。FINEEC 的财务管理规则在教育部的财务规则(Dnro 2/200/2010)中予以规定。规则明确,FINEEC 是一个独立的教育评估机构,隶属于教育部;FINEEC 通过执行国家评估和提供基于客户的评估服务和专家服务来履行其使命。除了评估计划中的评估外,FINEEC 可以独立决定对其他机构进行评估以及委托评估或收费评估;FINEEC 应在其运营中遵循独立和提升导向的评估原则;FINEEC 设立赫尔辛基分中心和于韦斯屈莱(Jyväskylä)分中心。

---

① Finnish Education Evaluation Centre. Rules of procedure. [EB/OL][2021-03-16]. Hae karvi.

组织规则包括评估委员会、高等教育评估分委员会、其他分委员会、咨询委员会、工作组、FINEEC 分支机构等方面的规则。

关于评估委员会,组织程序进一步明确,评估委员会应监督和发展 FINEEC 的运营。除了法律规定的基本职责外,评估委员会还讨论评估计划以及评估团队的组成,高等教育机构的评估事宜由高等教育评估分委员会负责。在参与相关讨论和决策时,评估委员会应咨询高等教育评估分委员会及其他分委员会和咨询委员会。评估委员会与咨询委员会一起分析年度评估的主要结果,并与咨询委员会合作,促进评估的利用和 FINEEC 的运作。评估委员会成员是独立专家,不代表其从属的组织,他们的职责是促进所有接受评估的教育机构的运营质量的提升以及整个芬兰教育体系的发展。评审委员会从其成员中选举一名主席和一名副主席。评估委员会会议由 FINEEC 主任或评估委员会主席召集。FINEEC 主任和一名工作人员代表有权参加评估委员会的会议并发言。工作人员代表每年选举一次。评估委员会也可以邀请外部专家进行咨询。

关于高等教育评估分委员会,组织程序明确,高等教育评估委员会成员由教育部根据评估委员会的提议任命。高等教育评估分委员会决定高等学校评估项目计划和高等教育评估处(Higher Education Evaluation Unit)的组成,批准高等学校质量体系审核的最终结果。高等教育评估分委员会根据评估小组的报告作出决定。FINEEC 主任有权参加高等教育评估分委员会的会议。高等教育评估分委员会定期向评估委员会报告工作。

关于其他分委员会,组织程序明确,分委员会成员由教育部根据评估委员会的提议任命。评估委员会就有关分委员会的职责和权限提出建议。分委员会成员必须熟悉其指定的教育部门及其评价。分委员会至少有一名成员是评估委员会成员。分委员会对 FINEEC 工作人员代表提出的问题作出回应。分委员会秘书由 FINEEC 主任任命的正式工作人员担任。分委员会向评估委员会报告其决定和活动。

关于咨询委员会,组织程序明确,FINEEC 可组建评估咨询委员会,由其负责促进 FINEEC 与其利益相关者之间的合作以及评估数据的使用。FINEEC 还可组建国际咨询委员会,促进在国际范围内开展评估活动。咨询委员会的秘书由 FINEEC 主任任命的正式工作人员担任。咨询委员会向评估委员会报告工作。

关于工作组,组织程序明确,FINEEC 可在必要时任命工作组,为评估委员会和高等教育评估分委员会提供支持。

关于 FINEEC 分支机构,组织程序明确,FINEEC 有三个分支机构:高等教育评估分中心、普通教育和职业教育与培训评估赫尔辛基分中心、普通教育和职业教育与培训于韦斯屈莱评估分中心。赫尔辛基和于韦斯屈莱分中心的职责为:第一,幼儿教育、基础教育、普通高中教育、艺术教育和成人通识教育评估;第二,根据《基础教育法》和《普通高中法》中规定的课时和核心课程评估学习成果;第三,职业教育和培训评估、职业教育和培训的指导和准备以及职业教育、成人教育和工作生活相关性评估;第四,根据职业教育和成人教育核心课程和资格要求评估学习成果;第五,职业教育和培训机构的质量审核;第六,支持教育机构进行评估和质量管理。高等教育评估分中心的职责为:第一,高等教育评估;第二,高等教育机构质量审核;第三,支持高等教育机构进行评估和质量管理。分支机构制定并讨论各自的战略、计划、决策、报表以及预算和利润目标。发展评估和跨部门评估的项目可按FINEEC 主任认为适当的方式组织为联合项目。所有分支机构都参与提供收费服务和出版刊物。

管理规则包括管理原则、管理团队、FINEEC 主任和副主任、教育部分管负责人、各单位负责人、工作人员、评估项目组织等方面的规则。

关于管理原则,管理程序明确,FINEEC 遵循分工合作原则,强调互动、分担责任和持续努力,以改进 FINEEC 运营和工作社区的学习;FINEEC 与员工合作准备所有事宜。

关于管理团队,管理程序明确,FINEEC 根据工作职责设立指导小组(Steering Group)。指导小组成员包括 FINEEC 和各单位负责人。指导小组的职责包括:第一,准备和讨论行动计划、预算、年度报告以及财务报表;第二,为主任授权的职能制定原则;第三,准备评估委员会讨论的事项;第四,准备 FINEEC 的一般原则,并协调各单位的运行;第五,决定联合发展领域及其相关行动;第六,讨论员工的倡议和发展建议。

关于 FINEEC 主任,管理程序明确,主任负责领导、监督和发展 FINEEC 的运营;决定 FINEEC 的战略计划、运营和财务计划;负责完成教育评估计划;负责FINEEC 与教育部、芬兰国家教育委员会、教育机构以及其他机构的关系;在评估委员会会议上提出讨论事项;负责 FINEEC 的外部沟通,并对 FINEEC 发布的声明负责;确定各单位的盈利目标和津贴;发布评估结果;负责内部审核、文件管理和风险管理;组织制定程序规则和质量保证手册;签署与 FINEEC 运营相关的协议和工作指令;组织制定人力资源管理原则;任命副主任、各单位负责人和工作人员,确定岗位和招聘事宜;等等。当主任不能履行职责时,副主任代为履行职责;执行主任分配给的管理和准备工作;根据财务规则签署主任的国内差旅费用账单。

关于教育部分管负责人,管理程序明确,教育部分管负责人提前批准 FINEEC主任的出国申请;提前批准为 FINEEC 员工组织的活动的费用以及其他特别代表费用和其他费用计划。

关于各单位负责人,管理程序明确,单位负责人参与起草评估计划、业务和财务计划、预算和年度报告;监督各自领域的教育和评估发展,并提出发展行动建议;在各自部门内负责评估的执行和提升盈利能力;执行主任分配给本部门的跨部门评价和发展项目;建立和维护利益相关者和伙伴关系;决定各自领域内的协议和工作制度;与本单位员工进行年度成果和发展讨论;安排本单位定期会议,讨论和准备专题事项;等等。

关于工作人员,管理程序明确,员工的基本职责和特殊责任在 FINEEC 主任确定的工作说明中规定;主任可指派工作人员向评估委员会、高等教育评估分委员会或 FINEEC 的其他机构陈述事宜;工作人员可以在单位之间调动,并在职责允许的情况下参与其他部门的工作。组织程序分别对档案和文件管理人员、质量管理人员、采购人员、通信人员、财务人员、人力资源管理人员、评估委员会、分委员会和咨询机构秘书等的工作职责进行了明确。

关于评估项目组织,管理程序明确,FINEEC 为每个评估项目指派一名项目专员(Project Manager)。对于高等教育机构的专题和全系统评估与审核,咨询评估委员会,高等教育评估分委员会将根据准备好的提议任命项目专员、规划小组(Planning Group)和评估小组(Evaluation Group)。

其中项目专员负责评估项目的策划、项目计划的实施、对参与评估项目的人员的工作进行监督,并确保资金充足和适当的分配;担任评估小组的成员;根据评估小组组长的指示,负责整理评估数据、分析结果并起草评估报告;指导评估小组成员分析评估结果、应用评估标准和起草报告;管理关于评估及其结果的沟通。

在单个评估项目中,规划小组负责制订项目计划,包括评估的目标、对象、视角、界限、理由等;如有必要,参与指导评估小组。对于新的评估模式,规划小组负责为评估对象、评估标准和方法编制建议书;确定申请/登记评估的原则,制定评估小组的选择标准和结果报告程序;编制评估手册。

评估小组决定如何进行评估,明确评估任务;确定如何应用评估标准或其他评估依据;分析评估数据和结果;收集任何额外的评估材料,并在需要时进行评估访问;根据评估中收集的材料起草评估报告。评估小组可以是国内的,也可以是国际的。在第三轮审核中,一半的审核是由国际团队实施的,另一半是由芬兰团队实施的。

FINEEC 有较为完善的内外部质量评价制度。在内部质量评价方面,高等教育评估处发布年度发展报告,作为 FINEEC 内部质量管理的一部分。报告说明了FINEEC 根据高等教育机构审核评估中收集的反馈信息所做的各种改进。高等教育评估处向接受审核评估的高校和评估小组专家发送在线问卷。问卷中有许多开放性问题,主要是关于评估过程中有哪些工作以及如何改进审核评估的定性回答。这些问题对 FINEEC 的质量控制和发展非常有用。问题答案选项有"完全不同意""部分不同意""部分同意""完全同意"4 种,分值分别为 1~4 分,被调查者选择其一。针对高校的问题题干诸如"审计报告为我们的发展提供了有益的反馈""审核小组表现专业""审核小组组长表现专业""FINEEC 的项目专员在审核中沟通良好""审核安排得好""审核指标清楚和有用""审核对学校的发展有重要影响""高等教育机构在 FINEEC 的评估中受到公平对待"等。针对审核小组专家的问题题干诸如"我对由我们小组拟定的审核报告很满意""项目专员表现专业""审核指标清楚和有用""高等教育机构在 FINEEC 的评估中受到公平对待"等。2017 年 11月,高等教育评估处发布了《FINEEC 2016—2017 年发展报告》,其中记载了从 13所高校的审核中收集到的反馈信息及其分析和据此所做的改进。第三轮审核模型2018—2019 年进行了试运行。高等教育评估处对试运行期收集到的信息进行了深入分析,据此进一步完善审核模型。

在外部质量评价方面,FINEEC 是欧洲高等教育质量保障网络(ENQA)的正式会员,需要每五年接受一次 ENQA 的评估,只有满足其各项标准才能继续保留其会员资格。FINEEC 的前身 FINHEEC 于 2010 年通过了 ENQA 的评估,并于同年加入了欧洲高等教育质量保障注册(EQAR)系统。2017 年,FINEEC 再次通过了 ENQA的外部评估,更新了其 ENQA 会员资格和在 EQAR 中的登记。在定期评估中,FINEEC 根据要求向 ENQA 提交发展战略、教育评估计划、《FINEEC 法案》《FINEEC 政府法令》、《大学法案》、《应用技术大学法案》、《FINEEC 程序规则》等基础材料以及自评报告,以显示自己的组织机构和评估活动符合《欧洲高等教育区质量保证标准和指南》(Standards and Guidelines for Quality Assurance in the European Higher Education Area,ESG)的标准。

FINEEC 积极推进和维系国内外合作交流。FINEEC 重视与芬兰国内其他评估机构的联系与合作,主动加强与高等教育机构、地方和中央政府部门、芬兰科学院等机构的联系。同时,FINEEC 积极参与主要的国际评价网络和评价项目如PISA、TIMMS 和 PIRLS,其中欧盟和 OECD 的国际网络及其项目是重点。2016 年,FINEEC 开始实施共同评估框架(Common Assessment Framework,CAF)。

(三)审核内容

审核评估的重点是各高校用于维持和提高其活动质量的程序,评估内容涵盖了高校的所有核心职能。第二轮审核评估模型和标准由高校、学生和利益相关者代表参与起草,比第一轮更强调教育供给质量管理,强调战略管理和指导在质量体系和运营发展中的作用。高校质量体系的功能通过六个评估领域(审核目标)进行评估。这些评估领域分别是:①质量政策。②与战略管理相联系的质量体系。③质量体系发展。④高等教育机构核心职能的质量管理,包括支持这些职能的基本服务。第一,学位教育(包括第一、第二和第三周期教育);①第二,研究、开发、创新活动和艺术活动;第三,社会影响和地区发展工作,包括社会责任、继续教育、开放大学和开放应用科技大学教育、付费服务教育;第四,选择性评估内容。选择性评估内容指高校可以选择一个对其战略至关重要的职能接受评估。这一职能可以是学校的核心职能如国际化、可持续发展、教职工和学生的地位和福利、终身学习。该选择必须纳入审核协议。在评估审核是否通过时,不考虑这一评估内容,但在质量证书等相关审核证书中提及。⑤选取部分学位专业样本进行评估。学位专业样本共 3 个,其中高校选定 2 个。大学选择 1 个能同时颁授学士和硕士学位的专业以及 1 个博士学位专业。应用科技大学选择 1 个学士学位专业和 1 个硕士学位专业。高校必须解释选择这些学位专业样本的原因,并评估所选专业的质量管理相对于其他学位专业的代表性。根据高校提供的审核材料,审核小组最迟在审核现场访问前 6 周选择第三个学位专业。样本专业作为独立的审核对象进行评估,但也通过提供学位专业的详细信息来补充对教育质量管理的评估。⑥质量体系作为一个整体。

正在进行的第三轮审核继承发展了第二轮审核的模型,将审核内容总结为四个板块:①高校创造能力。包括教育规划能力、教育实施能力、评估和提升教育的

---

① 第一周期学位包括学士学位和应用科技大学学位,第二周期学位包括硕士学位和应用科技大学硕士学位,第三周期学位包括研究生执照和博士学位。

能力、梳理成功提升活动典范的能力。②高校提升影响和更新。包括管理社会关系和影响;研究、发展、创新活动以及艺术活动的影响;通过组织文化促进革新;成功提升活动的例子。③高校提升质量和福利。包括在战略管理中使用质量体系;支持员工的能力发展和福利;质量体系的功能和发展;成功提升活动的例子。④高校作为学习型组织。此即高校自主选择的评估领域。

FINEEC 在其战略规划《2020 年展望和有效性评估》中进一步明确了四个相互关联的重点评估领域。① 一是通过评估发展学识和能力。采用多种提升导向方法实施的评估旨在提高两种官方语言在所有层次教育中的学习结果和能力。二是教育系统的功能和发展。涵盖所有教育层次的评估活动提供有关整个教育系统和政策功能的信息。基于证据的评估信息构成发展工作的基础。三是在社会中至关重要的主题。在分析运行环境变化的基础上,可以提出未列入评估计划的重要教育发展目标进行评估。四是支持教育机构进行质量管理,并在提升导向评估的基础上加强发展文化。FINEEC 通过审核评估、提供质量管理和发展方面的良好做法,支持高等教育机构发展质量管理,利用国家评估和自我评估,采用以提升为导向的评估方法。

(四)审核标准

审核主要关注高校根据自身需求和目标所设立的质量保障体系是否满足国家质量保障标准和是否根据欧洲质量保障标准建设质量保障体系。在具体的评估过程中审核小组专家会特别关注高校的质量政策、策略和活动管理、质量体系的发展、学位教育、科研、发展等基本活动的质量管理、创新活动、社会影响、选择性评估目标、学位教育范例、质量体系的整体情况等。

第二轮审核评估使用一套基本标准体系(见表 9-1)。标准体系基于"缺失""新兴""发展"和"优秀"四个质量管理发展阶段或四种发展水平。每一个审核项目都对应列出四个发展水平的评估标准。每一个审核项目所达到的发展水平是单独评估的;同样,学位教育质量管理发展水平也是分别确定的。

---

① FINEEC. Foresight and Effective Evaluation 2020: the Strategy of Finnish Education Evaluation Centre [R]. Tampere: Juvenes Print-Suomen Yliopistopaino Ltd, 2015: 15.

表 9-1 审核标准体系(部分)①

审核项目 (内容)	水平标准			
	缺失	新兴	发展	优秀
质量政策	质量体系中没有以下内容: 1.关于质量体系目标和责任的定义。 2.与责任有关的知识和承诺。 3.与质量体系及其产生的数据有关的文件记载。 4.合适的交流平台。	1.质量体系的目标和责任没有清晰的定义。责任划分不甚明确,相关责任人积极性不高且缺乏相关技能。 2.关于质量系统及其产生的数据没有清楚的记载。 3.有关人事、学生和外部利益相关者的信息记载不完善。	1.较为清晰地定义质量体系的目标和责任,目标设定是一个多方参与的过程。 2.相关责任人有较强的责任意识并且具有相应的知识技能。 3.关于质量体系及其产生的数据有清楚的记载。 4.有关人事、学生和外部利益相关者的信息记载完善。 5.相关质量信息得到了内部及外部利益相关者的深入探讨。	1.清晰地定义质量体系的目标和责任,目标设定是一个多方参与的过程。 2.相关责任人有很强的责任意识并且具有相应的知识技能。 3.记录信息的过程系统有效。能够满足相关部门质量信息的需要。 4.有完善系统的交流程序,各相关人员能够积极参与交流活动,交流信息与时俱进。
质量策略与管理	质量体系中没有以下内容: 1.联系策略计划、管理和操作管理。 2.满足质量策略和管理的能力。 3.主管人员投入质量管理的积极性。	1.质量体系没有很好地联系策略计划、管理和操作管理。 2.质量体系及其产生的内容不能很好地用于质量策略制定和管理。 3.在组织层次上,质量体系不是一个很好的质量管理工具,质量主管人员积极性不够。	1.质量体系能够较好地联系策略计划、管理和操作管理。 2.质量体系及其产生的内容能很好地用于质量策略制定和管理。 3.在组织层次上,质量体系能够较好地发挥其质量管理作用。各质量主管人员积极性较高。	1.质量体系成为高校策略计划、管理和操作管理的组成部分。 2.质量体系能够为学校策略制定和质量管理提供系统完善的信息。 3.质量体系的信息充分有用。

① Finnish Education Evaluation Centre. Audit Manual for the Quality Systems of Higher Education Institutions 2015—2018[R]. Tampere:Finnish Education Evaluation Centre Publications,2015:2.

续表

审核项目 （内容）	水平标准			
	缺失	新兴	发展	优秀
质量体系发展	学校中没有或缺少以下内容： 1.有关评估或提高质量体系的程序。 2.质量体系有效性的总体评估。	1.有关评估或提高质量体系的程序不够完善。 2.质量体系有效性的总体评估较弱。 3.质量体系发展不系统。	1.有较好的评估和质量体系发展程序。 2.能够判断质量体系的优劣之处。 3.有系统的质量体系提升方法。	1.有完善的评估和质量体系发展程序。 2.能够有效判断质量体系的优劣之处和系统的有效性。 3.质量体系得到完善的发展与提高。

　　六项审核项目（内容）中，如果没有一个项目被评定为"缺失"等级，并且质量体系作为一个整体（审核的第六项内容）至少获得"发展"等级，那么审核小组可以建议该高校通过 FINEEC 的审核。可见第六项审核项目（质量体系作为整体）是审核的重点内容。"质量体系作为整体"的"发展"等级的标准为：①质量管理程序构成一个运行系统。②质量体系涵盖了高校核心职责的基本部分，并为机构发展提供支持。有证据表明，质量体系对高校核心职责的发展有影响。③高校职能的履行基于现有质量文化。"质量体系作为整体"的"优秀"标准为：①质量管理程序构成一个动态和连贯的体系。②质量体系涵盖了高校的所有核心职责，为学校的总体战略和业务发展提供了良好支持。有明显证据表明，质量体系对高校核心职责的发展产生了影响。③高校有一个成熟的质量文化，其特点是广泛参与、承诺和透明。

　　第三轮审核评估对标准进行了发展。首先，审核项目（内容）分为高校创造能力、高校提升影响和更新、提升质量和福利、高校作为学习型组织四个项目，其中最后一项为高校自选项目，不作为总体审核结论的依据。其次，将质量体系的发展水平调整为"不充分""良好"和"优秀"三个等级，针对每个项目，分别制定三个等级的评估标准。以下节选列出"良好"标准。

　　1.高校创造能力

　　评估支持以学生为中心、以工作生活为导向、基于研究或艺术活动的教育规划、实施和提升的程序。

　　（1）教育规划。学位专业和其他专业都有明确的学习成果。规划过程确保教育的提供符合高校的战略，并与工作生活相关。在规划过程中，应确保国际化和持续学习需求。在学位方面,确保其符合国家资格框架和其他能力模块。对教育进行规划,以便教学方法、学习评估和学习环境支持学习成果的实现。学生和外部利益相关者有目的地参与教育规划。研究、开发、创新和艺术活动以一种相关的方式将研究性信息与教育相结合。学生的学习量是根据欧洲学分转移和积累系统(ECTS)的原则确定的。高校有系统的程序来批准学位专业或其他学习实体的计划。

(2)教育实施。高校一贯透明地执行有关学生入学、承认先前学习、学习进度和完成学位的规定。教育以支持目标导向学习和学生在自己的学习过程中发挥积极作用的方式实施。学生收到学习反馈,帮助他们达到学习成果。与实施教育有关的程序有助于有效地进步和完成学业,并使学生融入职业生活。在学生的学习过程中,促进学生的幸福和平等。高校提供充足的资源、咨询和其他服务,以支持学习和学习的进展。

(3)教育评估与提升。高校系统地收集和使用有关学生需求、教育实施和学习进度的反馈数据。反馈-反馈,即对反馈者进行反馈,以适当的方式向学生提供基于学生反馈的反馈信息。这有利于促进人们提供反馈意见。高校负责监察和评估学位课程及其他规定,以确保它们符合最新的研究成果以及社会和工作生活不断变化的需求。继续学习的机会在教育方面得到保证。学位课程和其他规定对预期学习成果的实现情况进行了分析。反馈和评估数据系统地用于加强教育。在发展支持服务时,会考虑教职员和学生的需要。高校要能提供成功的提升活动的例子。

2.高校提升影响和更新

评估用于管理和改善社会参与度的程序,加强高校的研究、开发和创新以及艺术活动的影响,并支持创新的组织文化。

(1)管理社会关系和影响。高等教育机构加强与社会的联系和对社会的影响。其管理系统支持这一目的。高校确立加强社会联系的目标和达成这一目标的途径。高校分析其运行环境所产生的信息被用于为活动确立方向。高校建立健全社会服务支持总体战略实施的程序。

(2)研究、发展、创新活动以及艺术活动的影响。高校的研究、开发和创新活动以及艺术活动都有助于改革社会。高校的研究、发展、创新和艺术活动的影响都已设定目标。高校收集有关研究、发展、创新和艺术活动的社会影响的相关信息,并将这些信息用于加强这些活动,确保高校有系统的研究程序。高校促进开放科学。

（3）通过组织文化促进创新。高校的组织文化鼓励与合作伙伴进行实验活动，并加强创造氛围的条件。高校寻求机会与利益相关者一起参与能够更新和提高的活动。高校的运作程序支持其员工和学生所拥有的能力的使用。高校与校友有目标导向地合作，并利用校友参与提升活动。与国家和国际网络的合作有助于加强高校的活动。高校有完善的程序来管理和更新其利益相关者关系和协作网络。

3.提升质量和福利

评估质量体系的运作和发展，以及如何在战略管理中使用该体系。此外，还评估用于支持工作人员能力发展和福利的程序。

（1）在战略管理中使用质量体系。质量体系的原则、目标和责任构成了高校的质量方针。质量方针是公开的。质量方针是质量工作的共同基础。质量体系产生的信息用于高校的管理。该系统支持高校的发展，实现其与核心职责相关的目标，并实施其战略。高校确保员工认识到他们自己的工作和高校的目标之间的联系。

（2）支持员工的能力发展和福利。高校有确定员工能力发展需求和支持员工能力发展的运作程序。高校有透明的员工招聘程序。高校有系统的程序来支持工作人员的福利、平等和不被歧视。

（3）质量体系的功能和发展。高校有一个功能完善的质量体系，涵盖其核心职责。质量体系有助于高校认识到发展需要，并以目标导向的方式加强活动。有证据表明质量体系的功能性和对增强核心职责的影响。质量体系是以系统的方式开发的。高校的质量文化是参与性和开放性的。教职员工、学生和外部利益相关者有目的地参与高校的活动。

4.高校作为学习型组织

评估高校自主选择的一个领域，希望在该领域收到关于提升活动的反馈。

高校选择的评估领域，即高校选择一个对其发展或战略至关重要的领域，并希望在该领域接收外部反馈，增强该领域。评估范围可能与高校的核心职责有关。评估的重点和中心目标应作为高校和 FINEEC 之间协议谈判的一部分加以规定。高校选择的评价领域不按等级进行评分，在决定是否通过审核时不作为决定的依据。

（五）审核方法

审核评估使用多种工具广泛收集数据。主要的问卷调查工具有芬兰学士毕业生调查（Finnish Bachelor's Graduate Survey）、应用科技大学毕业生反馈问卷（University of Applied Sciences Graduate Feedback Questionnaire）和硕士毕业生职业监测（Career Monitoring of Masters' Graduates）。数据来源还包括芬兰统计局的数据、特定领域和学位专业水平的自评调查、焦点小组访谈和良好做法的例子。此外，在评估的最后阶段，FINEEC会进行针对具体领域利益相关者的研讨会，评估小组与高校的工作人员、学生和利益相关者一起形成初步结论和建议。第二轮审核共有12所大学、23所应用科技大学参与了评估，共评估了680个学位专业，115人参加了焦点群组访谈，112人参加了利益相关者座谈会，160人参加了事业调查。[①]第三轮审核评估采用"标杆学习""质量卓越"等新的方法。

标杆学习方法。根据提升导向评估原则突出标杆学习，目的是高校接收有关本组织活动的反馈，并学习其他组织的良好实践。高校选择一个目标和一个伙伴进行标杆学习。合作伙伴可以是高校或任何其他类型的合作组织。标杆学习的好处在于，一是可以接受学习对象关于学校现状的反馈信息，二是可以获得新的认识，三是可以拓展组织的社会网络。标杆学习的内容蕴含在高校创造能力、高校提升影响和更新、高校提升质量和福利、高校作为学习型组织这四大评估领域中。

质量卓越方法。优秀高校在审核中有机会获得"卓越质量证书"（Quality Label for Excellence）。要获得"卓越质量证书"，高校必须提供与所评估领域和"卓越"标准有关的高质量活动的证据。"卓越质量证书"授予那些致力于高质量工作的高校。一所高校被授予"卓越质量证书"，往往表明它具有创新和开拓精神，着眼于长期发展的方法以及参与式的经营文化。如果高校在四大评估领域中的高校创造能力、高校提升影响和更新、高校提升质量和福利三个领域中至少获得一个"优秀"等级，则评估小组可以提名该校为"卓越质量证书"候选机构。评估小组将建议报告提交给高等教育评估分委员会，后者审查建议报告，并在每年春季颁发一次"卓越质量证书"。"优秀"等级的基本评估标准包括：①高校是创新的先驱，并以大胆开放的态度发展。②高校在长期发展方面拥有顶级专业知识，可以为发展和提升活动的影响提供强有力的证据。③高校对其周围环境产生积极影响。高校以

---

① Higher Education Evaluation Unit of Finnish Education Evaluation Centre. Development Report 2016-2017[R]. Tampere：Finnish Education Evaluation Centre Publication，2017：20.

广泛参与者参与发展和提升活动而闻名,并以开放的态度跨界办学。未通过审核而申请再审核的高校不能获得"卓越质量证书"。

(六)审核步骤

关于审核评估的步骤,审核手册中有较为详细的说明。第二轮审核主要包括以下步骤。

第一步,高校申请审核。高校申请审核并与 FINEEC 签订审核协议。一般情况下整个审核过程从签订协议到最后的研讨会结束大约要一年。在审核协议中一般会商定审核指标、过程及时间安排、审核小组人员构成、工作语言、现场考察的时间等。

第二步,确定审核评估小组人员及培训。评估小组可以是国际团队,也可以是芬兰国内团队,高校可以选择。国际团队通常包括一名或多名芬兰籍专家,外籍专家数量视具体情况商定。评估小组通常有 4 名成员,其中高等教育界代表 2 人、学生代表 1 人、工作生活界代表 1 人,1 人为 FINEEC 项目专员,1 人担任组长,1 人担任副组长。所有成员须满足《行政程序法》(434/2003)关于利害关系和公正性的规定。全体成员须接受 FINEEC 安排的培训。培训的主要内容为让专家了解 FINEEC 的活动、审核的目的和程序、评估小组的任务和工作原则。

第三步,审核材料的准备及提交。高校须于现场考察 6 周前将审核手册指定的审核材料提交给评估小组。评估小组有权使用高校内网和数据库来核查材料。评估小组在实地考察之前或考察过程中可以要求高校提供补充材料。评估小组也可以要求提供材料的电子版。高校提交的材料包括基础材料和自评报告。基础材料包括组织结构图、师资队伍材料、发展战略的材料、质量体系的图表和说明、校级质量手册或其他描述业务发展的文件、所有学位专业的学生人数、完成学位的人数、学位平均完成时间、国际学位学生和交换生统计总人数、样本学位专业的课程设置等。在第三轮审核中,高校需要在网上提交自评报告和标杆学习报告。标杆学习报告的基本内容包括与学习伙伴确定共同的规则和目标、信息分享即保密协定、交流计划、合作的主题、标杆学习计划的实施、学习成效的自我评估等。

第四步,确定审核计划。在现场考察前大约四周,评估小组组长和 FINEEC 的项目专员访问被审核高校。访问的目的是共同商定审核计划和相关工作安排。

第五步,现场考察。现场考察是整个审核过程的核心阶段,一般持续 3 天时间,其目的是在高校提供材料的基础之上证实和补充与质量体系相关的信息。第一天,评估小组访谈质量体系相关人员。评估小组有权决定访谈对象及访谈内容,但访谈对象必须包括学校管理部门代表、教职工代表、学生代表和外部利益相关者。这一天工作的重点是质量体系作为一个整体的情况。第二和第三天,评估小组考察院系、部门或其他校内机构的质量体系实际运行情况。这一阶段的重点是学位专业的质量状况。现场考察结束前,评估小组根据访问期间的观察和分析,就质量体系的运行情况向学校提供初步反馈意见。

第六步,评估小组提出审核建议。评估小组根据评估期间的材料和对这些材料的分析起草审核报告。按照持续提升原则,报告指出学校质量体系的优势和良好做法,并对进一步发展提出建议。报告遵循标准化结构:审核过程描述;受审核高校的简要说明;按审核内容评定的审核结果;优势、良好做法和进一步发展的建议;评估小组对学校是否应通过审核或是否需要再审计的建议;在后一种情况下,评估小组在其报告中列出了学校质量体系的主要缺陷。

第七步,高等教育评估分委员会做出审核决定。审核的结果由高等教育评估分委员会决定。分委员会关于学校是否通过审核或需要再审核的决定记录在审核报告末尾。如果需要对高校进行再审核,则报告应记录高校急需发展和将要进行再审核的目标。在分委员会召开决策会议之前,学校有机会检查报告中的事实信息。

第八步,公布审核报告。审核报告以审核协议中规定的语言以纸质和电子格式在 FINEEC 的系列出版物中发布。报告的长度约为 50 页。审核报告电子版可在 FINEEC 网站的"出版物"中找到。

第九步,举行总结研讨会。FINEEC 和接受审核的高校通常在高等教育评估分委员会做出决定后的一个月内安排一次联合研讨会。研讨会使学校员工和学生有机会与 FINEEC 和审核团队的代表公开讨论与审核有关的问题。

第十步,收集审核的反馈信息。FINEEC 从所有被审核的高校和审核专家那里收集反馈信息,以不断优化审核模式和制度。

第十一步,举行后续研讨会。FINEEC 组织全国后续研讨会,一是向三年内接受审核的高校提供发展工作的反馈意见。二是为各高校提供机会,讨论质量体系的发展,交流与质量工作有关的经验和良好做法。高校为研讨会准备一份简短的审核后发展工作报告。

第十二步,再审核。没有通过审核的高校须在两年后接受再审核,再审核标准、审核专家小组、程序安排等与初审差别不大。在再审核中,高校必须有证据证明其在评估领域开展了改进活动,至少达到了良好水平。

第三轮审核评估的程序与第二轮大致相同,但实行标杆学习审核模式,在程序

上有一些新的发展,主要分为以下十九个步骤:

第一步,高校选择一个标杆学习的伙伴或目标。

第二步,高校与标杆学习伙伴签订协议。

第三步,高校与 FINEEC 签订审核协议。

第四步,高校于审核评估现场考察开始前三个月内在 FINEEC 的网络平台上传审核材料,包括自评和标杆学习报告。

第五步,高等教育评估分委员会任命审核评估小组,一般有 4 名成员。

第六步,FINEEC 对审核评估小组进行培训。

第七步,如果需要,FINEEC 与高校合作,安排一次关于审核的讨论活动。

第八步,FINEEC 在现场考察开始前一个月内将审核计划发送给高校。

第九步,评估小组可在审核现场考察前或考察期间要求高校提供必要的额外材料。

第十步,审核现场考察,一般持续 2~3 天。评估小组可以确定额外的评估内容,安排各种座谈会。评估小组向学校提供初步反馈信息。

第十一步,评估小组向高等教育评估分委员会提出审核建议,在网络平台上提交审核报告。

第十二步,高等教育评估分委员会确定审核结果。审核结果不会直接与高校的财政拨款挂钩,但会影响到学校的声誉,进而对学生择校、教师招聘等产生影响。如果高校通过审核,它将收到一个质量证书,并将记录在 FINEEC 的已审核高校登记簿中。质量证书是创造能力、影响、更新、发展和促进福祉的学习型高校的标志。质量证书有效期为六年。审核不通过的,应当再审核。再审核将在 2~3 年内进行。

第十三步,申诉程序。如果高校未通过初审评估需要再审核或者未通过再审核而对审核的程序或者公平性有异议,可以根据 FINEEC 的审核手册,向 FINEEC 提出申诉,提供佐证材料。

第十四步,审核报告在 FINEEC 的数字平台上正式公布。

第十五步,在高等教育评估分委员会作出决定后约一个月内,高校与 FINEEC 合作,在学校安排一次关于审核的研讨会。

第十六步,高校向 FINEEC 提供审核过程的反馈。反馈用于加强 FINEEC 的活动。

第十七步,评估小组向 FINEEC 提供审核过程的反馈。反馈用于加强 FINEEC 的活动。

第十八步,高等教育评估分委员会确定年度"卓越质量证书"名单,并颁授该证书。证书上记载有高校获得优秀等级的评估领域。所有的"卓越质量证书"都会载入 FINEEC 设立的"卓越墙"(Excellence Gallery)中。"卓越质量证书"的有效期与质量证书的有效期相同。

第十九步,后续工作。FINEEC 定期为高校举办研讨会,旨在为高校就审核后的提升活动提建议,并为整个高等教育部门提供分享工作经验和好的做法的机会。获颁"卓越质量证书"的高校受邀参加研讨会,分享优秀实践。

三、审核制度的特点

(一)以质量卓越为导向

第三轮审核评估继续坚持提升导向评估原则,同时明确以标杆学习和质量卓越为导向,突出高质量发展,高校有机会获得"卓越质量证书"。FINEEC 制定了专门文件对授予高校"卓越质量证书"的原则、标准和流程进行了规定。文件规定,高校在创造能力、促进影响和更新、提高质量和幸福感三大评估领域中至少一个被评估小组评定为优秀水平,可以获颁"卓越质量证书"。评估结论的得出有严格的程序。评估小组成员首先根据学校提交的自评报告和其他材料并参考现场考察期间的各种信息,独立给出评分,并提供书面论据。FINEEC 项目专员随后对评估小组各位成员包括学生代表的评分进行整理,之后评估小组召开会议,审查评分和论点。评审小组成员将首先对候选机构进行评分,并根据审核报告中提供的证据指定独立的书面论据。FINEEC 官员随后将对结果进行整理,之后专家组将召开会议,审查评分和论点。评估小组然后向高等教育评估分委员会提交是否授予候选机构"卓越质量证书"的建议。高等教育评估分委员会将审查建议,做出最终决定,并每年集中颁发一次"卓越质量证书"。要获得"卓越质量证书",高校需要提供证据,证明其在相关评估领域有高质量发展和卓越的改进活动。"卓越质量证书"不能授予接受再审核的高校。卓越质量证书的有效期与质量证书的有效期一致。"卓越质量证书"会载明高校获得优秀等级的评估领域等信息,在 FINEEC 的"卓越墙"上集中展示。FINEEC 邀请获得"卓越质量证书"的高校参加年度工作总结和研讨会。这些程序都是为了显示"卓越质量证书"的含金量,彰显获得者的荣誉感,在整个高等教育系统倡导和发展追求卓越的质量文化,促进芬兰高等教育,提升国家整体竞争力和影响力。

（二）高校在审核中具有较强的自主性

作为高等教育质量保障的主体,高校是实际控制高等教育质量的关键力量。如果作为质量保障主体的高校自身没有认识到教育质量的重要性,不知道质量保障的策略和方法,不进行质量评估与控制,那么再完善有效的外部审核评估都不能起到提高高等教育质量的作用。在芬兰,在高校质量体系审核的整个过程中,高校既是审核主体又是审核对象。政府主要通过政策手段和对审核结果的利用来实现对高校质量体系审核进行宏观调控,FINEEC 将自主质量提升作为审核评估的首要原则。高校在审核过程中的自主性主要体现在:第一,高校与 FINEEC 共同决定审核计划。高校在与 FINEEC 签订审核协议时,涉及审核时间安排、审核指标适用、审核语言选择等内容都由双方共同协商拟定。第二,在确定评估小组成员时,高校可以提出需要回避的专家等成员选择的建议。第三,审核评估最为主要的一个环节就是高校的自我评估和相关材料的准备。高校自行评估相关指标,然后形成评估报告。第四,评估领域包括一个选择性评估内容。高校可以自主选择一个对其战略至关重要的领域接受评估,但审核结论的形成不受这一领域评估结果的影响。这种安排能够充分调动高校质量发展的主动性同时减轻了审核评估带给高校的压力。第五,评估小组需要将建议性审核结论和相关信息反馈给高校,高校可以在总结会议上提出自己的看法和建议;审核结论正式确定后,高校有权利进行申述;高校还可以通过 FINEEC 的调查问卷和年度讨论交流会议提出自己的关切和建议,与其他高校进行经验交流。

（三）FINEEC 在审核中保持相对独立性

FINEEC 作为一个独立的专门机构,具有独立任命其成员的权利。它所进行的评估工作也具有相对独立性——不但独立于政府,而且独立于高校。在评估过程中,无论是什么机构都不能干预其正常的评估工作以及评估报告的撰写和结论。但是 FINEEC 的独立性并不是绝对的。首先国家可以根据立法或行政手段,如依据《FINEEC 法案》《FINEEC 政府法令》等确定其评估性质、评估原则、评估计划、评估方法、评估结论等是否合理。此外,FINEEC 对高校所进行的外部评估也必须有章可循,必须严格按照法定程序进行。同时,FINEEC 要定期接受评估,以确定其独立评估机构的合法性和权威性,如 ENQA 所进行的评估来认定其会员资格。FINEEC 的审核评估也需接受高校和社会的监督。

（四）法律依据较为充分

FINEEC 作为一个国家层面的独立评估机构的地位及其开展的评估活动,都有明确、充分的法律依据。首先,国家法律机构和政府专门制定了《FINEEC 法案》和《FINEEC 政府法令》,对 FINEEC 的法律地位、组织机构、评估程序等进行明确、细致的规定。其次,作为上位法的《大学法案》和《应用科技大学法案》及其历次修正案都明确规定高校需要定期参加对其活动和质量体系的外部评价,并公布评价结果。同时,《儿童日托法》(*Act on Children's Day-care*)、《基础教育法》(*Basic Education Act*)、《普通高中法》(*General Upper Secondary Schools Act*)、《职业教育法》(*Vocational Education Act*)、《成人职业教育法》(*Vocational Adult Education Act*)、《成人自由教育法》(*Liberal Adult Education Act*)、《艺术基础教育法》(*Act on Basic Education in the Arts*)等法律也都载有关于教育评估的规定,为 FINEEC 组织开展幼儿教育、学前教育、基础教育、普通高中教育、职业教育和培训以及成人职业教育和培训、成人自由教育、艺术教育和高等教育的评估提供了法律依据。

（五）审核过程较为民主

芬兰十分重视高等教育质量保障的民主化。FINEEC 组织实施的高校审核评估也较为民主。首先,审核评估的各个环节都会征询利益相关者的意见和建议,包括评估小组成员的选择、审核指标的确定、审核计划的安排、审核结果的确定等。其次,始终坚持审核过程透明,审核过程、审核技术、审核人员、审核材料来源等都需要公开透明,这样有利于高校、审核专家和外界对整个审核过程的了解和监督,保证审核的信度和效度。再次,在公布审核结果之后,FINEEC 会安排总结会议让高校针对审核结果发表看法和意见。如果有必要还会进入申诉环节。最后,高校参加审核活动完全自愿,审核结果不与财政挂钩,这有利于调动高校提高质量的积极性,也能减轻外部评估的压力,同时还有助于在高校内外形成协调一致的质量文化从而提高高等教育整体质量。

（六）重视学生参与评估

学生不仅是高等教育的直接消费者,也是高等教育的实际使用者与受益者,同时还是高等教育服务的合作者、参与者和共同生产者,学生可以直接体验与感知高等教育质量。从这个意义上说,学生毫无疑问承担着对高等教育质量的监督、检验和评价义务。① 为了让学生能够参与教育评估工作,芬兰建立了专门的学生参与教育评估机制,国家有法律法规制度来保障学生参与高等教育评估。首先,在教育部,学生代表在教育质量评估的决策制定和研究过程中起着十分重要的作用。其次,高校层面,学生通过加入大学最高决策机构大学评议会和应用技术大学的最高决策机构董事会来参与学校管理。最后,学生在 FINEEC 的评估工作中也扮演重要角色。在评估小组中至少有一名学生成员。在审核实施实地考察的过程中,学生是重要的访谈或座谈对象。在高校开展的总结讨论会上,学生代表是重要的参与者。FINEEC 收集的审核评估反馈意见中,学生与教师、管理人员、评估专家等都是重要的信息来源。

四、经验与启示

调查表明,自 2005 年以来,芬兰构建的高校质量体系审核制度体系逐渐完善,FINEEC 组织实施的三轮审核评估总体上取得了预期的效果,促进了芬兰高等教育的发展。据统计,第二轮审核共有 40 所高校参加,其中大学 14 所、应用科技大学 26 所。4 所高校接受了再审核,其中大学 2 所、应用科技大学 2 所。对每所高校 3 个学位专业共计 120 个学位专业进行了审核,其中包括 52 个应用科技大学学士学位专业和 25 个硕士学位专业、29 个大学学士和硕士学位专业、14 个博士学位专业。214 名审核专家共举行了 797 场次访谈或座谈,访谈或座谈对象包括 102 名校长和副校长、2 960 名教职员工、1 410 名学生、370 名利益攸关者代表和 230 名高校董事会成员。在高校的 6 大评估领域和"缺失""新兴""发展""优秀"等级中,没有一所高校的任何一个评估领域被评为"缺失",大部分领域获得"发展"等级,显示芬兰高校质量管理总体上处于较高的水平。②对历年高校审核报告的总结表明,几乎所有的高校都在顶层设计中将质量体系整合进学校的战略管理中。高校制定的质量政策与价值观、战略和运营管理有着明确的联系。高校在持续改进工作中使用 PDCA 循环工具、ISO、EFQM、CAF、平衡计分卡等各种工具来辅助其质量管理。校长或副校长负责质量政策和体系发展,并能得到质量改进委员会、质量经理(或同等人员)、质量工作人员等的支持。管理层和负有责任的工作人员往往非常致力于质量工作。学生有很好的机会影响学校的教育和发展。高校和学生会之间

① 胡子祥.芬兰大学生参与教育评估的机制研究[J]. 高教发展与评估,2013(3):57-63, 79.
② Finnish Education Evaluation Centre. Quality in focus:Quality audits of Finnish higher education institutions 2012—2018[R]. Tampere:Finnish Education Evaluation Centre, 2020:9.

合作良好。学生在高校的各种组织机构和工作小组中都有很好的代表性。学生有很好的机会提供匿名的和直接的反馈意见。包括学生、教师、管理人员、学校领导等在内的全校性的反馈系统越来越多地被用于识别质量偏差,并衡量教育提供和教学活动的成功程度。总体来说,芬兰高校质量体系审核制度在历年发展中积累了不少好的经验和有效的做法,值得我们学习借鉴。

一是审核评估要涵盖高校的核心职能。芬兰实施的高校审核评估不同于其他欧洲国家的质量评估的一个方面是 FINEEC 的审核评估涵盖了高校的所有核心职责,EHEA 的质量保证标准和指南(ESG)侧重于教育提供的质量管理。2005 年以来,在传统的人才培养职能之外,研究、开发和创新活动(RDI)的质量管理以及社会影响已成为 FINEEC 质量审核的一部分进行了评估。在审核制度的带动下,几乎所有的芬兰高校都建立健全了 RDI 的质量管理体系,相关的战略、制度和质量政策不断得到完善。大多数高校都建立了诸如科学咨询委员会(Scientific Advisory Boards,SAB)、研究理事会、科研伦理委员会、科研工作组等组织机构推动科研质量管理;所有的大学都建有研究信息系统,帮助监测出版物数据、参考索引、研究经费等重要信息;许多高校开展了自己的研究评估项目(RAE),并参与国内外的研究评估和标杆项目;高校都很强调加强教学和科研之间的联系;所有的高校都致力于强化项目管理服务、创新服务、IT 和图书馆服务等支持研究的服务。同时,FINEEC 将社会影响纳入审核体系,作为授予质量证书和"卓越质量证书"的重点评估领域加以重视。正因为如此,社会影响的质量管理在大多数芬兰高校中得到发展。需要指出的是,在中国,国际化发展和文化职能往往被视为高校的核心职能之一加以重视。由于高等教育体制和理念差异,芬兰的高校质量审核并未单独提及这两项职能。

二是要优化关键主体的关系。评估机构、政府和高校是高等教育评估的关键主体。芬兰高校质量体系审核主要由教育部下属的 FINEEC 独立进行,FINEEC 在整个评估过程中享有较高的独立性,可以自行招聘机构人员、聘任专家、决定审核结果等。政府在审核过程中主要以相关法律、政策文件、评估计划等形式进行宏观调控。我国的教育部高等教育教学评估中心是教育部直属事业单位,负责开展高等学校本科教学工作审核评估等各类评估,对全国高等教育评估系统和评估的各个环节的控制较为严格,具有较强烈的行政色彩,机构的独立性和自主性相对较弱,与高校和社会更多是一种上下关系,高校在评估中更多是一种服从指令的被动姿态,不利于积极性的调动。芬兰高校审核评估结果不与财政拨款挂钩,学校可以自愿参与审核。高校可以根据自身的办学特色来确定自选评估项目,可以与

FINEEC 共同商定审核计划,在审核指标的选择上有更大的自主权。在评估小组的性质(国内还是国际)和构成上,高校也有发言权。目前我国高校在质量评估过程中的参与度相对较低。高校在评估内容选择、日程安排、评估专家聘请等方面的发言权很小。评估的行政导向使高校的特色办学愈加弱化,高校的同质化办学愈加强化。我国应大力推动高等教育评估领域的"放管服"改革,在评估中给予高校更大的自主权,在评估的各个环节应该鼓励高校参与,使高校成为质量保障的主人,而不是被迫接受评估的对象。

三是加强评估结果的总结和利用。FINEEC 非常重视审核的元评估,对审核活动进行分析和总结,帮助持续改进审核模型和制度体系。FINEEC 对已经结束的前两轮审核进行了总结,尤其是对第二轮审核进行了详尽的总结,并公布了总结报告。① 报告包括序言、评估领域和指标、审核数据统计、质量政策、质量体系和战略管理、学位教育、研究、开发和创新活动、社会影响、高校的优势和提升领域、审核反馈、高校人员对质量工作和审核的态度调查、结论等 11 个方面,定性总结与定量分析结合,成绩总结与问题分析结合,事实陈述与建议相结合非常翔实,对 FINEEC 调整优化审核模型和制度非常有帮助,使正在实施的第三轮审核受益匪浅。同时,FINEEC 以新闻公告、质量证书、卓越质量证书、审核报告、调查报告等形式,通过纸质出版物、网络平台、广播电视渠道等方式公布和宣传审核结果及相关必要的信息。如 FINEEC 官网上有"出版物"专栏,是 FINEEC 通过网络平台向社会公布审核结果的一个主要途径。此外,教育部也会通过网页对审核信息进行公布。虽然审核评估结果不会与学校的财政拨款挂钩,但是评估结果的公开可以为国家制定相关教育政策提供参考。评估结果的公开也对学生、家长和用人单位有益,有利于学生和家长选择学校,有利于社会机构就捐赠和教育投资做出选择,从而促进高校之间形成良性竞争,有利于提高社会各界对高等教育质量的关注度,加强全民质量监督,培养协调一致的质量观。

四是建立健全程序规则。程序的充分、健全与规范是高等教育评估得以有效开展的前提与基本保障。在这方面,FINEEC 对自身运行程序的建设堪称典范。FINEEC 依据《FINEEC 法案》《FINEEC 政府法令》、国家教育评估计划以及自身制定的运营和财务计划、质量手册等,制定了详尽的《FINEEC 程序规则》,用以规范自身组织管理和运行。程序规则包括一般规则、组织规则和管理规则三个方面。

① Finnish Education Evaluation Centre. Quality in Focus：Quality audits of Finnish Higher EducationInstitutions 2012—2018[R]. Tampere：Finnish Education Evaluation Centre,2020：9.

一般规则用以明确 FINEEC 的法律地位、机构使命和职责、组织原则、经费来源、分支机构等基本问题。组织规则包括对评估委员会、高等教育评估分委员会、其他分委员会、咨询委员会、工作组、FINEEC 分支机构等组织机构进行详尽的说明和规定。管理规则包括管理原则、管理团队、FINEEC 主任和副主任、教育部分管负责人、各单位负责人、工作人员、评估项目组织等方面的详尽的说明和规定。例如，FINEEC 发布了专门的审核申诉程序文件，用以保障高校在审核中被公平对待，保障其申诉权益，同时规范高校的申诉和 FINEEC 对申诉的处理行为。[①] 文件规定，如果高校对审核程序的公平性产生疑问，或者有其他质疑，可以向 FINEEC 提出申诉，要求 FINEEC 审查评估活动及其结论。但文件指出，高等教育评估分委员会做出的审核决定依据的是专家意见，不是行政决定，因此高校不能根据《行政司法程序法》提出上诉对其质疑，这对评估专家独立做出判断提供了重要保障。高校应当在收到审核结果的 30 天内提交申诉事由及证明材料。FINEEC 收到符合要求的申诉材料后，会组建申诉评议专家组，负责对高校的申诉材料进行审查核实，提出处理建议。专家组如果发现程序性错误，可以将审核结果退回高等教育评估分委员会重新处理。专家组的处理建议基于审查审核报告、高校的申诉材料、附件材料和其他工作材料、听取高校的当面陈述以及必要时听取第三方的意见。这些程序规则对 FINEEC 的规范、合理、有效运行起到了重要的保障作用。

当然，芬兰高校审核评估制度也存在一些需要改进的地方。如虽然 FINEEC 将学生参与当作重要的组织原则，但由于各种原因，学生的实际参与度并不高，学生对 FINEEC 反馈调查的响应度不高，影响了反馈的可靠性。又如高校对其社会联系和社会影响的信息收集和处理系统性不够，影响了高校社会服务效益的提升。再如相比人才培养和科研，高校的艺术文化活动的质量管理还较为薄弱。类似这些问题在我国高等教育评估中也多多少少存在，同样需要我们在评估制度建设中注意加以解决。

---

① Mirella Nordblad. Procedure to Request a Review of an Audit Result（2019—2024）［R］. Tampere：Finnish Education Evaluation Centre，2019：35.

后　记

　　评估是国家和社会发展的基础性工作。"质量评估"是继"质量控制"之后现代质量工作的重要范式。在教育领域,西方发达国家自近代以来在评估理念、模式、工具等方面不断迭代更新、逐步发展形成的较系统和完善的质量评估体系及其起支撑作用的制度安排,成为现代"评估型政府"治理体系的重要组成部分,其中高等教育质量评估制度起到了对整个教育评估体系的牵引带动作用,其发展进程值得分析,其制度体系值得探究,其经验教训值得总结,其启示值得思索。

　　改革开放以来,尤其是党的十八大以来,我国高等教育评估在经历了打基础、补短板和初步发展后,逐步驶入健全评估体系、提升评估能力、打造评估特色的快车道。党的十九大以来,评估成为我国高等教育在新时代内涵式高质量发展的重要抓手和工具,成为我国实现高等教育现代化、建成高等教育强国的内在需求。在此过程中,我们需要对标中国特色和世界水平,对世界上先进的高等教育评估制度加以鉴别和学习。

　　本书以学生中心、学习中心、学习成果中心的新"三中心"为导向,挑选了美国、英国、澳大利亚和芬兰四个代表性国家,对高等教育学生学习成果评估、院校/专业/课程认证、学习参与度调查、民间评估、自愿问责、审核评估等代表性评估制度进行分析,总结探析制度内涵、制度变迁、制度安排、制度特征和制度效果,思考鉴别制度发展经验与启示,以期对我国高等教育质量保障制度建设有所助益。全书的主题、核心理念、基本框架和重要观点由我提出、设计和凝练,全书统稿、润色加工和校对等也由我承担。第一章、第二章和第七章由我撰写,闫晓娜和周翠分别参与了第八章和第九章的撰写。第三章至第六章分别由刘勇、罗雅馨、曾小玲和吴漫撰写。本书的出版得到了四川外国语大学重庆市国际教育发展研究中心支持，也离不开重庆大学出版社认真细致的工作。在此表达最衷心的感谢。由于水平有限，本书难免有所疏漏，在此恳请各位读者批评指正。

彭　江

2020 年 10 月 18 日于歌乐山麓